高等职业教育物流类系列教材

仓储与配送管理实务

高　飞◎主　编
段春晖◎副主编

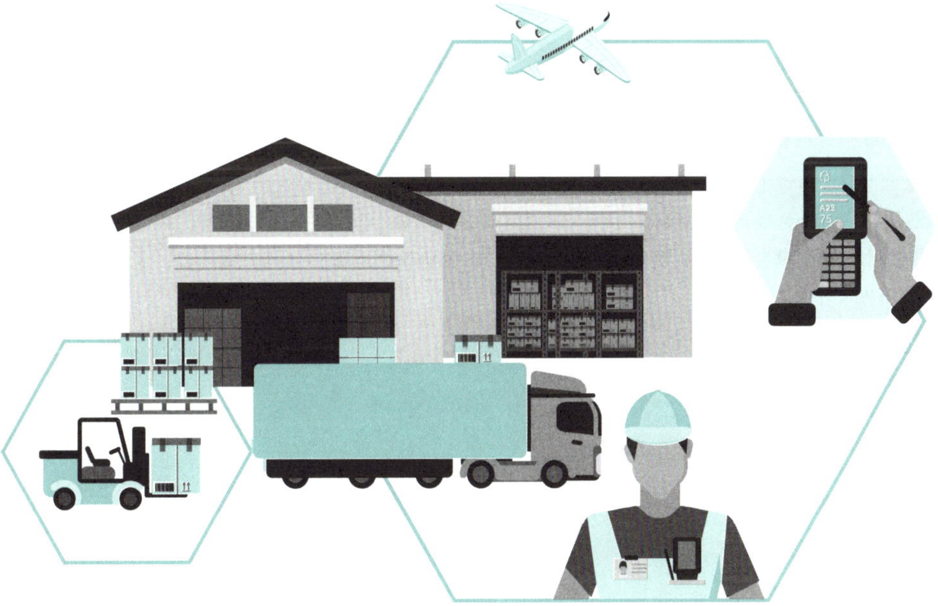

同济大学出版社
TONGJI UNIVERSITY PRESS
·上海·

内 容 提 要

本书依据高等职业教育的培养目标，紧紧围绕企业仓储与配送相关岗位要求，以培养学生较强的企业仓储与配送专业技能为前提，以培养学生仓储与配送综合管理能力为主线，系统介绍了企业仓储与配送管理的基本理论知识和实践操作技能。全书分为两大部分，共十一个项目。项目一至项目八为仓储管理实务部分，介绍了仓储管理基础知识、仓储规划与设计、仓储设备与技术、仓储作业管理、货物养护管理、库存管理与控制、仓储安全管理及仓库生产绩效管理等内容；项目九至项目十一为配送管理实务部分，介绍了配送管理概述、配送作业管理及配送中心运作管理等内容。每个项目均设置思维导图、学习目标、案例导入、阅读材料、实训任务、巩固练习等板块，尽可能满足“理实一体”“工学结合”的教学需要。

本书既可作为高等职业院校现代物流管理及相关专业的教学用书，也可以作为广大物流管理爱好者、物流企业业务人员的参考书籍和培训教材。

图书在版编目(CIP)数据

仓储与配送管理实务 / 高飞主编 ; 段春晖副主编
. — 上海 : 同济大学出版社, 2024.4
ISBN 978-7-5765-1062-1

Ⅰ. ①仓… Ⅱ. ①高… ②段… Ⅲ. ①仓库管理—高等职业教育—教材 ②物资配送—物资管理—高等职业教育—教材 Ⅳ. ①F253 ②F252.14

中国国家版本馆CIP数据核字(2024)第027131号

仓储与配送管理实务

高　飞　**主编**　　段春晖　**副主编**

责任编辑　杨　艳　白　雲　　责任校对　徐逢乔　　封面设计　渲彩轩

出版发行　同济大学出版社　www.tongjipress.com.cn
（地址：上海市四平路1239号　邮编：200092　电话：021-65985622）
经　　销　全国各地新华书店、网络书店
排版制作　南京展望文化发展有限公司
印　　刷　常熟市华顺印刷有限公司
开　　本　787mm×1092mm　1/16
印　　张　18.25
字　　数　410 000
版　　次　2024年4月第1版
印　　次　2024年4月第1次印刷
书　　号　ISBN 978-7-5765-1062-1

定　　价　65.00元

前言

“仓储与配送管理”课程是高等职业院校现代物流管理专业的核心课程之一。本书全面贯彻党的二十大精神，坚持立德树人的根本任务，结合“教学做”一体化、任务驱动等教学改革要求，针对仓储与配送管理实践，以培养学生仓储与配送管理技能为导向，设计教材体系及相关实践教学内容和环节，对仓储管理和配送管理的基础知识进行了系统介绍。

全书共分为十一个项目。项目一至项目八为仓储管理实务部分，介绍了仓储管理基础知识、仓储规划与设计、仓储设备与技术、仓储作业管理、货物养护管理、库存管理与控制、仓储安全管理及仓库生产绩效管理等方面的内容；项目九至项目十一为配送管理实务部分，介绍了配送管理概述、配送作业管理及配送中心运作管理等方面的内容。

本书紧紧围绕职业能力培养组织教材的基本内容，在每个项目中均设置思维导图、学习目标、案例导入、阅读材料、实训任务、巩固练习等板块，其设计思路如下。

思维导图：以思维导图的形式勾勒出本项目的核心知识点，便于学生整体把握项目主要知识内容和学习要求。

学习目标：以社会主义核心价值观为指导，通过“知识目标、技能目标、价值目标”三维学习目标的构建，对相关内容和案例进行符合教学传播需求的编写，同时学习目标的设定便于学生对照检查学习效果。

案例导入：基于每一项目的核心内容，结合职业实践需要，精心设计案例并提出问题，引导学生主动思考，在案例情境中体验、内化职业核心技能。

阅读材料：设置与项目知识内容紧密相关、工学结合的特色材料，让学生能够拓展思路，了解更多专业前沿知识或行业最新情况。

实训任务：以实训任务为导向，以项目内容为主线，设计每个项目的实训操作内容，将仓储管理、配送管理与实训项目有机融合，着重培养学生的项目意识、运营意识、实践意识。

巩固练习：依据每个项目的核心知识内容，设计重要知识点的课后习题，便于学生及时检验项目实务知识学习效果。

本书由天津商务职业学院高飞教授担任主编并负责拟定编写大纲，组织协调编写工作；由安庆职业技术学院段春晖担任副主编。具体分工如下：高飞编写项目一至项目八，李梦阳编写项目九，唐烨编写项目十，刘玥编写项目十一，段春晖编写“巩固练习”的习题。

编者在编写本书的过程中倾注了大量心血，参考了大量的文献资料，借鉴了众多专家学者的研究成果以及一些企业的案例，在此对这些文献作者和企业表示诚挚的感谢。由于职业教育改革日新月异，新理论和新技术不断涌现，书中难免有疏漏与不足之处，恳请广大读者批评指正，以便我们进一步完善本书内容。

编　者

2023 年 10月

目录

项目一 仓储管理基础知识

思维导图

- 仓储管理基础知识
  - 仓储概述 —— 仓储的概念、功能和种类
  - 仓储管理的任务与原则 —— 仓储管理的任务、原则和不同企业对仓储管理的要求
  - 仓储合同管理 —— 仓储合同概述和仓储合同条款
  - 我国仓储业的发展 —— 我国仓储业现状、问题和建议

学习目标

知识目标

- 掌握仓储的概念、功能和仓储种类；
- 掌握仓储管理的任务、原则，熟悉不同行业类型的企业对仓储管理的要求；
- 掌握仓储合同的概念、特征，熟悉仓储合同的条款和我国仓储业的发展史。

技能目标

- 能够根据仓储管理基础知识，完成不同类型仓储活动的市场分析；
- 能够根据当事人的仓储要求，正确填制仓储管理合同。

价值目标

- 通过仓储管理合同的填制，培养诚实守信的职业精神；
- 通过对我国仓储业发展史的熟悉，树立报国情怀。

案例导入

天津方盛智仓

天津方盛智仓是鑫方盛数智科技股份有限公司（以下简称“鑫方盛”）在华北地区部署的重要大型物流仓储中心之一，方盛智仓的基础是ACR箱式仓储机器人系统，通过iWMS、贴标机、机器人等装置，实现仓内货物的自动入库、自动扫码、自动贴标、自动出库及智能盘点作业。相比人工或其他仓储自动化解决方案，ACR系统的SKU命中率、拣选效率和存储密度更高，有效帮助用户降本增效。

据鑫方盛天津物流中心负责人刘经理介绍，“传统的工业品拣货模式是拿着订单摘果似的拉着小车到每个储位拣选货物，人员作业动线较长，作业效率较低；ACR智能库部署以后，员工只需根据可视化的操作指示就能轻松完成出库作业，大大降低了工人的作业难度，让拣选作业效率大幅提高。不仅人力成本能降低35%以上，拣货准确率也能从93%提升至99%以上。”

此外，天津方盛智仓还实现了鑫方盛继北京ACR智能库改造后的又一次升级，可实现作业数据、画面的可视化管理，全面地满足了出入库流量、精准度、自动转运与管理的需求，更大程度精简物流人力、降低成本，实现关灯库房、仓内无人作业等一系列智能灵活的运行效果。

问题：天津方盛智仓是如何进行仓储管理、实现提质增效的？

任务1　仓储概述

一、仓储的概念

“仓”是指仓库，即存放物品的建筑物和场地，可以是房屋建筑、大型容器、特定的场地或洞穴等，具有存放和保护物品的功能；“储”是指收存以备使用，有收存、保管、交付使用的意思。“仓储”就是利用仓库存放、储存未即时使用的物品的行为。简言之，仓储是在特定的场所储存物品的行为。

仓储管理（warehouse management）可以简单地理解为对仓库和仓库中储存的物资进行管理。现代企业仓库的功能非常完善，逐步发展为企业的物流中心。但在过去，仓库被看成一个无附加价值的成本消耗，在数字经济时代，仓库不仅是形成附加价值的一部分，更是企业成功经营的一个关键因素。仓库已成为企业连接供应方和需求方的桥梁。从供应方的角度来看，作为流通中心的仓库从事有效率的仓储作业、库存管理、流通加工、运输和配送等活动。从需求方的角度来看，作为流通中心的仓库必须以最大的灵活性和及时性满足不同种类顾客的需要。因此，对于企业来说，仓储管理意义重大。在实现经济高质量发展的背景下，企业在注重效益、不断挖掘与开发自己的竞争能力的同时，越来越注意到仓储合理管理的重要性。精准的仓储管理能够有效控制和降低流通与库存成本，是企业保持优势的关键助力与保证。

二、仓储的功能

仓储是保证整个物流过程正常运转的基础环节之一。仓储的价值主要体现在基本功能、增值功能和社会功能三个方面。

（一）基本功能

基本功能是指仓储企业或仓储部门为了满足市场的基本储存需求所具有的基本操作或行为，包括储存、保管、包装、分拣等基础作业。其中，储存和保管是仓储最基础的功能。通过基础作业，货物得到了有效的、符合市场和客户需求的仓储处理。例如，包装可以为进入物流过程的下一个环节做好准备。

（二）增值功能

通过实现基本功能而获得的收益体现了仓储的基本价值。增值功能是指通过仓储高质量的作业和服务，使经营方或供需方获取除这一部分以外的收益，这个过程称为增值服务。这是物流中心与传统仓库的重要区别之一。增值功能的典型表现方式主要有两个。

1. 提高客户的满意度

当客户下达订单时，物流中心能够迅速组织货物，并按要求及时送达，提高客户对物流服务的满意度，从而增加潜在的销售量。

2. 信息的传递

在仓储管理的各项事务中，经营方和客户都需要及时而准确的库存与需求等信息。例如，仓库利用率、进出货频率、仓库的地理位置、仓库的运输情况、客户需求状况、仓库人员的配置等信息能为客户和经营方进行正确的商业决策提供可靠的依据，提升客户对市场的响应速度，促进经营效率提高，降低经营成本，为企业带来更多的创收点，收获更广阔的市场前景。

（三）社会功能

仓储的基础作业和增值作业都会给社会物流过程的运转造成不同的影响。例如，良好的仓储作业与管理会对社会生产、生活物资供给的连续性造成正面的影响，反之会带来负面的效应。这些具有一定社会性影响力的功能即为社会功能，社会功能主要有三个方面。

1. 时间调整功能

一般情况下，生产与消费之间会产生时间差，通过仓储，相关企业可以克服商品生产和消费在时间上的不一致。例如，水稻和玉米是季节性生产的，但其消费是无季节性的。

2. 价格调整功能

生产和消费之间也会产生价格差，供过于求、供不应求都会对价格产生影响，因此通过仓储，相关企业可以克服货物在产销量上的不平衡，达到调控价格的效果。

3. 衔接商品流通功能

商品仓储是商品流通的必要条件，为保证商品流通过程连续进行，就必须有仓储活动。通过仓储，相关企业可以防范突发事件，保证商品顺利流通。例如，运输被延误会使卖主缺货。对供货仓库而言，这项功能是非常重要的，因为原材料供应的延迟将导致产品生产流程的延迟。

三、仓储的种类

（一）按仓储经营主体分类

1. 自营仓储

自营仓储主要包括生产企业自营仓储和流通企业自营仓储。生产企业自营仓储是为保障原材料供应、半成品及成品保管的需要而进行的仓储保管，以满足生产为原则，其储存的对象较为单一。流通企业自营仓储则对流通企业所经营的商品进行仓储保管，其目的是支持销售。

自营仓储不具有经营独立性，仅仅是为企业的产品生产或商品经营活动服务。相对来说，它规模小、数量多、专业性强、仓储专业化程度低、设施简单。

2. 营业仓储

营业仓储是仓储经营人以其拥有的仓储设施向社会提供仓储服务。仓储经营人与存货人通过订立仓储合同建立仓储关系，依据合同约定提供相应的仓储服务并收取仓储费。营业仓储面向社会，以经营为手段，实现经营利润最大化。与自营仓储相比，营业仓储的仓库使用效率较高。

3. 公共仓储

公共仓储是公用事业的配套服务设施，为车站、码头等场所提供配套仓储服务，其运作的主要目的是保证车站、码头等场所的正常货物作业和运输，具有内部服务的性质，处于从属地位。对于存货人而言，公共仓储有经营性质，但不独立经营，不单独签订仓储合同，而是将仓储关系列在作业合同、运输合同之中。

4. 战略储备仓储

战略储备仓储是国家根据国防安全、社会稳定的需要，对战略物资进行仓储储备。战略储备仓储特别重视储备品的安全性，且储备时间较长，所储备的物资主要有粮食、油料、有色金属等。

（二）按仓储功能分类

1. 储存仓储

储存仓储是为物资提供较长时期储存和保管服务的仓储。其储存的物资通常较为单一，品种少，但存量较大。这种仓库一般选在较为偏远的地区，存储费用较低。由于物资存放时间长，储存仓储特别注重对物资质量的维护。

2. 物流中心仓储

物流中心仓储是以物流管理为目的的仓储。具体来说，其是为了实现有效的物流管理，对物流的过程、数量、方向进行控制的环节，是实现物流时间价值的环节，一般在一定经济地区的中心、交通较为便利、储存成本较低处进行。物流中心仓储品种较少，通常以较大批量入库，一定批量分批出库，整体上吞吐能力强。

3. 中转仓储

中转仓储是衔接不同运输方式的仓储。其主要设在生产地和消费地之间的交通枢纽地，如港口、车站等。中转仓储是为了保证不同运输方式之间的高效衔接，同时减少运输工具的装卸和停留时间。中转仓储具有货物大进大出的特征，储存期限短，注重货物的周转作业效率和周转率。

4. 配送仓储

配送仓储也称配送中心仓储，是商品在配送交付给消费者之前所进行的短期仓储，是商品在销售或者供生产使用前的最后储存，是商品保管和加工相结合的仓储活动。配送仓储一般在商品的消费经济区间内进行，主要职能是根据市场需要，对商品进行拆包、分拣、组配等流通加工活动，并迅速送达消费者和零售商。配送仓储物品品种繁多、批量少，需要一定量入库、分批少量出库操作，主要目的是支持销售，注重对物品存量的控制。

5. 保税仓储

保税仓储所储存的对象是暂时进境并且还需要复运出境的货物，或者是海关批准暂缓纳税的进口货物。保税仓储受到海关的直接监管，虽然所储存的货物由存货人委托保管，但保管人要对海关负责，入库或出库单据均需要由海关签署。保税仓储一般在进出境口岸附近进行。

（三）按仓储的保管条件分类

1. 普通物品仓储

普通物品仓储的对象是不需要特殊存储条件的物品，普通物品仓储的设备和库房建造都比较简单，使用范围较广。这类仓储只需要一般性的保管场所和设施，常温保管，自然通风。

2. 特殊物品仓储

特殊物品仓储的对象是保管时有特殊要求或需要满足特殊存储条件的物品，如危险品、粮食、冷藏物品等。这类仓储必须按照物品的物理、化学、生物特性及相关法规进行仓库建设和管理，需要配备防火、防爆、防虫等专门设备。特殊物品仓储一般为专用仓储，即专门用来储存某一类（种）物品。

任务2　仓储管理的任务与原则

一、仓储管理的任务

（一）建立健全仓库质量保证体系

仓库质量管理就是“全面质量管理”的理论和方法在仓库技术经济作业活动中的具体运用，是提高企业经济效益的必要途径。全面质量管理要求将管理的触角深入到生产的各个作业环节，全员全过程管理，不厚此薄彼。企业管理者根据仓库质量管理的具体要求，查找影响仓库生产的薄弱环节，采取改进措施，降低仓储成本。仓库质量管理对提高仓储企业经济效益具有重要意义。

（二）做好仓储管理的各个基本环节

仓储活动服务于生产，又与生产活动不同，有其独特的劳动对象和方式。在仓储活动中，物品验收、入库、出库等基本环节是仓储业务活动的主要内容，这些基本环节的工作质量也直接关系到整个仓储工作能否顺利完成，最终影响整个仓储的工作质量。因此，管理者加强对各个基本环节的管理是搞好仓储工作的前提。

（三）保证仓储物资的合理保管、保养

物资在入库验收时应进行一次严格的检查后才能进入储存阶段。物资入库后必须实行“四号定位”“五五摆放”，确保标识清楚，合理堆放；此外，企业管理者还要做好“三化”“五防”“6S”等工作。以上是保障物品在储存过程中不受损失的必要措施，但是因为物品本身性质、自然条件或人为因素的影响，物资数量易遭受损失。也就是说，物资损耗有可以避免的，也有难以完全避免的，一般将难以完全避免的称为自然损耗。因此，仓储企业管理者要从根本上采取“预防为主、防治结合”的方针，要求从事储存工作的人员能够掌握和运用所储存货物的性质及受到各种自然因素影响而发生质量变化的规律，做到早防早治，最大限度地避免和减少仓储货物的损失。

二、仓储管理的原则

（一）先进先出原则

先入库的商品优先考虑出库。

（二）锁定库位原则

某物品固定摆在某库位，实物所放库位必须与 ERP 系统中的一致。库位编码就像一个人的家庭地址一样，具有定位功能，没有固定库位，就无法快速查找。

（三）专料专用原则

不得随意挪用对应订单物品。

（四）库存的 ABC 管理原则

1. A 类物料的数量可能占库存的 10% ～ 15%，但货值可能占库存价值的 60% ～ 70%。
2. B 类物料的数量可能占库存的 20% ～ 35%，但货值可能占库存价值的 15% ～ 20%。
3. C 类物料的数量可能占库存的 50% ～ 70%，但货值可能占库存价值的 5% ～ 10%。

因此，要严格控制“关键的少数”和“次要的多数”，也就是要严格控制好 A、B 两类物料。

（五）“六不入”原则

有送货单而没有实物的不能办入库手续；有实物而没有送货单或发票原件的不能办入库手续；来料与送货单数量、规格、型号不同的不能办入库手续；IQC（来料质量控制）检验不通过且没有领导签字同意使用的不能办入库手续；没办入库而先领用的不能办入库手续；送货单或发票不是原件的不能办入库手续。

（六）“五不发”原则

没有提料单或提料单无效的物料不能发放；手续不符合要求的物料不能发放；质量不合格的物料，除非有领导批示同意使用，否则不能发放；规格不对、配件不齐的物料不能发放；未办理入库手续的物料不能发放。

（七）一次出库原则

物料出库必须准确、及时地一次性完成，生产线领用物料必须运回自己生产线所属位置，不能再堆放在仓库内，以免造成混乱和差错。

（八）门禁原则

除物料管理人员和搬运人员因工作需要外，其他人员未经批准一律不得进入仓库；严禁任何人在进出仓库时私自携带物料；有来宾视察时，须在主管级以上人员陪同下方可进入仓库。

（九）“日事日毕、日清日高”原则

每个仓管员在每日工作结束时要进行当天相关账物的自我确认和核查，确保账目的平

衡，找出存在的问题并及时改进，以便在第二天的工作中进步提高；每日对所管的物料库位至少巡查1～2次，保证在库物料的品质、安全和6S状态达标，确保物料有正确标识，退货物料要及时退给供应商或放入退货区；仓管员当日的单据必须当日传给录单员，录单员当日的单据必须在当日录入系统。

阅读材料

库存商品要进行定位管理，定位管理与商品配置图表的设计思路相似，即将不同的商品按分类、分区管理的原则来存放，并放置在货架上；区位确定后应制作一张配置图，贴在仓库入口处，以便存取。小量储存区应尽量固定位置，整箱储存区则可弹性运用。若储存空间太小或属冷冻（藏）库，也可以不固定位置弹性运用。储存商品不可直接与地面接触，一是为了避免潮湿；二是由于生鲜食品有卫生规定；三是为了堆放整齐。要注意仓储区的温湿度，保持通风良好，干燥、不潮湿；仓库内要设有防水、防火、防盗等设施，以保证商品安全。商品储存货架应设置存货卡，商品进出要注意先进先出的原则。也可采取“色彩管理法”，如每周或每月使用不同颜色的标签，以明显识别进货的日期。仓库管理人员要及时与订货人员进行沟通，以便商品到货后合理存放。此外，还要适时提出存货不足的预警通知，以防缺货。仓储存取货原则上应随到随存、随需随取，但考虑到效率与安全，有必要规定作业时间。商品进出库要做好登记工作，以便明确保管责任。但有些商品（如冷冻、冷藏商品）为讲究时效，也可采取卖场存货与库房存货合一的做法。

三、不同行业类型的企业对仓储管理的要求

（一）物流企业对仓储管理的要求

随着我国经济的高质量发展和数字经济的快速成长，客户对物流服务的需求正迅速增加，客户的个性化需求也越来越高。为了提升物流服务水平，满足客户的需求，仓库应配备全自动立体仓库、自动分拣系统、条形码及智能化仓储管理信息系统等。仓储管理人员的业务能力也应提高，主要包括以下方面：① 科学调度仓储运作，对客户需求能做出快速的动态反应；② 仓储管理方式应不断改革创新，满足不同客户的需要；③ 在夯实仓储基本业务管理的基础上，提升分拣、配货、包装等物流功能，为客户提供个性化服务；④ 为客户提供增值服务，包括做好库存控制和提高流通加工能力等。

（二）流通企业对仓储管理的要求

仓储作为商品营销的保障，为企业销售提供物流服务。流通企业对仓储管理的要求主

要体现在以下方面：① 做好物品的接运；② 严格进行物品数量和外观质量的验收；③ 分区分类和专仓专储；④ 进行储存期标识和质量维护；⑤ 高效低耗的包装加工作业；⑥ 准确发货和及时发运等。

（三）生产企业对仓储管理的要求

生产企业的核心竞争力体现在产品的开发、生产和制造上，仓储作为企业生产和营销的保障，主要体现为对物料、备品备件和成品的仓储管理。物料是指企业生产所需的原材料、零部件、在制品等。物料仓储管理对确保企业生产正常进行有着重要意义。生产企业对物料仓储管理的要求主要体现在以下方面：① 对供货商的供货严格把关；② 物品储存标识符合批次管理和可追溯性要求；③ 建立仓储智能管理系统，实现物品储存可视化；④ 合理储存保管，一般情况下要符合先进先出的要求；⑤ 对接 ERP，限额供料和配送到现场。

此外，对工具、备品备件仓库，还要求能够根据需求规律，做好库存管理与控制，科学合理地确定安全库存和最高库存量。

阅读材料

仓储管理是一门经济管理科学，同时也涉及应用技术科学。仓储管理的内涵随着其在社会经济领域中作用的不断扩大而变化。仓储管理即库管，是指对仓库及其库存物品的管理，仓储系统是企业物流系统中不可缺少的子系统。物流系统的整体目标是以最低成本提供令客户满意的服务，而仓储系统在其中发挥着重要作用。仓储活动能够提高企业客户服务水平，增强企业的竞争能力。现代仓储管理已实现了从静态管理向动态管理的根本性变化，对仓储管理的基础工作也提出了更高的要求。

任务3　仓储合同管理

一、仓储合同概述

（一）仓储合同的概念

仓储合同又称仓储保管合同，是保管人储存存货人交付的仓储物，存货人支付仓储费的合同。合同双方当事人为保管人和存货人，交付保管的仓储物为合同的标的物。

仓储合同的标的是指合同关系指定的对象，也就是仓储合同当事人权利和义务共同指向的对象。仓储合同虽说约定的是仓储物的保管事项，但合同担保的却是仓储保管行为，包括仓储空间和仓储时间。保管人提供保管的空间和时间保管仓储物，存货人提供仓储物并为使用保管人的仓储行为支付仓储费。因此，仓储合同是一种行为合同，是一种当事人双方都需要行为的双方合同。

仓储合同的标的物是存货人交存的仓储物。仓储物可以是生产资料（如生产原料、配件、组件、生产工具、运输工具等），也可以是生活资料（如一般商品，包括特定物和种类物）。但仓储物必须是能够移动到仓储地进行仓储保管的动产，且是有具体物理性状的实物动产。不动产不能成为仓储物，货币、知识产权、数据、文化等无形资产和精神产品也不能作为仓储物，如图书可以作为仓储物，但图书的著作权、书内的专利权不能成为仓储物。

（二）仓储合同的特征

1. 仓储合同为诺成合同，自双方签订开始生效，而并非从交付仓储物开始生效。而保管合同为实践合同，合同从保管物交付起成立。

2. 保管人必须是拥有仓储设备并从事仓储保管业务的人，这是仓储合同主体上的重要特征。

3. 仓储合同为双务、有偿合同。保管人提供储存、保管的义务，存货人承担支付仓储费的义务。这与一般的保管合同不同，因为保管合同既可有偿，也可无偿。

4. 仓储合同的对象仅为动产，不动产不可能成为仓储合同的对象。

5. 仓储合同为不要式合同，当事人可以协议采用任何合同形式，包括合同书、确认书、计划表和格式合同等。

二、仓储合同条款

仓储保管合同的主要条款一般有：存货人、保管人的名称、地址；仓储物的品名或种类；仓储物的数量、质量、包装；仓储物交接和验收的内容、标准、方法、时间、资料；仓储物的储存条件和保管要求；仓储物的进出库手续、时间、地点、运输方式；仓储物的损耗标准和损耗处理；计费项目、标准和结算方式、银行、账号、时间；责任划分和违约处理；储存期间；变更和解除合同的期限。

（一）存货人、保管人的名称、地址

存货人和保管人作为仓储合同的当事人，需要承担合同责任，合同应采用完整的企业注册名称、登记地址、银行账号、法人代表等具体内容。

（二）仓储物的品名或种类

在订立仓储合同时，必须清晰、明确地规定仓储物的全名或品类，有代号的，应标明

代号的全名。不符合法律规定的物品不能保管。

（三）仓储物的数量、质量、包装

仓储物的数量指所存仓储物的多少，在合同中应明确规定仓储物的总量、计量单位等，数字要清晰无误。仓储物的质量指所存仓储物的优劣、好坏。在确定仓储物质量时，可以参照国家标准或行业标准。仓储物的包装指仓储物表面上的包装，包装的目的是保护仓储物不受损害。仓储物的包装有国家标准或专业标准的，应按国家标准或专业标准确定，没有国家或专业标准的，当事人在保证储存安全的前提下，可以协商议定。

（四）仓储物交接和验收的内容、标准、方法、时间、资料

由于仓储物必须是能够存放到仓库进行保管的动产，因而就会发生交接行为。交接时间即为确定货物入库时间，保管人须在此之前准备好货位确保可以进行交接。交接地点须标明运送货物入库的具体交接地及责任承担人，必要时还须明确卸车搬运的承担人。存货人交付货物给保管人储存时，保管人需要负责验收，包括对仓储物的品名、规格、数量、质量和包装状况等按包装上的标记或外观直辨进行验收，无标记的以存货人提供的验收资料为准。散装仓储物按国家有关规定或合同约定验收。验收方法指在合同中确定具体采用全验还是按比例抽验。验收期限是从仓储物和验收资料全部送达保管人之日起，至验收报告送出之日止。

（五）仓储物的储存条件和保管要求

由于仓储物的自然性质不同，仓储物在仓库储存期间对仓库的外界条件和温度、湿度等都有特定的要求。比如肉类食品要求在冷藏条件下储存，纸张、木材、水泥要求在干燥条件下储存，精密仪器要求在恒温、防潮、防尘条件下储存。因此，合同双方当事人应根据仓储物的性质选择不同的储存条件，并在合同中明确约定。保管人如因仓库条件所限，达不到存货人的要求，则不能勉强接受。对某些较特殊的仓储物，如易燃、易爆、易渗漏、有毒等危险仓储物，在储存时，需要有专门的仓库、设备以及专门的技术要求，这些都应在合同中一一注明。必要时，存货人应向保管人提供仓储物储存、保管、运输等方面的技术资料，防止发生仓储物毁损、仓库毁损或人身伤亡。例如，挥发性易燃液体在入库、出库时，保管人如不了解该液体的特性，采用一般仓储物的装卸方法，可能造成易燃液体大量挥发外溢，酿成火灾。特殊仓储物需特殊储存条件、储存要求的，应事先交待清楚。

（六）仓储物的进出库手续、时间、地点、运输方式

由存货人或运输部门、供货单位送货到库的，或由保管人负责到供货单位、车站、港口等处提运的仓储物，必须按照正常验收项目流程进行验收，或按国家规定当面交接清楚，分清责任。交接中发现问题，供货人在同一城镇的，保管人可以拒收；外埠或本埠港、站、机场、邮局到货，保管人应予接货，妥善暂存，并在有效验收期内通知存货人和

供货人处理。对于仓储物的出库，也应明确存货人自提、保管人送货上门或者保管人代办运输的责任。

（七）仓储物的损耗标准和损耗处理

仓储物在运输过程和储存中会发生数量、质量的减少，对这些损耗，合同应明确规定一个标准以作为划分正常与非正常损耗的界限。正常损耗视为符合合同履行要求，非正常损耗由运输或保管中的责任人负责。

（八）计费项目、标准和结算方式、银行、账号、时间

计费项目、标准指保管人收取费用的项目和标准，有国家规定的计费项目和标准的，按国家规定标准和项目执行，没有国家规定的，当事人可以协商议定。结算方式指存货人与保管人以何种方式结算。如仓储费可以采用预付、定期支付等方式结算。银行、账号是指各自的银行、账号的名称。时间是指双方结算的时间界限，即何时开始结算、何时结算完毕。以上条款均须在合同中明确、详细规定，以免发生争议。

（九）责任划分和违约处理

责任划分是指存货人和保管人在仓储物入库、验收、保管、包装、出库等方面的责任。这在合同中应明确规定，划清各自的责任。违约处理是指对保管人和存货人的违约行为如何处理。违约处理的方式有协商、调解、仲裁、诉讼等，违约责任形式有违约金、赔偿金等，这些在合同中也应明确规定。

（十）储存期间

储存期间是指仓储合同当事人双方约定的货物储存时间，有三种表示方法：一是用期限表示，如储存 6 个月，自货物入库起算；二是以日期的方式表示，如 8 月 1 日至 12 月 31 日；三是不约定具体的存放期间，如提前 30 天通知等。储存期间是保管人计收仓储费的基础，是承担责任期间，也是库容使用计划安排的依据，如存货人不能遵守储存期间条款，保管人有权要求存货人承担违约责任。合同一般应规定储存期间，但有的合同也可不规定储存期间，只要存货人按时支付仓储费，即合同继续有效。

另外，合同条款还包括货物的保险约定、合同变更解除的条件及其他注意事项。

任务4 我国仓储业的发展

物流业已经成为 21 世纪支持我国经济发展的重要产业。仓储在物流系统中起着举足轻重的作用，现代仓储业的健康快速发展对于优化物流与供应链管理系统、提高国民经济的运行质量和效率有重大意义。但是，我国仓储业如今正面临诸多挑战，如何提高我国仓

储管理水平，是一个亟待解决的重要问题。

一、我国仓储业现状

在国家实施宏观调控政策的推动下，我国的仓储业运作效率和管理水平显著提升，展现出了良好的发展势头。

（一）仓储业务量增大，业务收入增长速度较快

随着物流的迅速发展和社会需求的变化，我国仓储业务量不断增大，货物吞吐量、平均库存量、货物周转次数等指标都有明显的提高。储运业务收入的增长速度很快，仓储保管收入、运输配送收入、流通加工收入等收入的年增幅大多达到了 10% 以上。

（二）我国对仓储业的固定资产投资额持续增长

仓储业呈现出良好的发展势头，我国也加大了对仓储业固定资产的投资力度。

（三）仓储技术获得较快发展

自动化技术和信息技术的应用已经成为仓储技术的重要支柱，自动货架、自动识别和自动分拣等系统，以及条码技术、射频识别（radio frequency identification，RFID）等技术已经被越来越多的企业所广泛应用。供应商管理库存、零库存等技术在企业中已被普遍使用。

（四）仓储企业之间的竞争加剧

以前的仓储设施无法满足物流活动的需要，原有的仓储企业缺乏改造基础设施需要的资金，外国的物流公司纷纷投资建库。我国的大型企业也不断建设现代化仓库并将其作为发展物流的平台。这种趋势加大了仓储企业间的竞争力度。

二、我国仓储业发展过程中存在的问题

（一）仓库数量多，但布局不够合理

各行业、各部门为了满足各自的需要纷纷建立自己的仓库，导致仓库数量众多，且都集中在经济发达地区和交通便利的地方，以至于仓储布局极不合理，造成了部分地区仓储大量剩余和部分地区仓储能力不足的两极分化局面。

（二）仓储技术发展不平衡，很多企业对提高仓库作业自动化、机械化的认识不足

一些大型企业的现代化仓库拥有非常先进的仓储设备，包括各种先进的装卸搬运设备、高层货架仓库等，但也有很多企业的仓库作业仍旧靠人工操作。这种仓储技术方面的发展不平衡状态会严重影响我国仓储行业整体的运作效率。

（三）仓储方面的人才缺乏

发展仓储行业，既需要专业技术型人才，也需要操作型人才，更需要仓储管理型人才，而我国目前这几方面的人才都比较匮乏。

（四）仓库成本居高不下

大部分现有的仓库为平房仓库，功能不全，仓库各项布局不规范，不能满足经济高质量发展的需求，有的还存在设备过时、存储利用率低等问题，只具有基础的储存功能。有些公司提高仓储作业自动化、机械化、智能化程度的意识不强，有些仓库作业仍然和原来一样基于人工，效率低下，很多仓库货物在库时间长、储存不当或损坏，增加了物流成本。

三、加快我国仓储业发展的建议

物流产业已经成为我国新的经济增长点，作为物流最基本功能的仓储必须引起足够的重视，不断提高运作效率。

（一）加强仓储基础设施建设

要加大投入力度，努力提升现有仓库的基础设施，不断改造陈旧老化的仓库，更新使用现代化的仓储设备，提升智能化水平。既要借鉴国内外的先进经验和技术，又要结合各地区的实际情况，不能贪大贪多，要形成科学合理的仓储设施网络。

（二）加快引入竞争机制，建立统一、公平、有序的现代仓储市场体系

要保障仓储业的健康发展，就要规范市场秩序，加快引入竞争机制，建立统一开放、公平竞争、规范有序的现代仓储体系。进一步完善法律、法规，为仓储企业的经营和发展创造宽松的外部环境。

（三）加强仓储资源的整合，完善仓储标准化体系

我国不同行业类型的仓储企业的储运设施不能共用，否则会影响企业合理统筹仓储资源的能力。为适应现代物流要求，要加强资源整合，建立仓储网络，不断完善其标准化体系。仓储标准化不仅是为了实现仓储环节和其他环节的密切配合，也是仓储内部提高作业效率的有效手段。

（四）加快公共信息平台的建设，实现仓储信息化管理

要提高仓库利用率、实现有效的库存控制，就要建立有效的信息网络，实现仓储信息共享，积极推进企业仓储管理信息化。运用现代信息技术构建公共信息平台，实现公共信息网络与仓储网络的有效结合，提升企业仓储信息化水平。

（五）引进并培育仓储专业人才，完善培训体系

人才是企业的重要资源，要发展仓储，就要有技术、管理等多方面的人才。仓储企业要充分利用各种资源，积极从各高等院校引进相关人才，加强对物流从业人员的在职培训，加大仓储专业人才培养和培训的力度。

实训任务

调查仓储管理现状

实训操作

调查本地区的仓储企业，线下调查企业数不少于2家，通过设计调查问卷的方式进行线上线下混合调查，制定调查方案，统计调查数据，完成调查报告。

实训目的

使学生能运用所学知识对本地区仓储企业现状进行调查，掌握仓储业及仓储管理的现状，培养学生实地调查、人际沟通和团队合作协调的能力。

实训要求

1. 每十人为一小组，获取所需资料；
2. 从实训任务布置日期起，一周内完成；
3. 撰写实训报告。

巩固练习

一、单选题

1. 以一定的较大批量集中于一个场所之中的仓储活动，被称为（　　）。
   A. 分散仓储　　B. 集中仓储　　C. 零库存　　D. 租赁仓储
2. 在仓储过程中对产品进行保护、管理，防止产品损坏而丧失价值，体现了仓储的（　　）功能。
   A. 保管　　B. 整合　　C. 加工　　D. 储存
3. （　　）是指企业将仓储管理等物流活动转包给外部公司，由外部公司为企业提供综合物流服务。
   A. 租赁仓库仓储　　B. 供应商管理库存　　C. 第三方仓储　　D. 寄售
4. 仓储管理活动可以表述为：仓储管理人员和作业人员借助仓储设施和设备，对（　　）

进行收发保管。

A. 库存物　B. 仓库　C. 仓库管理系统　D. 重要物资

5. （　）是保管人在接受仓储物后签发的表明一定数量的保管物已经交付仓储保管的法律文书。

A. 保管证　B. 保管合同　C. 仓单　D. 物资储存单

6. 仓储具有（　）和静态仓储两种。

A. 动态　B. 流动　C. 静止　D. 停滞

7. 当某些库存承担起国家的安全使命时，这些库存通常被称为（　）。

A. 战略库存　B. 保险库存　C. 国家储备　D. 制造库存

二、多选题

1. 仓储管理的内容包括（　）。

A. 仓库选址　B. 仓库机械选择　C. 仓库人员　D. 库存管理

2. 仓储管理的基本原则包括（　）及讲求经济。

A. 保证质量　B. 注重效率　C. 确保安全　D. 快速反应

3. 从微观层面来看，仓储管理系统的主要任务就是在保证服务质量的前提下（　）、减少仓储损耗。

A. 提高仓储效率　B. 降低仓储成本

C. 扩大仓储空间　D. 保证仓储安全

4. 纵观中国仓储活动的发展历史，大致经过了（　）等几个阶段。

A. 中国古代仓储业　B. 中国近代仓储业

C. 社会主义仓储业　D. 仓储业现代化发展阶段

5. 影响仓储活动类型的因素包括（　）。

A. 总周转量　B. 需求的稳定性　C. 相关需求库存　D. 市场密度

三、简答题

1. 仓储的概念和功能是什么？
2. 常见的仓储活动类型有哪些？
3. 仓储管理的任务和原则是什么？
4. 简述仓储合同的概念及内容。

项目二 仓储规划与设计

思维导图

- 仓储规划与设计
  - 仓储库区总体布局：仓库的分类、仓库库区总体布局的原则与要求、仓库面积
  - 仓储规划：分区分类规划、货区布局基本思路与形式、货位管理、货位的存货方式
  - 商品堆码：堆码的基本原则和要求、货垛设计、堆码设计、商品堆码存放的基本方法
  - 垫垛和苫盖：垫垛的目的与基本要求、垫垛物数量的确定、苫盖的基本要求与方法

学习目标

知识目标

- 掌握仓库的分类、仓库库区总体布局的原则与要求和仓库面积范围；
- 掌握分区分类规划、货区布局基本思路与形式，掌握货位管理方法与存货方式；
- 掌握堆码的基本原则和要求、货垛设计的内容与方法、商品堆码存放的基本方法；
- 掌握垫垛的目的与基本要求、苫盖的基本要求与方法，熟悉垫垛物数量的确定方法。

技能目标

- 能够根据仓储企业业务情况，完成仓库库区的基本布局；
- 能够根据商品及储位情况，完成商品的堆码设计和托盘堆码作业；
- 能够根据货物的保管条件，完成垫垛和苫盖设计。

价值目标

- 通过对仓库库区的总体布局规划与设计，培养系统思维和大局意识；
- 通过完成货物堆码的设计和实训，培养安全意识、质量意识和团队精神。

案例导入

天津港保税区临港粮油产业园

天津港保税区临港粮油产业园是我国北方最大的粮油食品加工基地，主要发展粮油加工及储运、食品加工、生物制造研发和粮油交易。截至2021年3月，园区拥有3个10万吨级粮油专用码头，岸边配备16个公用筒仓，约19万吨仓容，并已建成综合廊道系统，能够将码头接卸货物直接运送到园区内企业，极大地降低了企业的运输成本。目前，天津港保税区临港粮油产业园已吸引中国储备粮管理集团有限公司、中粮集团有限公司、美国阿彻丹尼尔斯米德兰公司（Archer Daniels Midland，ADM）、法国路易达孚公司（Louis Dreyfus Company）、新加坡美华集团、印度尼西亚春金集团、天津食品集团、利达面粉、普罗旺斯番茄制品（天津）有限公司、非洲ETG集团、北大荒农垦集团有限公司等数十家大型粮油食品加工及世界500强企业落户。

问题：临港粮油产业园科学布局为什么重要？

任务1 仓储库区总体布局

一、仓库的分类

仓库建筑源远流长，《诗经·小雅》就有“乃求千斯仓”的诗句。现代仓库更多地注重功能与平台建设以及经营效益，而不仅仅关注储存，这是现代仓库与传统仓库的区别所在。因此，现代仓库在运输周转、储存方式和建筑设施上都更重视通道的合理布置、货物的分布方式和堆积的最大高度，并配置经济有效的机械化、自动化存取设施和信息系统，以提高储存能力和工作效率。

阅读材料

仓库的产生和发展是第二次世界大战之后生产和技术发展的结果。20世纪50年代初出现了采用桥式堆垛起重机的立体仓库；20世纪50年代末60年代初出现了由司机操作的巷道式堆垛起重机立体仓库；1963年，美国率先在高架仓库中采用计算机控制技术，建立了第一座由计算机控制的立体仓库。此后，自动化立体仓库在美国和欧洲得到迅速发展，并形成了专门的学科。

仓库由储存物品的库房、运输传送设施（如吊车、电梯、滑梯等）、出入库房的输送管道和设备，以及消防设施、管理用房等组成。仓库按所储存物品的形态可分为储存固体物品、液体物品、气体物品和粉状物品的仓库；按储存物品的性质可分为储存原材料、半成品和成品的仓库；按建筑形式可分为单层仓库、多层仓库、圆筒形仓库。

（一）单层仓库

单层仓库适用于储存建筑材料、金属材料、矿石、机械产品、车辆、化工原料、木材及其制品等。港口码头仓库、铁路运输仓库、航空运输仓库多为单层建筑，其目的是加快装卸速度。单层仓库的总平面设计要求道路贯通，保证装运的汽车、铲车等运输装卸设备能直接进出仓库。单层仓库一般采用预制钢筋混凝土结构，常见柱网高 6 m，跨度为 12 m、15 m、18 m、24 m、30 m、36 m 不等。地面堆货荷载大的仓库，跨度更大。库内吊车的起重能力则根据储存货物单件的最大重量确定。起重量在 5 吨以下的可用单梁式吊车或单轨葫芦，起重量大于 5 t 的用桥式吊车。单层仓库要求具备防潮功能，屋面和墙面均应不渗水、不漏水。如供储存易燃品之用，应采用柔性地面层防止产生火花。

（二）多层仓库

多层仓库一般用于储存百货、电子器材、食品、药品、医疗器械、橡胶产品、化学制品、文化用品、仪器仪表等。底层应有卸货装货场地，装卸车辆可直接进入。货物的垂直运输通常采用载重 1.5 ～ 5 t 的运货电梯。也应考虑装运货手推车或铲车能开入电梯间内，以加快装卸速度。多层仓库常用滑梯卸货，滑梯多用钢筋混凝土结构，水磨石打蜡作面层；也可用钢板面层，金属骨架，但要防止钢板生锈或用不锈钢板作面层。多层仓库中“立体仓库”的存储和提货可以利用信息系统实现机械化。多层仓库占地面积相对较小，节省人力，但储存货物类别有一定限制。

（三）圆筒形仓库

圆筒形仓库一般用于储存散装水泥、粉煤灰、散装粮食、干矿渣、石油、煤气等。圆筒形仓库的建筑设计根据储存物品的种类和进卸料方式而确定。库顶、库壁和库底必须防水、防潮，库顶应设有吸尘装置。

（四）自动化立体仓库

自动化立体仓库可利用立体仓库设备实现仓库高层合理化，存取自动化，操作简便化。自动化立体仓库是当前技术水平较高的仓库形式。

自动化立体仓库是由立体货架、有轨巷道堆垛机、出入库托盘输送机系统、尺寸检测条码阅读系统、通信系统、自动控制系统、计算机监控系统、计算机管理系统以及其他辅助设备（如电线电缆桥架配电柜、托盘、调节平台、钢结构平台等）组成的复杂自动化系统。自动化立体仓库运用一流的集成化物流理念，先进的控制、总线、通信和信息技术，通过以上设备的协调动作进行出入库作业。如图 2–1 所示。

图 2–1　自动化立体仓库

（五）其他分类

1. 原料仓库

原料仓库是用来储存生产所用的原材料的仓库，这类仓库一般面积比较大。

2. 产品仓库

产品仓库的作用是存放已经完成但尚未进入流通区域的产成品。

3. 冷藏仓库

冷藏仓库用来储存需要进行冷藏的货物，这些货物一般是农副产品、药品等对于储存温度有要求的物品。

4. 恒温仓库

恒温仓库和冷藏仓库一样，也是用来储存对于储藏温度有要求的货物。

5. 危险品仓库

从字面上就比较容易理解，危险品仓库是用于储存危险品的。危险品可能对人体以及环境造成危险，因此此类物品的储存一般有特定的要求，如许多化学用品就是危险品，它们的储存要求都有专门的条例。

6. 水面仓库

对圆木、竹排等能够在水面上漂浮的物品来说，它们可以储存在水面。

二、仓库库区总体布局

仓库布局是指在一定区域或库区内，对仓库的数量、规模、地理位置和设施道路等各要素进行科学规划和整体设计。

（一）仓库布局原则

尽可能采用单层设备，以降低造价，提高资产的平均利用效率；尽可能保证货物在出入库时是单向和直线运动，避免逆向操作和大幅度改变方向的低效率运作；采用高效率的物料搬运设备及操作流程；在仓库里采用有效的存储计划；在满足物料搬运设备大小、类型、转弯半径限制的条件下，尽量减少通道所占用的空间；尽量利用仓库的高度，也就是说，有效地利用仓库的容积。

（二）仓库布局要求

1. 适应仓储生产的作业流程

根据产品自有特性，规范各个区域面积和位置，保证仓库物资流动方向合理，由专门的通道入库，然后由专门的通道出库，保持仓库通道畅通，提高生产流通效率。

2. 有利于提高仓库经济效率

总体布局的时候，考虑仓库面积等条件，因地制宜，合理利用仓库的有限空间，以防浪费空间资源。

3. 符合安全、卫生要求

库内各区域之间要有一定的防火间距，同时，要设有各种防火、防盗等安全保护措施，此外，库内布置要符合卫生要求，充分考虑通风、照明等情况。

4. 保持通道畅通无阻

在规划仓库区域的时候，需要把仓库里面的立柱考虑进去，用墙面或货架包裹立柱，不能让立柱堵塞仓库的通道。

5. 仓库大门向外开

大门向外开可以保证仓库内部使用空间最大化，另外在发生火灾的时候，向外开门的通道比向内开门的容易通过。

6. 仓库各区域说明

收货质检区：该区域为货品入库的第一站，为了降低经营成本，减少不必要的损失，货品应先质检后入库，不合格产品退回厂家或做其他处理。收货质检区设置在仓库的门口处，并根据采购规模来设置该区域的大小，根据产品属性决定是否要设置专用卸货台。

退货区：质检不合格的产品放置在该区域，等待相关人员处理。

备货区（栈板区）：仓库主要囤货区域，需要放置大量的货品及一些不适合上货架管理的货品，根据产品备货周期或生产周期，决定该区域的空间大小。

配货区（货架区）：订单处理主要区域，根据店铺存货数决定该区域大小。

检验区：货物出库前的审核及赠品放置区域，根据流水线作业人数决定该区域大小，并留置相应弹性扩充区域以便放置待检验订单及促销活动时加派人手。

打包区：出库审核后的订单送到该区域进行包装工作，根据产品包装属性和员工效率配置空间，要留置相应扩充区域，方便促销活动时加派人手。

称重区：包装好的包裹在该区域称重，并录入系统。

快递取货区：称重好的包裹放置在该区域，等待快递公司取货，根据所选择的快递划分对应的区域，并显著标识出来。

包装耗材区：包装耗材存放区域，紧邻打包区。

打单区：制单、审单、打单的区域。

三、仓库面积

了解仓库面积，需要对下列概念进行区分。

（一）仓库建筑面积

仓库建筑面积通常是指库房建筑面积，其计算方法是从库房外墙基丈量“长 × 宽”

的面积，楼库各层相加。

（二）仓库实际面积

仓库实际面积即从库房内墙丈量“长 × 宽”面积之和并从中减去障碍建筑物（立柱、隔墙、楼梯）占用的面积。

（三）仓库可用面积

仓库可用面积即从仓库实际面积中减去干道、支道、墙距、柱距占用的面积。

（四）仓库使用面积

仓库使用面积即商品货垛实占面积。

（五）仓库面积利用率

仓库面积利用率 =（仓库可用面积 ÷ 仓库建筑面积）× 100%。

（六）仓库面积使用率

仓库面积使用率 =（仓库使用面积 ÷ 仓库可用面积）× 100%。

（七）仓库容积利用率

仓库容积利用率 =（库存商品实际数量或容积 ÷ 仓库应存数量或容积）× 100%。

想要做好对于仓库的有效管理，必须加强对仓库面积的利用管理，提高仓库面积利用率和仓库面积使用率。

任务2 仓储规划

一、分区分类规划

分区分类规划是指按照库存物品的性质划分出类别，再将不同类别的物品进行分区储存保管，同时根据各类物品存储量的计划任务，结合各种库房、货场、起重运输设备的具体条件，确定各库房和货场的分区分类存储方案。

（一）分区分类规划的方法

1. 按库存物品理化性质不同进行规划

按照库存物品的理化性质进行分类管理，可将仓库分成纺织品区、化工品区、冷藏品区、金属材料区等。将理化性质相同的物品集中堆放，便于仓库对库存物品采取相应的养护措施，同时还有利于对同种库存物品进行清仓盘点。

2. 按库存物品的用途或货主不同进行规划

根据物品的所有权关系来进行分区分类管理，便于仓库发货或货主提货。但这种方式非常容易造成货位的交叉占用，也不利于理化性质不同的物品的分类养护。

3. 混合货位规划

混合货位规划是通过综合考虑按理化性质分类和按使用方向分类的优缺点，对通用物品一般按理化性质分类保管，专用物品则按使用方向分类保管。

（二）分区分类规划的原则

分区分类规划的基本原则是存放在同一货区的物品必须具有互容性，保管条件不同的物品不可混存，作业手段不同的物品不应混存，灭火措施不同的物品决不能混存。

二、货区布局

仓库货区布局是根据仓库场地条件、仓库业务性质和规模、物品储存要求以及技术设备的性能和使用特点等因素，对仓库货区的各组成部分（如存货区、通道、理货区、配送备货区以及辅助作业区等）在规定的范围内进行平面和立体的合理安排和布置，最大限度地提高仓库的储存能力和作业能力，并降低各项仓储作业成本。仓库的货区布局和规划是仓储业务和仓库管理的客观需要，其合理与否直接影响到仓储作业的效率和储存物资的安全。

（一）货区布局基本思路

货区布局基本思路即根据物品特性分区分类储存。例如，将特性相近的物品集中存放；将单位体积大、单位质量大的物品存放在货架底层，并且靠近出库区和通道；将周转率高的物品存放在进出库装卸搬运最便捷的位置；将同一供应商或者同一客户的物品集中存放，以便于进行分拣配货作业。

（二）货区布局的形式

1. 平面布局

平面布局是对货区内的货垛、通道、垛间距、收货区、理货区等进行合理的规划，科学处理它们的相对位置。平面布局的形式可以概括为垂直式和倾斜式两类。

（1）垂直式布局是指货垛或货架的排列与仓库的侧墙互相垂直或平行，具体包括横列式布局、纵列式布局和纵横式布局。

① 横列式布局是指货垛或货架的长度方向与仓库的侧墙互相垂直。横列式布局的主要优点有主通道长且宽，副通道短，整齐美观，便于存取查点，也利于通风和采光。如图 2-2 所示。

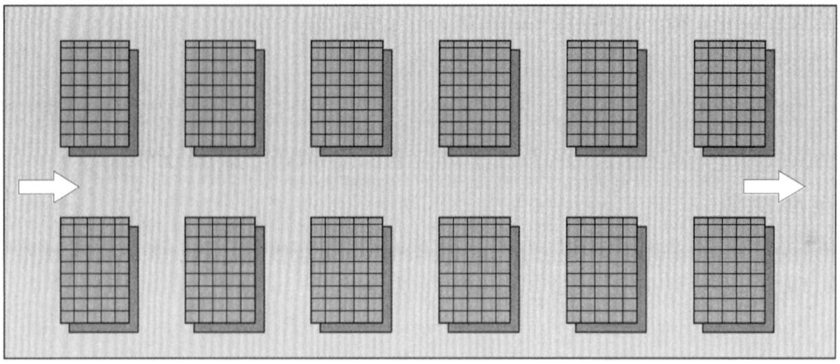

图 2-2　横列式布局

② 纵列式布局是指货垛或货架的长度方向与仓库侧墙平行。纵列式布局的主要优点是可以根据库存物品在库时间的不同和进出频繁程度安排货位，在库时间短、进出频繁的物品放置在主通道两侧，在库时间较长、进出频率不高的物品放置在里侧高层。如图 2-3 所示。

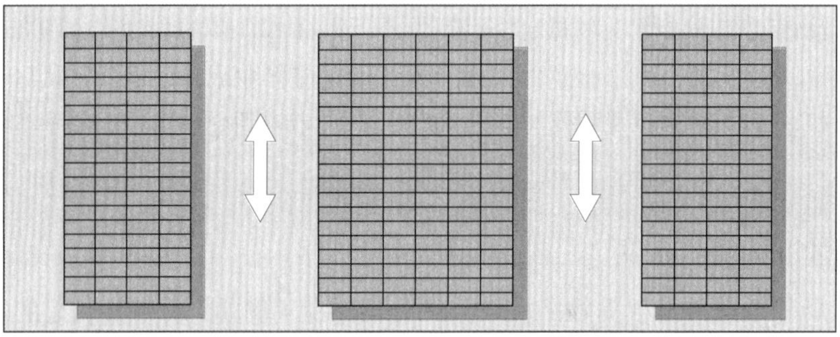

图 2-3　纵列式布局

③ 纵横式布局是指在同一保管场所内，横列式布局和纵列式布局兼而有之，可以综合利用两种布局的优点。如图 2-4 所示。

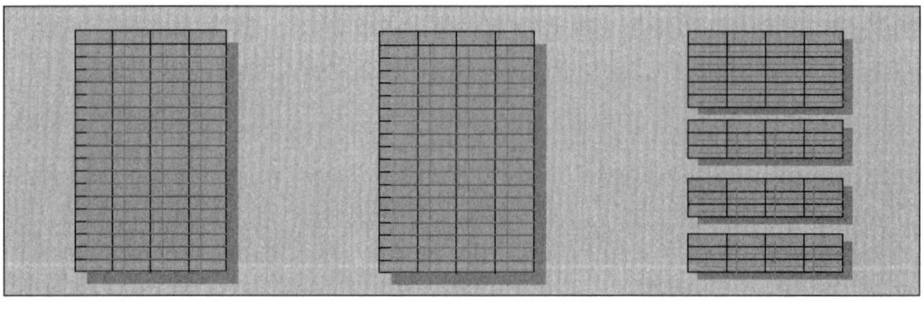

图 2-4　纵横式布局

（2）倾斜式布局是指货垛或货架与仓库侧墙或主通道成 60°、45° 或 30° 夹角。具体包括货垛倾斜式布局和通道倾斜式布局。

① 货垛倾斜式布局是横列式布局的变形，它是为了便于叉车作业、缩小叉车的回转角度、提高作业效率而采用的布局方式。如图 2-5 所示。

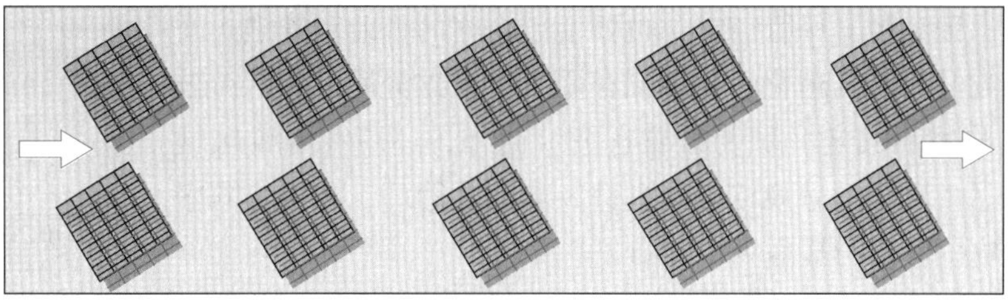

图 2-5　货垛倾斜式布局

② 通道倾斜式布局是指仓库的通道斜穿保管区，把仓库划分为具有不同作业特点的区域（如大量存储和少量存储的保管区等），以便进行综合利用。这种布局形式较为复杂，货位和进出库路径较多。如图 2-6 所示。

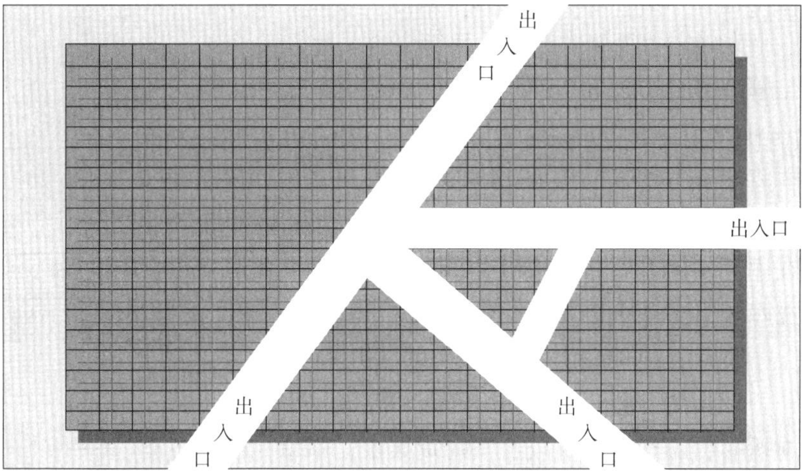

图 2-6　通道倾斜式布局

2. 空间布局

空间布局是指库存物品在仓库立体空间上布局，目的在于充分有效地利用仓库空间。空间布局的主要形式有就地堆码、上货架存放、空中悬挂等。

其中，使用货架存放物品有很多优点，主要有以下几个方面：① 便于充分利用仓库空间，提高库容利用率，扩大存储能力；② 物品在货架里互不挤压，有利于保证物品本身和其包装完好无损；③ 货架各层中的物品可随时自由存取，便于做到先进先出；④ 物品存入货架可防潮、防尘，某些专用货架还能起到防损伤、防盗、防破坏的作用。

三、货位管理

进入仓库储存的每一批物品，在理化性质、来源、去向、批号、保质期等方面都有其特性，仓库要为这些物品确定一个合理的货位，既要保证满足其保管需求，也要便于仓库的作业和管理。仓库需要按照物品自身的理化性质和储存要求，根据分库、分区、分类的原则，将物品固定区域与位置存放。此外，还应在定置区域内，根据物品材质和型号规格等系列进一步细化管理，按一定顺序依次存放。货位管理的基本步骤如图 2-7 所示。

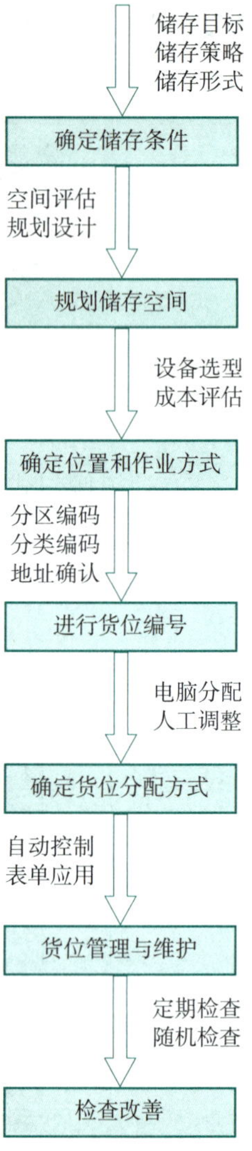

图 2-7　货位管理的基本步骤

四、货位的存货方式

货位的存货方式主要分为固定型和流动型两种。

（一）固定型

固定型是一种利用信息系统事先将货架进行分类、编号，并贴付货架代码，事先确定各货架内装置物品货位的存货方式。

在固定型管理方式下，各货架内装载的物品是长期稳定的，从事物品备货作业较为容易。同时，信息管理系统的建立也较为方便，因为只要将货架编号以及物品代码输入计算机，后续就能很容易掌握物品出入库动态，从而省去了不断进行库存统计的烦琐业务。此外，在库存发出以后，利用信息系统还能实时掌握账目以及实际的剩余在库量，及时补充库存。

（二）流动型

流动型指所有物品按顺序摆放在空的货架中，不事先确定各类物品专用的货架。由于流动型管理方式下各货架内装载的物品是不断变化的，在物品变更登录时易出差错，因此对信息化运用程度的要求更高。

固定型管理方式虽然具有准确性和便利性等优点，但也有其局限性。固定型管理和流动型管理各有一定的适用范围。一般来讲，固定型管理适用于非季节性和物流量变化小的物品、重点客户的物品，以及库存物品种类比较多且性质差异较大的物品。而季节性物品或物流量变化剧烈的物品，由于周转较快，出入库频繁，更适用于流动型管理。

阅读材料

货位管理就是在物流中心依据一定的规则，以每个类别货品在物流中心的存放位置为基础进行重新定义，忽略货品出厂定义的属性，在物流中心操作员的分拣单、盘点单以及脑海中，货品的第一印象是本物流中心的货位编码。

货位管理为仓管人员提供了便捷的方式，从而加强了对货品在物流中心的具体位置的管理。货位管理的内容涉及出库货位分配单、入库货位分配单、货位调拨单、物流单据查询、货位单据查询、货位分布表。通过货位单据，可以统计物流单据的货品的货位分布情况，查询关联的物流单据；也可以通过所有物流单据查询货位单据，并且支持同一个物流中心中货位之间的调拨，统计货品在仓库中的具体位置。

不少管理者因为企业库存不大、硬件设施不全等，没有推行货位管理。其实货位管理是一种运作思想，以物流中心自有的定义标准，统一不同货品的属性，方便基层人员的具体操作，以此提高物流中心的工作效率。

任务3 商品堆码

商品堆码是指根据物品的种类、外形、性质、特点、包装和数量等，结合季节、气候等自然情况和仓库的设施设备等条件，以及储存时间的长短，将商品按一定的规律码成各种形状的货垛。堆码的目的是便于对物品进行维护、盘点等管理和提高仓库利用率。

一、堆码的基本原则和要求

（一）堆码的基本原则

1. 分类存放

分类存放是仓库储存规划的基本要求，是保证物品质量的重要手段，因此也是堆码需要遵循的基本原则：不同类别的物品分类存放，甚至需要分区分库存放；不同规格、不同批次的物品也要分位、分堆存放；残损物品要与原货分开；对于需要分拣的物品，在分拣之后应分位存放，以免混串。

此外，分类存放还包括不同流向物品、不同经营方式物品的分类分存。

2. 选择适当的搬运活性

为了减少作业时间、次数，提高仓库物流速度与效率，应该根据物品作业的要求，合理选择物品的搬运活性。对搬运活性高的入库存放物品，也应注意摆放整齐，以免堵塞通道，浪费仓容。

3. 面向通道，不围不堵

货垛以及存放物品的正面尽可能面向通道，以便察看。所有物品的货垛、货位都应有一面与通道相连，处在通道旁，以便能对物品进行直接作业。只有在所有的货位都与通道相通时，才能保证不围不堵。

（二）堆码的基本要求

1. 牢固

码垛必须不偏不斜，不歪不倒，牢固坚实，与屋顶、梁柱、墙壁保持一定的距离，确保堆垛的安全和牢固。同时，操作工人也必须严格遵守安全操作规程，防止超过建筑物的安全荷载。

2. 合理

由于商品的性能、规格、尺寸不相同，应根据商品不同特性采用各种不同的垛形。不同品种、产地、等级、批次、单价的商品，应分开堆码，以便收发、保管。货垛的高度要适度，以不压坏底层商品和地坪，并与屋顶、照明灯保持一定距离为宜；货垛的间距、走道的宽度以及货垛与墙面、梁柱的距离等，都要合理、适度。

3. 整齐

货垛必须按一定的规格、尺寸叠放，排列整齐、规范。商品包装标识应一律向外，便于查找。

4. 定量

商品储存量不允许超过仓储定额，即应在仓库的有效面积、地坪承压能力和可用高度允许的范围内。同时，应尽量采用“五五化”堆码方法，便于记数和盘点。

5. 节约

堆垛时应注意节省空间位置，适当、合理地安排货位的使用，提高仓容利用率。

二、货垛设计

货垛“五距”应符合安全规范要求。货垛的“五距”是指垛距、墙距、柱距、顶距和灯距。堆垛货垛时，不能依墙、靠柱、碰顶、贴灯，不能紧挨旁边的货垛，必须留有一定的间距。无论采用哪一种垛型，库房内必须留出相应的走道，方便商品的进出和消防用途。

（一）垛距

垛距是指货垛与货垛之间的距离，通常以支道作为垛距。垛距能方便存取作业，起到通风散热、方便消防工作的作用。库房垛距一般为 0.3 ～ 0.5 m，货场垛距一般不小于 0.5 m。

（二）墙距

为防止库房墙壁和货场围墙上的潮气对商品的影响，也为通风散热、建筑安全、方便消防工作和收发作业，货垛必须留有墙距。墙距分为库房墙距和货场墙距，库房墙距又分为内墙距和外墙距。内墙距是指货物离没有窗户墙体的距离，此处潮气相对少些，一般距离为 0.1 ～ 0.3 m。外墙距是指货物离有窗户墙体的距离，这里湿度相对大些，一般距离为 0.1 ～ 0.5 m。

（三）柱距

为了防止库房柱子的潮气影响货物，也为了保护仓库建筑物的安全，必须留有柱距。柱距一般为 0.1 ～ 0.3 m。

（四）顶距

顶距是指货垛堆放的最大高度与库房、货棚屋顶横梁间的距离。顶距便于装卸搬运作业，通风散热，利于消防工作，方便收发、查点。顶距一般为 0.5 ～ 0.9 m，具体视情况而定。

（五）灯距

灯距是指货垛与照明灯之间的必要距离。为了确保储存商品的安全，防止照明灯发出的热量引起附近商品燃烧而发生火灾，货垛必须留有足够的安全灯距。灯距按规定不应小于 0.5 m。

三、堆码设计

为了达到堆码的基本要求，必须根据保管场所的实际情况、物品本身的特点、技术作业过程和装卸搬运条件的要求，对物品堆垛进行总体设计。设计的主要内容包括垛基、垛形、堆码方式、货垛参数、货垛苫盖、货垛加固等。

（一）垛基

垛基是货垛的基础，它承受着整个货垛的重量，同时将物品的垂直压力传递给地基，将物品与地面隔开，起到防水、防潮和通风的作用。垛基为搬运作业提供方便条件，因此，对垛基的基本要求是能够将整垛货物的重量均匀地传递给地坪，保证良好的防潮和通风，保证垛基上存放的物品不发生变形。

（二）垛形

垛形是指货垛的外部轮廓形状。按垭底的平面形状可以分为矩形、正方形、三角形、圆形、环形等。按货垛立面的形状可以分为矩形、正方形、三角形、梯形、半圆形，另外还可组成矩形–三角形、矩形–梯形、矩形–半圆形等复合形状。如图 2–8 所示。

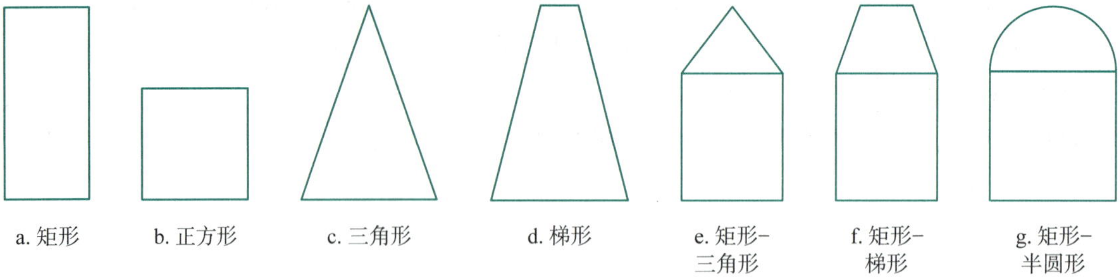

图 2–8　按货垛立面的形状区分垛形

不同立面的货垛都有其各自的特点。矩形、正方形垛易于堆码，便于盘点计数，库容整齐，但随着堆码高度的增加，货垛稳定性会下降。梯形、三角形和半圆形垛的稳定性好，便于苫盖，但是不便于盘点计数，也不利于仓库空间的利用。矩形–三角形等复合货垛恰好可以整合它们的优势，尤其适合露天存放的情况。

（三）货垛参数

货垛参数是指货垛的长、宽、高，即货垛的外形尺寸。

通常情况下，首先需要确定货垛的长度，如条状结构材料的尺寸长度就是其货垛的长度，包装成件物品的垛长应为包装长度或宽度的整数倍。货垛的宽度应根据库存物品的性质、要求的保管条件、搬运方式、数量多少以及收发制度等确定，一般以两个或五个单位包装为货垛宽度。货垛高度主要根据库房高度、地坪承载能力、物品本身和包装物的耐压能力、装卸搬运设备的类型和技术性能以及物品的理化性质等来确定。在条件允许的情况下，应尽量增加货垛的高度，以提高仓库的空间利用率。

四、商品堆码存放的基本方法

（一）散堆法

散堆法也称直接堆放式，是用堆扬机或者铲车从确定的货位后端起，直接将物品堆高，在达到预定的货垛高度时，逐步向前端移动堆货，后端先形成立体梯形，最后成垛。由于散货具有流动性、散落性，堆货时不能堆到太近垛位四边，以免物品散落超出预定的货位。

散堆法适用于露天存放的没有包装的大宗物品，如煤炭、矿石等；也适用于库内少量存放的谷物、碎料等散装物品。

（二）堆垛法

对于有包装（如箱、桶）的物品或裸装的计件物品，可以采取堆垛法储存。堆垛法储存能够充分利用仓容，做到仓库内整齐，方便作业和保管。物品的堆码方式主要取决于物品本身的性质、形状、体积、包装等。一般情况下多采取平放，使重心最低，最大接触面向下，易于堆码，稳定牢固。

堆垛法常见的堆码方式包括重叠式、纵横交错式、仰伏相间式、压缝式、通风式、栽柱式、衬垫式等。

1. 重叠式

重叠式也称直堆法，是逐件、逐层向上重叠堆码，一件压一件的堆码方式。为了保证货垛稳定性，在一定层数后改变方向继续向上，或者长宽各减少一件继续向上堆放。该方法方便作业和计数，但稳定性较差，适用于袋装、箱装、箩筐装物品以及平板、片式物品等。如图 2-9 所示。

2. 纵横交错式

纵横交错式是指每层物品都改变方向向上堆放。该方法较为稳定，但操作不便，适用于管材、捆装、长箱装物品等。如图 2-10 所示。

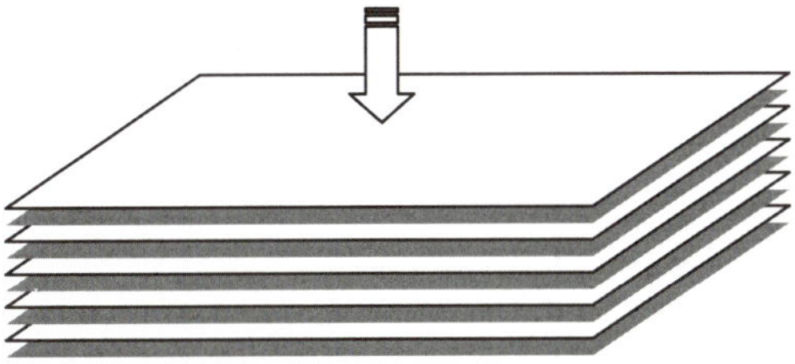

图 2-9　重叠式堆码

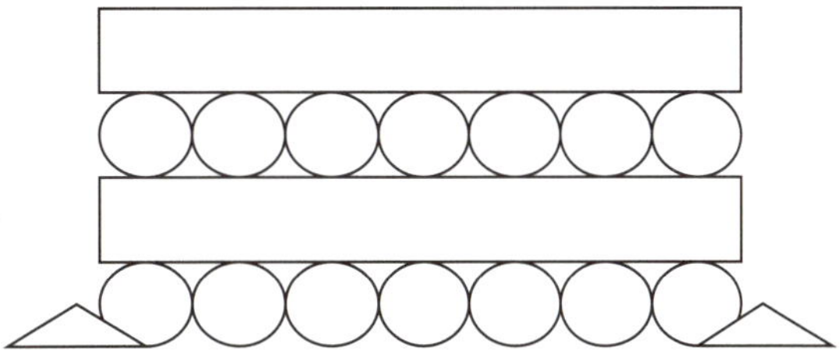

图 2-10　纵横交错式堆码

3. 仰伏相间式

仰伏相间式是指对上下两面有大小差别或凹凸的物品，如槽钢、钢轨等，将物品仰放一层，再反一面伏放一层，仰伏相向相扣。该垛极为稳定，但操作不便。如图 2-11 所示。

4. 压缝式

压缩式是指将底层并排摆放，上层放在下层的两件物品之间。如图 2-12 所示。

5. 通风式

通风式是指物品在堆码时，任意两件相邻的物品之间都留有空隙，以便通风。层与

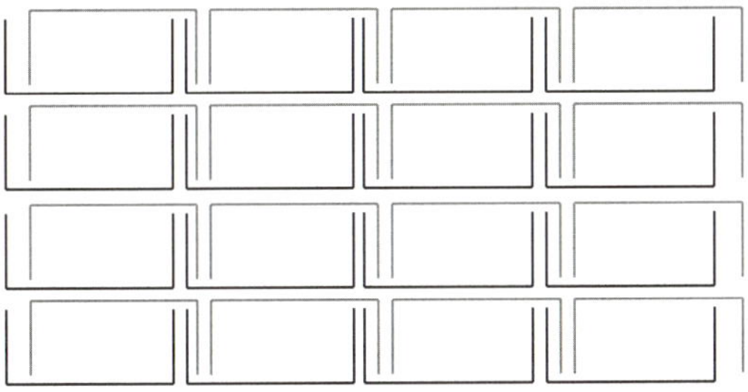

图 2-11　仰伏相间式堆码

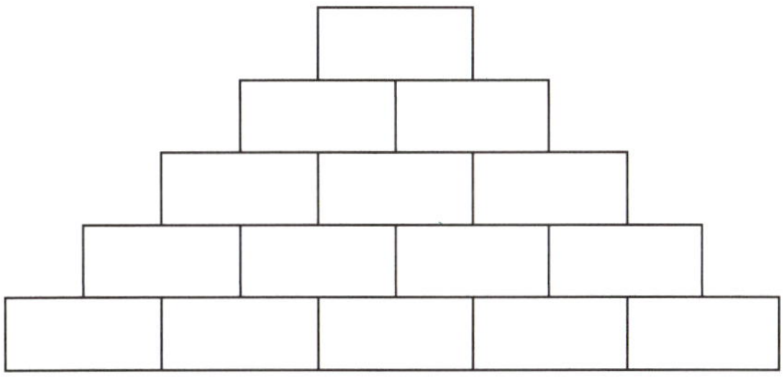

图 2-12　压缝式堆码

层之间采用压缝式或者纵横交错式。通风式堆码可以用于所有箱装、桶装以及裸装物品堆码，能起到通风防潮、散湿散热的作用。如图 2–13 所示。

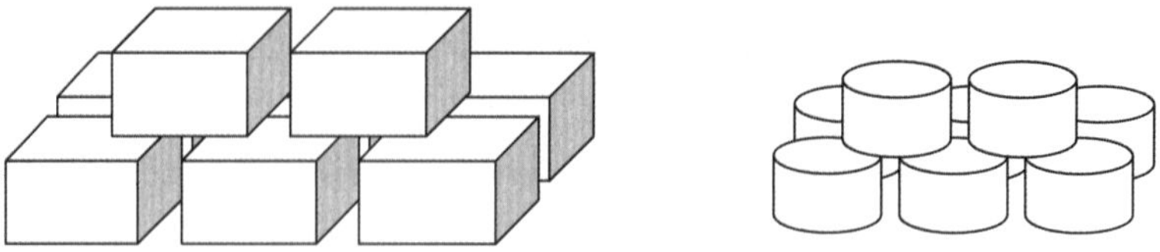

图 2–13　通风式堆码

6. 栽柱式

栽柱式是指码放物品前先在堆垛两侧栽上木桩或者铁棒，然后将物品平码在桩柱之间，码放几层后用铁丝将两边相对的桩柱拴连，再往上摆放物品。此法适用于棒材、管材等长条状物品。如图 2–14 所示。

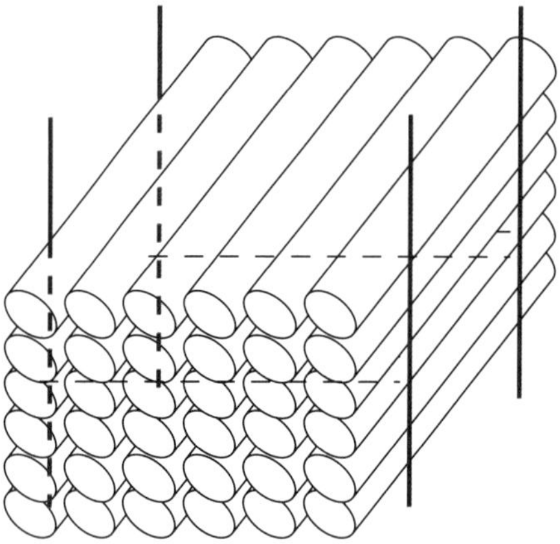

图 2–14　栽柱式堆码

7. 衬垫式

衬垫式是指码垛时隔层或隔几层铺放衬垫物，衬垫物平整牢靠后再往上码。此法适用于不规则且较重的物品，如无包装电机、水泵等。

任务4　垫垛和苫盖

一、垫垛

垫垛是指在物品码垛前，在预定的货位地面位置使用衬垫材料进行铺垫。常见的衬垫物有枕木、货架板、木板、废钢轨、防潮纸等。

（一）垫垛的目的

1. 使地面平整，保证堆垛的物品平衡，不易倾倒。
2. 使堆垛物品与地面隔开，防止地面潮气和积水浸湿物品，影响物品的品质。
3. 通过强度较大的衬垫物使重物的压力分散，避免损害地坪。
4. 使地面杂物、尘土与物品隔开，保证物品包装的整洁干净。
5. 形成垛底通风层，有利于货垛通风排湿，保证物品品质。
6. 使物品的泄漏物留存在衬垫之内，防止流动扩散，便于收集和处理。

（二）垫垛的基本要求

1. 所使用的衬垫物与拟存物品不会发生不良影响（如相互挤压等），并具有足够的抗压强度。
2. 地面要平整坚实，衬垫物要摆放平整，并保持同一方向。
3. 衬垫物间距适当，直接接触物品的衬垫面积与货垛底面积相同，衬垫物不伸出货垛外。
4. 要有足够的高度，露天堆场一般要达到 0.3 ～ 0.5 m，库房内为 0.2 m。

（三）垫垛物数量的确定

一些单位质量大的物品在仓库中存放时，如果不能有效地分散物品对地面的压力，则有可能对仓库地面造成损害，因此要考虑在物品底部和仓库地面之间衬垫木板或钢板。

衬垫物的使用量不仅需要考虑将压力分散在仓库地坪载荷限度之内，还需要考虑这些库用耗材所产生的成本。因此，需要确定使压力小于地坪载荷的最少衬垫物数量。计算公式为：

$$n=\frac{Q_{物}}{l\times w\times q-Q_{自}}$$

式中：n 为衬垫物数量；$Q_{物}$为物品重量；l 为衬垫物长度；w 为衬垫物宽度；q 为仓库地坪承载能力；$Q_{自}$为衬垫物自重。

二、苫盖

苫盖是指采用专用苫盖材料对货垛进行遮盖，以减少自然环境中的阳光、雨雪、大风、尘土等对物品的侵蚀、损害，并使物品自身理化性质造成的自然损耗尽可能地减少，以保护物品存储期内的质量。常用的苫盖材料有帆布、芦席、铁皮铁瓦、玻璃钢瓦、竹席、塑料膜、塑料瓦等。

（一）苫盖的基本要求

苫盖的目的是给物品遮阳、避雨、挡风、防尘。苫盖的要求如下：

1. 选择合适的苫盖材料

选用防火、无害的安全苫盖材料；苫盖材料不会对物品产生不良影响；成本低廉，不易损坏，能重复使用，没有破损和霉变。

2. 苫盖要牢固

每张苫盖材料都须牢固固定，必要时在苫盖物外用绳索、绳网绑扎或者用重物镇压。

3. 苫盖接口要紧密

苫盖的接口要有一定深度的互相叠盖，不能迎风叠口或留空隙；苫盖必须拉挺、平整，不得有折叠和凹陷，防止积水。

4. 苫盖底部与垫垛齐平

苫盖的底部与垫垛上表面齐平，不腾空或拖地，并牢固地绑扎在垫垛外侧或地面的绳桩上；衬垫材料不露出垛外，以防雨水渗入垛内。

5. 苫盖要防潮挡雨

使用旧的苫盖物或在雨水丰沛的季节，垛顶或者风口需要加层苫盖，确保雨淋不透。

（二）苫盖方法

1. 就地苫盖法

直接将大面积苫盖材料覆盖在货垛上遮盖，一般采用大面积的帆布、油布、塑料膜等材料。就地苫盖法操作便利，但通风条件差。

2. 鱼鳞式苫盖法

将苫盖材料从货垛的底部开始，自下而上呈鱼鳞式逐层交叠围盖。该法一般采用面积较小的瓦、席等材料苫盖。鱼鳞式苫盖法具有较好的通风条件，但每件苫盖材料都需要固定，操作比较烦琐复杂。

3. 活动棚苫盖法

将苫盖物料制作成一定形状的棚架，在物品堆垛完毕后，移动棚架到货垛加以遮盖，或者采用即时安装活动棚架的方式苫盖。该法较为快捷，具有良好的通风条件，但活动棚本身需要占用仓库空间，也需要较高的购置成本。

实训任务一

仓库规划与布局

实训操作

参观某一仓库，画出该仓库的总平面布局图，按照平面布局的基本原则评价该仓库的布局是否合理，若有不妥之处，提出修改方案，并写出评价报告。

实训目的

使学生能有机会运用仓库合理布局的基本原则来解决实际问题，掌握仓库规划布局的基本方法，培养学生的系统思维、全局观和团结协作能力。

实训要求

1. 每十人为一小组，获取所需资料；
2. 从实训任务布置日期起，一周内完成；
3. 撰写实训报告。

实训任务二

商品堆码

实训操作

绘制下表货物的组托示意图。

1	休闲黑瓜子（25 箱）	595 × 395 × 375（单位 mm）
2	小师傅方便面（25 箱）	595 × 325 × 330（单位 mm）
3	大王牌大豆酶解蛋白粉（25 箱）	495 × 395 × 320（单位 mm）
4	蜂圣牌蜂王浆冻干粉片（25 箱）	395 × 295 × 275（单位 mm）
5	诚诚油炸花生仁（25 箱）	395 × 245 × 265（单位 mm）
6	利鑫达板栗（25 箱）	330 × 235 × 240（单位 mm）
7	金多多婴儿营养米粉（25 箱）	295 × 245 × 240（单位 mm）
8	吉欧蒂亚干红葡萄酒（25 箱）	460 × 260 × 230（单位 mm）
9	好娃娃薯片（25 箱）	455 × 245 × 200（单位 mm）

实训目的

使学生能准确绘制出商品组托示意图，培养学生的看板管理能力和成本意识。

实训要求

托盘标准为 1 200 mm × 1 000 mm，货架层高为 1 100 mm，货架层高预留 150 mm 高度便于叉车操作，其他条件不限制。根据托盘使用最少的原则，绘制各种商品组托示意图（奇数层、偶数层、最上层），并附文字说明。

巩固练习

一、单选题

1.（　　）适宜存放对温湿度要求不高且出入库频繁的物品。
A. 封闭式仓库　　B. 半封闭式仓库　　C. 露天式仓库　　D. 罐式仓库

2. 所谓仓库建设规划就是在（　　）对仓库的新建、改建和扩建进行全面系统的规划。
A. 空间上　　B. 时间上　　C. 空间和时间上　　D. 结构上

3.（　　）是指把仓库选在最终用户和制造商之间的中点位置。
A. 中间定位策略　　B. 市场定位策略　　C. 制造定位策略

4. 仓库总体布局的基本原则包括（　　）、利于作业优化、保证仓库安全、节省建设投资。
A. 布局美观　　B. 节省用地面积　　C. 便于储存保管　　D. 交通方便

5. 专门长期存放各种储备物资，以保证完成各项储备任务的仓库称为（　　）。
A. 储备仓库　　B. 集配型仓库
C. 流通仓库　　D. 中转分货型仓库

6. 下列区域属于仓库的储存作业区的是（　　）。
A. 装卸台　　B. 车库　　C. 油库　　D. 变电室

7. 分区分类规划是指按照库存物品的（　　）划分出类别。
A. 性质　　B. 数量　　C. 形状　　D. 规格

8.（　　）存货方式是指所有物品按顺序摆放在空的货架中，不事先确定各类物品专用的货架。
A. 固定型　　B. 周转型　　C. 流动型　　D. 可变型

9. 仓库货区布局分为平面布局和（　　）。
A. 垂直式布局　　B. 倾斜式布局　　C. 纵列式布局　　D. 空间布局

10.（　　）是指货垛或货架的长度方向与仓库侧墙平行。
A. 横列式布局　　B. 平行式布局　　C. 平列式布局　　D. 纵列式布局

11.（　　）是指根据物品的包装、外形、性质、特点、重量和数量，结合季节和气候情况，以及储存时间的长短，将物品按一定的规律码成各种形状的货垛。
A. 分货　　B. 堆码　　C. 分拣　　D. 上架

12.（　　）是将物品按件排成行或列排放，每行或列一层或数层高，垛形呈长条形。
A. 行列垛　　B. 立体梯形垛　　C. 平台垛　　D. 井型垛

13. 常见堆码方式中（　　）是逐件、逐层向上重叠堆码，一件压一件的堆码方式。
A. 重叠式　　B. 纵横交错式　　C. 仰伏相间式　　D. 压缝式

14. 苫盖的方法主要有（　　）、鱼鳞式苫盖法和活动棚苫盖法。
A. 整体苫盖法　　B. 就地苫盖法　　C. 局部苫盖法　　D. 选择苫盖法

二、多选题

1. 按使用范围，可以把仓库分为自用仓库、(　　)等。
A. 营业仓库　　B. 公用仓库　　C. 出口监管仓库　　D. 保税仓库
2. 根据仓库的保管条件不同，可以把仓库分为(　　)。
A. 普通仓库　　B. 保温、冷藏、恒湿恒温库
C. 特种仓库　　D. 气调仓库
3. 按建筑结构分类，可以把仓库分为平房仓库、(　　)、罐式仓库等。
A. 楼房仓库　　B. 钢筋混凝土仓库　　C. 高层货架仓库　　D. 简易仓库
4. 仓库库区由(　　)构成。
A. 储运生产区　　B. 辅助生产区　　C. 货物中转区　　D. 行政商务区
5. 影响仓库总体布局的因素有(　　)。
A. 存货特点　　B. 仓库类型　　C. 气候条件　　D. 生产布局
6. 仓库货区布局的目的是要在库存物的(　　)上寻找最优平衡。
A. 处置成本　　B. 仓库空间　　C. 运输效率　　D. 搬运距离
7. 仓库货区布局是指对仓库内的(　　)、配送备货区、通道以及辅助作业区在规定范围内进行全面合理的安排。
A. 存货区　　B. 入库检验区　　C. 质量核查区　　D. 理货区
8. 堆码的基本原则包括(　　)。
A. 节省空间　　B. 选择适当的搬运活性
C. 分类存放　　D. 面向通道
9. 堆码的基本要求为(　　)。
A. 合理　　B. 牢固　　C. 整齐　　D. 方便

三、简答题

1. 仓库库区总体布局的原则和要求是什么?
2. 货区布局的思路及主要形式有哪些?
3. 堆码的基本原则和要求有哪些?
4. 垫垛和苫盖的基本要求有哪些?

项目三 仓储设备与技术

思维导图

- 仓储设备与技术
  - 仓储设备概述 —— 仓储设备的特点与分类、仓储设备的选择
  - 货架系统 —— 货架的种类、各种货架系统的结构特点与选择
  - 装卸搬运设备 —— 装卸搬运机械的分类、装卸搬运设备类型、装卸搬运机械设备选择的依据和方法、装卸搬运机械配套管理
  - 计量和分拣设备 —— 计量设备、分拣设备
  - 仓储技术应用 —— 条码技术、射频识别技术、仓储管理信息系统

学习目标

知识目标

- 熟悉仓储设备的特点与分类、仓储设备的选择；
- 掌握货架的种类、各种货架系统的结构特点与选择；
- 掌握装卸搬运机械的分类、装卸搬运设备类型、装卸搬运机械设备选择的依据和方法、装卸搬运机械配套管理；
- 掌握分拣设备，熟悉计量设备；
- 掌握条码技术、射频识别技术及仓储管理信息系统。

技能目标

- 能够根据仓储要求和技术设备特点，选择合适的仓储设备；
- 能够运用条码技术和射频识别技术，录入仓储管理的基本信息。

价值目标

- 结合设备配套管理和仓储管理信息系统，培养企业运营的一体化思维和协同合作能力；
- 通过对仓储设备与技术发展更新历程的熟悉，培养创新意识和创新思维。

案例导入

产业数字化带动智能仓储行业加速发展

在产业数字化的大趋势下，中国的智能仓储行业正在由集成系统阶段向智能自动化仓储阶段迈进，不再局限于搬运、存取、输送、分拣等单一环节的智能化，而是在大规模应用堆垛机、分拣机、AGV（自动引导车）等智能化设备以及MES（生产执行系统）、WMS（仓储管理系统）、WCS（仓库控制系统）等系统软件的基础上实现全流程智能化的高标仓建设。

问题：你认为先进的仓储设备与技术对仓储业发展有什么作用？

任务1 仓储设备概述

一、仓储设备的特点与分类

仓储设备是指储藏和保管物品需要的技术装置与机具，并非仅指以房屋、有锁之门等为外在表征的设施，具体可分为装卸搬运设备、保管设备、养护检验设备、通风照明设备、计量设备、消防安全设备、劳动防护设备以及其他用途设备和工具等。

（一）仓储设备的特点

仓储设备是反映现代仓储与物流技术水平的主要标志，能体现现代仓储与物流技术的发展。近年来，中国的仓储设备现代化、自动化程度较高，其特点主要表现在：

1. 设备的社会化程度越来越高，设备结构越来越复杂，并且从研究、设计、生产直至报废的各环节之间相互依赖、相互制约。

2. 设备出现了“四化”趋势，即连续化、大型化、高速化、电子化，有效提高了生产率。

3. 能源密集型的设备居多，能源消耗大。同时，现代设备投资和使用费用较高，是资金密集型的，但随着我国科技高速发展，其成本也在逐步降低，应用范围越来越广泛，有效地推动了现代物流业快速发展。所以，提高管理的经济效益对物流企业来说非常重要。

（二）仓储设备分类

1. 装卸搬运设备

装卸搬运设备是指用于商品的出入库、库内堆码以及翻垛作业的设备，对改进仓储管理、减轻劳动强度、提高收发货效率具有重要作用。

目前，中国仓库所使用的装卸搬运设备通常可分为三类：① 装卸堆垛设备，主要有桥式起重机、门式起重机、叉车、轮胎式起重机、堆垛机、滑车、跳板以及滑板等；② 搬运传送设备，主要有电平搬运车、输送机、电梯以及手推车等；③ 成组搬运工具，主要有托盘、集装箱等。

2. 保管设备

保管设备是指用于保护仓储商品质量的设备。主要有以下四种：① 苫垫用品，起遮挡雨水和隔潮、通风等作用，包括苫布（如油布、塑料布等）、苫席、枕木、石条等，苫布、苫席多用在露天堆场。② 存货用具，包括各种类型的货架、货橱。③ 货架，即存放货物的敞开式格架。根据仓库内的布置方式不同，货架可分为组合式或整体焊接式两种，整体焊接式的制造成本较高，不便于货架的组合变化，现实中较少采用。货架在出入库量大的仓库中起很大的作用，如立体仓库。因为它既便于货物的进出，又能提高仓库容积利用率。④ 货橱，即存放货物的封闭式格架，主要用于存放比较贵重的或需要特别养护的商品。

3. 计量设备

计量设备用于商品进出时的计量、点数以及货存期间的盘点等，有地磅、电子秤、电子计数器、轨道秤、流量仪、天平仪以及较原始的磅秤、卷尺等。随着仓储管理现代化水平的提高，高科技的自动计量设备将得到更广泛应用。

4. 养护检验设备

养护检验设备是指商品进入仓库验收和在库内保管测试、化验以及防止商品变质或失效的机具、仪器，有温度仪、吸潮器、烘干箱、测潮仪、空气调节器、商品质量化验仪器等。

5. 通风保暖照明设备

通风保暖照明设备是指根据商品保管和仓储作业的需要而设置的设备。很多物品对存放的环境有一定要求，例如，通风设备就是为了保证仓库内的空气环境，避免高温环境或不良气体对物品以及设备造成影响；保暖设备则是为了保证仓库内的温度恒定或相对稳定在一定范围内，更好地保存物品；照明设备是为了方便日常作业而加设的。

6. 消防安全设备

消防安全设备是仓库为防止意外必不可少的消防设备，包括报警器、水枪、消防水源、砂土箱、消防车、消防云梯等。

7. 劳动防护用品设备

劳动防护用品设备是指用于确保仓库职工在作业中的人身安全的设备，如头盔、安全服等。

除以上几种类型外，仓储设备还包括一些其他用品和用具。

阅读材料

中华人民共和国国家标准 GB/T 18354−2021《物流术语》对托盘（pallet）的定义是：在运输、搬运和存储过程中，将物品规整为货物单元时，作为承载面并包括承载面上辅助结构件的装置。作为与集装箱类似的一种集装设备，托盘现已广泛应用于生产、运输、仓储和流通等领域，被认为是20世纪物流产业中两大关键性创新之一。托盘作为物流运作过程中重要的装卸、储存和运输设备，多与叉车配套使用，在现代物流中发挥着巨大的作用。主要有以下类型：

平托盘。平托盘几乎是托盘的代名词，只要一提托盘，一般都是指平托盘，因为平托盘使用范围最广，利用数量最大，通用性最好。

柱式托盘。柱式托盘分为固定式和可卸式两种，其基本结构是托盘的四个角有钢制立柱，柱子上端可用横梁联结，形成框架型。

箱式托盘。箱式托盘是四面有侧板的托盘，有的箱体上有顶板，有的没有顶板。箱板有固定式、折叠式、可卸下式三种。

特种专用托盘。由于托盘作业效率高、安全稳定，尤其在一些要求快速作业的场合，利用托盘的重要性更加突出，所以出现了多种多样的专用托盘。

二、仓储设备的选择

仓储设备选择关键看“什么设备最适合当前作业需求”，所以仓储企业一定要从自身实际出发，选择适合的仓储设备。

（一）详细说明设备必须履行的功能，服务于作业目标

所选设备是做什么的？这个问题至关重要，这也是所有物流管理者在确定设备方案之前必须准确回答的问题。缺乏对设备作业需求的充分说明和设备应该具备的最佳能力的描述，将会导致所选设备不匹配。为了更清楚地描述设备需求，建议使用作业分析工具。在作业结构化分析的基础上，相关作业和各作业模块之间的物流量将更容易描述和计算，也更方便把握各作业中的物流设备需求描述。

（二）准备详细的设备方案来满足已确定的作业要求

在设备规划过程中，其目的不是确定设备方案的详细规格，而是确定设备的一般分类。例如货架设备，首先要制定的设备方案是以托盘货架或者悬臂式货架为分类依据，然后在设备规划与选择过程的第四和第五个步骤中，再确定更详细的规格形式，如镀锌还是表面喷塑工艺。需要注意的是，我们平时要多积累关于各项物流设备知识。对于比较复杂

的系统需求，借助专业物流规划顾问的指导是世界范围内的通行做法。

（三）定量（经济评估）与定性分析相结合

对于设备方案的经济评估，首先是成本计算。成本通常分两类：投资成本和年运行成本。最普遍的投资成本是设备的采购费用。年运行成本是使用设备过程中不断发生的费用，典型的年运行成本项目包含物流作业人员的工资、设备维护费用、税费和保险费等。其次，一旦设备方案的相应寿命周期成本计算完毕，就应该计算设备方案的现值。折旧和税赋计算是经济分析的重要方面。最后，在定性因素确定后，需要将所有因素按重要程度赋予权数，再针对不同方案进行打分。

（四）选择仓储设备和供货商

选定方案后，需要进一步说明所需设备的详细规格。通常这个阶段的重要工作是接触供应商，详细咨询供应商资质及设备的说明。设备规划过程的最后步骤是准备设备 / 系统招标书。

任务2 货 架 系 统

一、货架的种类

我国货架生产逐渐形成规模开始于 20 世纪 80 ～ 90 年代。德国和中国香港的企业在 20 世纪 80 年代末 90 年代初期集中在沪宁线上设立仓储设备公司，主要生产仓库货架，在此期间，投资方渐渐看到了货架行业在中国内地的发展前景。随后，瑞士企业陆续在上海建立货架公司，货架制作技术在国内自此发展起来。随着我国的货架制作技术逐渐提高，为了节约成本，更多的外资企业也选择采购中国货架，我国的货架行业由此应运而生。

货架泛指存放货物的架子。在仓库设备中，货架是指专门用于存放成件物品的保管设备。货架在物流及仓库中占有非常重要的地位，随着现代工业的迅猛发展和物流量的大幅度增加，为实现仓库的现代化管理，改善仓库的功能，不仅要求货架数量多、功能多，而且要求能机械化、自动化，实现智能化。

1. 按发展分类

按货架的发展分为传统货架和新型货架。传统货架包括层架、层格式货架、橱柜式货架、U 型架、抽屉式货架、悬臂架、栅架、气罐钢筒架、鞍架、轮胎专用货架等。新型货架包括旋转式货架、移动式货架、调节式货架、托盘货架、进车式货架、装配式货架、高层货架、重力式货架、阁楼式货架、屏挂式货架等。

2. 按适用性分类

按货架的适用性分为通用货架和专用货架。

3. 按制造材料分类

按货架的制造材料分为钢货架、钢筋混凝土货架、木制货架、钢木合制货架、钢与钢筋混凝土混合式货架等。

4. 按封闭程度分类

按货架的封闭程度分为敞开式货架、半封闭式货架、封闭式货架等。

5. 按结构特点分类

按货架的结构特点分为层架、层格架、橱架、抽屉架、悬臂架、三角架、栅型架等。

6. 按可动性分类

按货架的可动性分为固定式货架、移动式货架、旋转式货架、流动储存货架、组合货架、可调式货架等。

7. 按用途分类

按货架的用途分为药店货架、便利店货架等。

8. 按载货方式分类

按货架的载货方式分为悬臂式货架、橱柜式货架、棚板式货架。

9. 按构造分类

按货架的构造分为组合可拆卸式货架、固定式货架，又分为单元式货架、一般式货架、流动式货架、贯通式货架。

10. 按高度分类

按货架的高度分为低层货架，高度在 5 m 以下；中层货架，高度在 5 ～ 15 m；高层货架，高度在 15 m 以上。

11. 按载重量分类

按货架的载重量分为重型货架，每层货架载重量在 500 kg 以上；中型货架，每层货架载重量在 200 ～ 500 kg；轻型货架，每层货架载重量在 200 kg 以下。

二、各种货架系统的结构特点与选择

（一）搁板式货架

搁板式货架通常为人工存取货方式，组装式结构，层间距均匀可调，货物也常为散件或比较轻的包装物品（便于人工存取），货架高度一般在 2.5 m 以下（辅以登高车则可设置在 3 m 左右）。单元货架跨度（即长度）不宜过长，单元货架深度（即宽度）不要过深，按其单元货架每层的载重量可分为轻、中、重型搁板式货架，层板主要为钢层板、木层板两种。

1. 轻型搁板式货架

单元货架每层载重量不大于 200 kg，总承载一般不大于 2 000 kg。单元货架跨度一般不大于 2 m，深度不大于 1 m（通常为 0.6 m 以内），高度一般在 3 m 以内，常见的为角钢式立柱货架结构，外观轻巧、漂亮，主要适用于存放轻、小物品。轻型搁板式货架的固定成本投入少，广泛用于电子、轻工、文教等行业。

2. 中型搁板式货架

单元货架每层载重量通常在 200 ～ 500 kg，总承载一般不大于 5 000 kg。单元货架跨度一般不大于 2.6 m，深度不大于 1 m，高度在 3 m 以内。如果单元货架跨度在 2 m 以内，层载在 500 kg 以内，通常选无梁式中型搁板式货架较为适宜；如果单元货架跨度在 2 m 以上，则一般只能选有梁式中型搁板式货架。无梁式中型货架与有梁式中型货架相比，层间距可调余地更大，更稳固、漂亮，与环境的协调性更好，更适用于一些洁净度要求较高的仓库；有梁式中型搁板式货架则工业化特点更强，较适用于存放金属结构产品。中型搁板式货架应用广泛，适用于各行各业。

3. 重型搁板式货架

单元货架每层载重量通常在 500 ～ 1 500 kg，单元货架跨度一般在 3 m 以内，深度在 1.2 m 以内，高度不限，一般是与重型托盘式货架相结合、相并存，下面几层为搁板式，采用人工存取作业，高度在 2 m 以上的部分为托盘式货架，使用叉车进行存取作业。重型搁板式货架主要用于既需要整托存取，又要零存零取的仓库，在大型仓储式超市和物流中心较为多见。

（二）托盘式货架

托盘式货架通常为重型货架，在各种仓储货架系统中最为常见。使用托盘式货架首先须进行集装单元化工作，将货物包装及其重量等特性进行组盘，确定托盘的类型、规格、尺寸以及单托载重量和堆高（单托货物重量一般在 2 000 kg 以内）；然后由此确定单元货架的跨度、深度、层间距，根据仓库屋架下沿的有效高度和叉车的最大叉高决定货架的高度。单元货架跨度通常在 4 m 以内，深度在 1.5 m 以内，低、高位仓库货架高度一般在 12 m 以内，超高位仓库货架高度一般在 30 m 以内。此类仓库中，低、高位仓库大多用前移式电瓶叉车、平衡重电瓶叉车、三向叉车进行存取作业，货架较矮时也可用电动堆高机，超高位仓库用堆垛机进行存取作业。此种货架系统空间利用率高，存取灵活方便，辅以智能化管理或控制，基本能达到现代化物流系统的要求。托盘式货架广泛应用于制造业、第三方物流和配送中心等领域，既适用于多品种小批量物品，又适用于少品种大批量物品。此类货架在高位仓库和超高位仓库中应用最多，自动化仓库中大多用此类货架。

阅读材料

托盘式货架的优势：利用率高，存取灵活方便，是最常用、经济、安全的一种货架，适用于各种类型的仓库。同样也可以组成多种储存方式，空间利用率高，承载能力强，稳定性好，可根据用户实际使用情况，设计一系列不同的规格，是各行业中最常用的货架。

托盘式货架的劣势：储存密度较低，需要较多的巷道。通常使用 3～5 层，货架高度受限，一般在 10 m 以下。

（三）贯通式货架

贯通式货架又称通廊式货架、驶入式货架。货架排布密集，空间利用率极高，几乎是托盘式货架的两倍，但货物必须是少品种大批量型且遵循“先进后出”的出库原则。贯通式货架要求，首先进行集装单元化工作，确定托盘的规格、载重量及堆码高度；然后确定单元货架的跨度、深度、层间距，根据屋架下沿的有效高度确定货架的高度。靠墙区域的货架总深度最好控制在 6 个托盘深度以内，中间区域可两边进出的货架区域总深度最好控制在 12 个托盘深度以内，以提高叉车存取的效率和可靠性。此类仓储系统稳定性较弱，货架不宜过高，通常应控制在 10 m 以内，同时为加强整个货架系统的稳定性，除规格、选型要大一些外，还要加设拉固装置。单托货物不宜太大、过重，通常重量控制在 1 500 kg 以内，托盘跨度应小于 1.5 m。常配叉车为前移式电瓶叉车或平衡重电瓶叉车等，多用于饮料、乳品等食品行业。贯通式货架如图 3-1 所示。

图 3-1　贯通式货架

（四）重力式货架

重力式货架由托盘式货架演变而成，采用辊子式轨道或底轮式托盘，轨道呈一定坡度（倾角 3° 左右），利用货物的自重，实现货物的先进先出，一边进另一边出，适用于大批量、同类货物的先进先出存储作业，空间利用率很高，尤其适用于有一定保质期、不宜长期积压的货物。货架总深度（即导轨长度）不宜过大，否则不可利用的上下“死角”会较大，影响空间利用率，且坡道过长，下滑的可控性较差，下滑的冲力较大，易引起下滑不畅、阻塞以及托盘货物的倾翻。为使下滑流畅，如坡道较长，应在中间加设阻尼装置；为使托盘货物下滑至最底端时不因冲击力过大而倾翻，应在坡道最低处设缓冲装置和取货分隔装置。因此这种货架设计、制造、安装难度较大，成本较高。此类货架不宜过高，一般在 6 m 以内，单托货物重量一般在 1 000 kg 以内，否则其可靠性和可操作性会降低。此类货架系统目前在国内应用不是很多。重力式货架如图 3-2 所示。

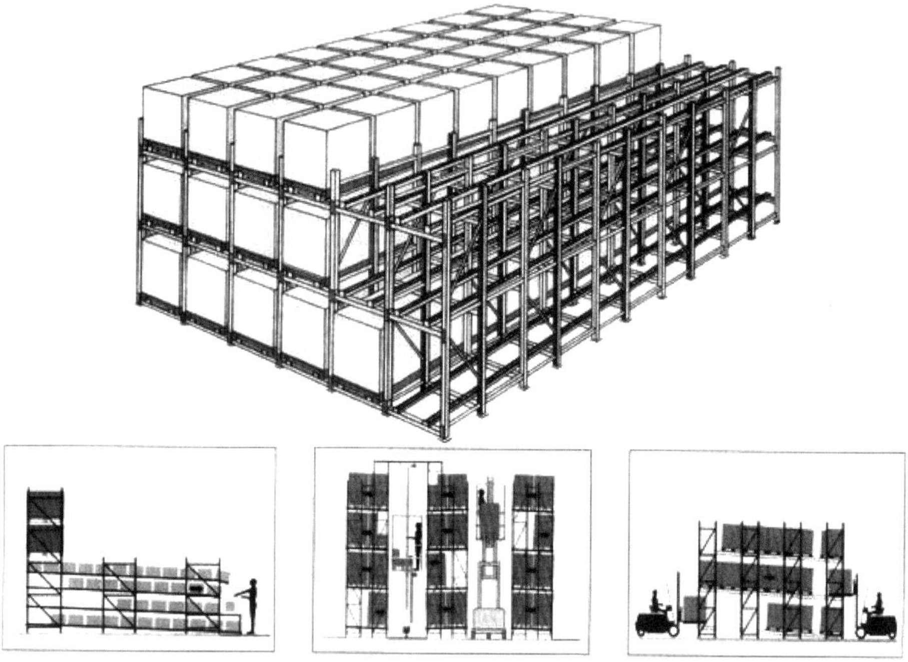

图 3-2　重力式货架

（五）压入式货架

压入式货架也由托盘式货架演变而成，采用轨道和托盘小车相结合的原理，轨道呈一定坡度（倾角 3° 左右），利用货物的自重，实现托盘货物的先进后出，同一边进同一边出，适用于大批量少品种的货物存储，空间利用率很高，存取也较灵活方便。货架总深度不宜过深，一般在 5 个托盘深度以内，否则托盘小车相互嵌入会使空间牺牲较大。单托货物重量一般在 1 500 kg 以内，货架高度一般在 6 m 以内。此类货架系统对货架的制造精度要求较高，托盘小车与导轨间的配合尤为重要，如制造、安装精度不高，极易导致货架系统的运行不畅。此类货架造价较高，在国内已有一定的应用。

（六）阁楼式货架

阁楼式货架系统是在已有的工作场地或货架上建一个中间阁楼，以增加存储空间，可做二层、三层阁楼，适用于多品种大批量或多品种小批量轻泡及中小件货物，货物通常由人工存取，经叉车、液压升降台或货梯送至二层、三层，再由轻型小车或液压托盘车送至某一位置。此类货架系统通常以中型搁板式货架或重型搁板式货架作为主体和楼面板的支撑（根据单元货架的总载重量来决定选用何种货架），楼面板通常选用冷轧型钢楼板、花纹钢楼板或钢格栅楼板。近几年多使用的冷轧型钢楼板，具有承载能力强、整体性好、承载均匀性好、精度高、表面平整、易锁定等优势，有多种类型可选，并且易匹配照明系统，存取、管理均较为方便。单元货架每层载重量通常在 500 kg 以内，楼层间距通常为 2.2 ～ 2.7 m，顶层货架高度一般为 2 m 左右，充分考虑人机操作的便利性。此类货架系统在汽车零部件领域、汽车 4S 店以及轻工、电子等行业有较多应用。阁楼式货架如图 3–3 所示。

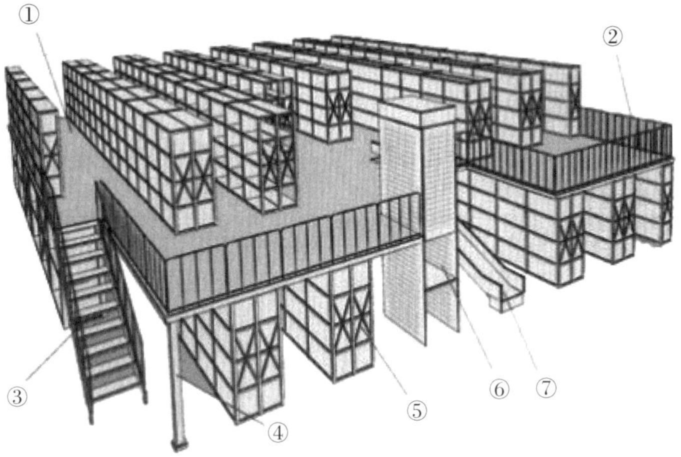

① 楼板　② 护栏　③ 楼梯　④ 立柱　⑤ 斜撑　⑥ 提升机　⑦ 滑道

图 3–3　阁楼式货架

（七）钢结构平台

钢结构平台通常是在现有的车间或仓库场地上再建一个二层或三层的全组装式钢结构平台，将使用空间由一层变成二层、三层，使空间得到充分利用。货物由叉车或升降台的货梯送上二层、三层，再由小车或液压拖板车运至指定位置。此种平台与钢筋混凝土平台相比，施工快、造价适中、易装易拆、可易地使用且结构新颖漂亮。此种平台立柱间距通常在 4 ～ 6 m，一楼高 3 m 左右，二、三层高 2.5 m 左右，立柱通常采用方管或圆管制成，主、副梁通常用 H 型钢制成，楼面板通常采用冷轧型钢楼板、花纹钢楼板、钢格栅等，楼面载重通常在每平米 1 000 kg 以内。此类平台可使仓储和管理得到最近距离的结合，楼上或楼下可作库房办公室。钢结构平台如图 3–4 所示。

（八）悬臂式货架

悬臂式货架主要用于存放条状结构的物料，如型材、板材、管材、线缆等，立柱多采用H型钢或冷轧型钢，悬臂采用方管、冷轧型钢或H型钢，悬臂与立柱间采用插接式或螺栓连接式，底座与立柱间采用螺栓连接式，底座采用冷轧型钢或H型钢。货物存取一般由叉车、行车进行。货架高度通常在2.5 m以内（如由叉车存取货则可高达6 m），悬臂长度通常在1.5 m以内，每臂载重通常在1 000 kg以内。此类货架多用于机械制造行业和建材超市等。悬臂式货架如图3–5所示。

图3–4　钢结构平台

图3–5　悬臂式货架

（九）流动式货架

流动式货架通常由中型横梁式货架演变而成，货架每层前后横梁之间设置滚轮式铝合金或钣金流利条，呈一定坡度（倾角3°左右）放置。货物通常为纸包装或将货物放于塑料周转箱内，利用其自重实现货物的流动和先进先出，货物由小车进行运送，人工存取，存取方便，单元货架每层载重量通常在1 000 kg以内，货架高度在2.5 m以内。流动式货架适用于装配线两侧的工序转换和配送中心的拣选作业等，通常使用电子标签实现货物的信息化管理。流动式货架如图3–6所示。

图3–6　流动式货架

（十）其他类型货架

1. 抽屉式货架

抽屉式货架由重型托盘式货架演变而成，通常用于存放模具等重物，而现场又无合适的叉车可用的情况。组合装配、螺栓连接式货架结构，货架高度一般在2.5 m以下，除顶层外的几层均可设计制作成抽屉式结构，安全可靠，可轻松抽出重达 2 000 kg/ 层的货物，辅之以行车或葫芦吊，轻松实现货物的存取作业。此类货架主要用于存放模具等的特殊场所。抽屉式货架如图 3-7 所示。

图 3-7　抽屉式货架

2. 牛腿式货架

牛腿式货架主要用于自动化仓库中。此类货架系统所使用的托盘承载能力强，刚性好，如托盘承载很小可取消横梁，或货格较小而不用横梁，直接用塑料箱等置于牛腿之上，由堆垛机对货物进行自动存取作业。此类货架主要用于烟草、电子、机械制造等行业。

3. 移动式货架

轻中型移动式货架由轻、中型搁板式货架演变而成，密集式结构，仅需设一个通道（宽 1 m 左右），密封性好，美观实用，安全可靠，是空间利用率最高的一种货架，分手动和电动两种类型。导轨可嵌入地面或安装于地面之上，货架底座沿导轨运行，货架安装于底座之上，通过链轮传动系统使每排货架轻松、平稳移动，货物由人工进行存取。为使货架系统运行中不倾倒，通常设有防倾倒装置。轻中型移动式货架主要用于档案馆、图书馆、银行、企业资料室等场所和电子轻工等行业。重型移动式货架由重型托盘式货架演变而成，裸露式结构，每两排货架置于底座之上，底座设有行走轮，沿轨道运行，底盘内安装有电机、减速器、报警装置、传感装置等。系统仅需设 1 ～ 2 个通道，空间利用率极高。结构与轻中型移动式货架类似，区别在于重型移动式货架一定是电动的，货物由叉车进行整托存取，通道通常为 3 m 左右，主要用于一些空间不是很大、要求最大限度地利用空间的场所，适用于机械制造等行业。移动式货架如图 3-8 所示。

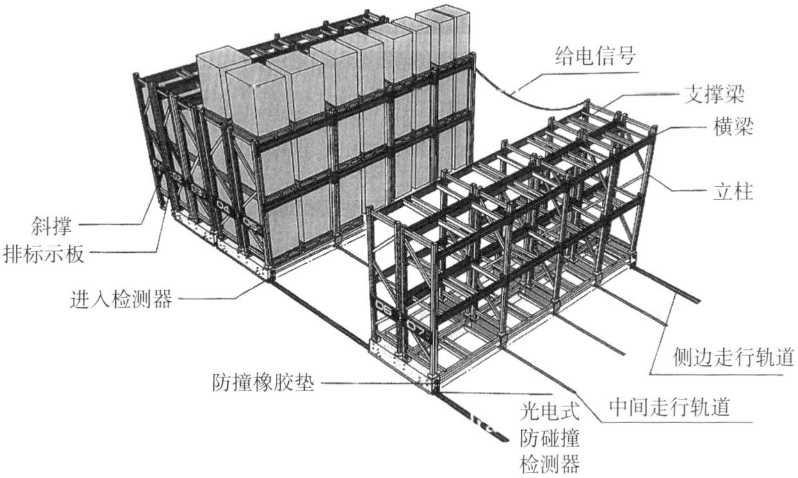

图 3-8　移动式货架

4. 旋转式货架

旋转式货架分水平旋转和垂直旋转两种，均是较为特殊的货架，自动化程度要求较高，密封性要求高，适用于轻小而昂贵、安全性要求较高的货物。单个货架系统规模较小，单体自动控制，独立性强，可等同于某种动力设备。此类货架造价较高，主要用于存放贵重物品（如刀具等）的场所。

行业、使用场合、存放物品、环境、温度、洁净度等诸多因素的不同，决定了货架系统的差异性。随着物流装备行业的飞速发展，相信货架系统的技术含量、精度会愈来愈高，结构更趋优化，品种更齐全，适应性更广泛，它将在中国物流行业的发展中承担重要的角色。

任务3　装卸搬运设备

一、装卸搬运机械的种类

装卸搬运作业运用的装卸搬运机械种类很多，分类方法也很多，为了方便运用和管理，通常按照以下方法进行分类。

（一）按主要用途或结构特征进行分类

可分为起重机械、装卸搬运车辆、连续运输机械、专用装卸搬运机械四类。

（二）按作业性质进行分类

可分为装卸机械、搬运机械、装卸搬运机械三类。单一装卸功能的机械有手动葫芦、固定式起重机等；单一搬运功能的机械主要有各种搬运车、带式输送机等；装卸、搬运两种功能兼有的机械可将两种作业操作合二为一，因而有较好的效果，这种机械有叉车、车站用的龙门起重机、跨运车、气力装卸输送机械等。

（三）按装卸搬运货物的种类进行分类

可分为长大笨重货物的装卸搬运机械、成件包装货物的装卸搬运机械、集装箱货物的装卸搬运机械、散装货物的装卸搬运机械四类。

二、装卸搬运设备的类型

（一）装卸搬运车辆

装卸搬运车辆是依靠机械本身的运行和装卸机构的功能，实现物品的水平搬运和装卸的车辆。

1. 叉车

叉车又称叉车装卸机，它以货叉作为主要的取物装置，依靠液压起升机构实现货物的托取、码垛等作业，由轮胎运行装置实现货物的水平运输。

阅读材料

叉车的技术参数是用来表明叉车的结构特征和工作性能的。主要技术参数有：额定起重量、载荷中心距、最大起升高度、门架倾角、最大起升速度、最大行驶速度、最小转弯半径、最小离地间隙以及轴距、轮距等。

额定起重量：叉车的额定起重量是指货物重心至货叉前壁的距离不大于载荷中心距时，允许起升的货物的最大重量，以 t（吨）表示。当货叉上的货物重心超出了规定的载荷中心距时，由于叉车纵向稳定性的限制，起重量应相应减小。

载荷中心距：载荷中心距是指在货叉上放置标准的货物时，其重心到货叉垂直段前壁的水平距离，以 mm（毫米）表示。对于 1 t 叉车，规定载荷中心距为 500 mm。

最大起升高度：最大起升高度是指在平坦坚实的地面上，叉车满载，货物升至最高位置时，货叉水平段的上表面离地面的垂直距离。

门架倾角：门架倾角是指无载的叉车在平坦坚实的地面上，门架相对其垂直位置向前或向后的最大倾角。前倾角的作用是便于叉取和卸放货物；后倾角的作用是当叉车带货运行时，预防货物从货叉上滑落。一般叉车前倾角为 3° ～ 6°，后倾角为 10° ～ 12°。

最大起升速度：叉车最大起升速度通常是指叉车满载时，货物起升的最大速度，以 m/min（米 / 分钟）表示。目前国内叉车的最大起升速度已提高到 20 m/min。

最大行驶速度：提高行驶速度对提高叉车的作业效率有很大影响。对于起重量为 1 t 的内燃叉车，其满载时的最大行驶速度不低于 17 m/min。

最小转弯半径：当叉车在无载低速行驶、打满方向盘转弯时，车体最外侧和最内侧至转弯中心的最小距离，分别称为最小外侧转弯半径 $R_{\min 外}$和最小内侧转弯半径 $r_{\min 内}$。最小外侧转弯半径越小，则叉车转弯时需要的地面面积越小，机动性越好。

最小离地间隙：最小离地间隙是指车轮以外，车体上固定的最低点至地面的距离，它表示叉车无碰撞地越过地面凸起障碍物的能力。最小离地间隙越大，则叉车的通过性越高。

轴距及轮距：叉车轴距是指叉车前后桥中心线的水平距离，轮距是指同一轴上左右轮中心的距离。增大轴距有利于叉车的纵向稳定性，但使车身长度增加，最小转弯半径增大；增大轮距有利于叉车的横向稳定性，但会使车身总宽和最小转弯半径增加。

直角通道最小宽度：直角通道最小宽度是指供叉车往返行驶的成直角相交的通道的最小宽度，以 mm 表示。一般直角通道最小宽度越小，性能越好。

堆垛通道最小宽度：堆垛通道最小宽度是指叉车在正常作业时，通道的最小宽度。

2. 搬运车

搬运车是一种用于载货的设备，是在物流节点间进行水平搬运的车辆。车上的载荷平台有固定式和升降式。升降式搬运车的载荷平台较低，可以伸入托盘底部或货架上，托起托盘或货架后进行搬运。

3. 牵引车和挂车

牵引车是具有机动运行和牵引装置而本身不能载货的车辆。挂车是无动力设备，是必须由牵引车拖着运行的车辆。装卸搬运货物时，挂车和牵引车进行组合，构成牵引列车，可以在较长的距离内搬运货物，具有较好的经济性和较高的工作效率。

（二）起重设备

1. 轻小型起重机

轻小型起重机是指仅有一个升降运动的起重机，如滑车、手动或电动葫芦等。其中，电动葫芦是在工字钢下翼运行的起重机械，一般由带制动器的锥形异步电机驱动。

2. 桥式起重机

桥式起重机是指可在矩形场地及空间进行作业的起重机。它用一个跨空间的横梁或桥架支撑起重机构、运行机构并完成起重作业。主要类型有桥式起重机、龙门起重机和梁式起重机等。

（1）桥式起重机

桥式起重机是横架于车间、仓库或露天货场上方吊运各种物品的机械设备，也称为“天车”或“桥吊”。常见的有桥式吊钩起重机、桥式抓斗起重机、电葫芦双梁桥式起重机等。

（2）龙门起重机

龙门起重机也称为龙门吊，因主梁支承在两条刚性或一刚一柔支腿上构成的龙门框架而得名，龙门吊具有场地利用率高、作业范围大、通过性强等特点，在港口、车站、货场、仓库等场所，担负着装卸、生产、安装等作业过程中的货物装卸搬运任务。

（3）梁式起重机

梁式起重机是起重机的一种，具有起重机械的特点，是一种做循环、间歇运动的机械。一个工作循环包括取物装置从取物地把物品提起，然后水平移动到指定地点降下物品，接着进行反向运动，使取物装置返回原位，以便进行下一次循环。梁式起重机分为单梁桥式起重机和双梁桥式起重机两类。

单梁桥式起重机桥架的主梁多采用工字型钢或型钢与钢板的组合截面，如图 3-9 所示。起重小车常由手拉葫芦、电动葫芦或用葫芦作为起升机构部件装配而成。

双梁桥式起重机由直轨、起重机主梁、起重小车、送电系统和电器控制系统组成，如图 3-10 所示，特别适合于大悬挂和大起重量的平面范围物料输送。

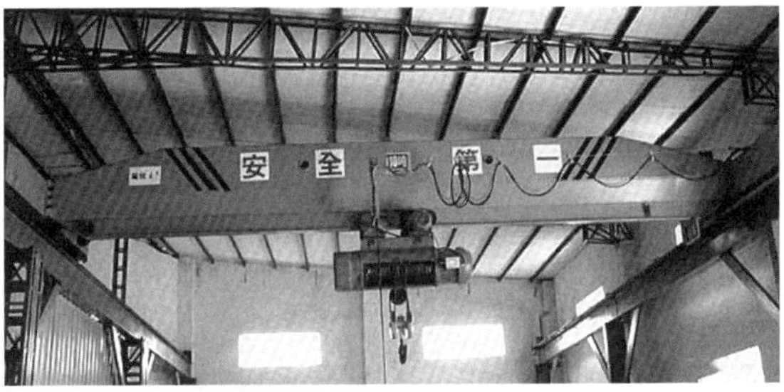

图 3-9　单梁桥式起重机

图 3-10　双梁桥式起重机

3. 堆垛起重机

堆垛起重机是可以在自动化仓库高层货架之间或高层码垛货场完成送取、堆垛、分拣等作业的起重机，其最大的优点是能方便地在指定的货格或位置上放、取单元化货物。

（三）连续运输设备

1. 斗式输送机

斗式输送机用于在竖直方向或倾角较大时的物资输送，它既能运送散粒或碎状物资，也能运送成件的物品。

2. 带式输送机

带式输送机是一种连续运输机，它既是输送带作业牵引构件，同时又是作业承载构件。带式输送机一般用于水平或较小倾角的物资输送，可以连续装载散装物资或包装好的成件物品。

3. 悬挂式输送机

悬挂式输送机是将装载货物的吊具通过滑架悬挂在架空轨道上，滑架受链条等牵引构件牵引，沿着架空轨道悬空运输的输送设备。它可以用于输送装入容器的成件物品，也可以用于企业成品和半成品的输送，在大型生产企业及配送中心应用较广泛。

4. 螺旋输送机

螺旋输送机是将带有螺旋叶片的转轴装在封闭的料槽内旋转，利用螺旋面的推力使散料物资沿着轴向输送的一种连续输送机械。螺旋输送机分为固定式和移动式两种。

5. 辊子输送机

辊子输送机是一系列以一定间距排列的辊子组成的，用于输送成件物品或托盘货物的输送设备。它的结构简单，运转可靠，输送平稳，使用方便，经济节能。

6. 链条输送机

链条输送机类型较多，最简单的链条输送机是由两根套筒辊子链组成的，链条由驱动链轮牵引，链条下面有导轨，支撑着链节的套筒辊子。货物直接压在链条上，随着链条的运动而向前移动。

7. 气力输送装置

气力输送装置是借助于具有一定能量的气流，沿着一定管路将颗粒状、散状或粉状物从一处送到另一处目的地的装置。气力输送机结构简单，节能环保，所以在装卸粮食、水泥等物料方面有着广泛的应用。

（四）其他设备

1. 堆取料机

堆取料机是指既能从货场上挖取散装物资输送至指定地点，又能将散装物资通过运输系统送入货场堆放的大型机械。在物流企业中常见的有三类：取料机、堆料机和堆取料机。

2. 翻车机

翻车机是指能使货车翻转倾倒，将物资卸到地下运输系统的一种大型机械，一般需要设置重车推入和空车牵出等辅助机械配合使用。翻车机具有卸车效率高、生产能力大、机械化程度高等优点，适用于大型专业化散货码头及大型货场。

3. 装载机、卸载机

装载机是指以装载、运输功能为主，将物品由货场取出，通过运输系统装车或装船的机械。卸载机是以卸载、运输功能为主，将物品从车或船中取出，运往货场或仓库的机械。装载机、卸载机通常由多种输送机组合而成，具有作业效率高、节省人力等优点。常见的有干散货卸车机、干散货装船机、干散货卸船机等类型。

部分装卸搬运设备如图 3-11 至图 3-15 所示。

图 3-11　电动叉车

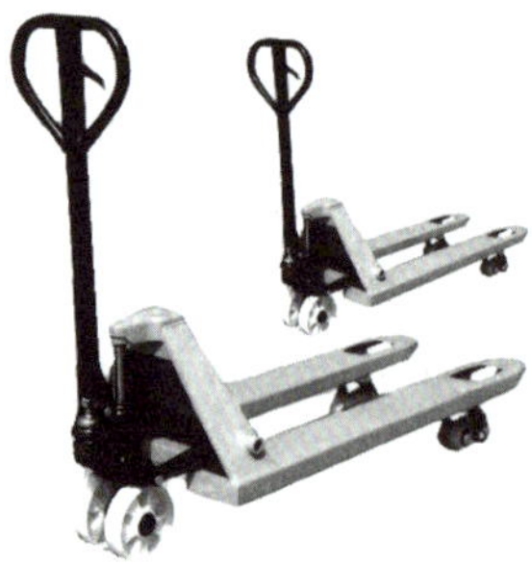

图 3-12　手动叉车

图 3-13　大型吊车

图 3-14　起重机

图 3-15　输送机

三、装卸搬运机械设备选择的依据和方法

（一）根据作业性质和作业场合进行配置、选择

首先要明确作业任务和内容，即装卸、搬运物品有什么要求，从而选择合适的装卸搬运机械。作业场合不同，也需配备不同的装卸搬运设备。例如，在铁路专用线、仓库等场合，可选择龙门起重机；在库房、车间内，可选择桥式起重机；在集装箱港口码头，可选择岸边集装箱装卸桥、集装箱跨运车等。

（二）根据作业运动形式进行配置、选择

装卸搬运作业运动形式不同，所需配备的机械设备不同。水平运动，可以配备选用卡车、叉车、连续运输机、牵引车、小推车等机械；垂直运动，可以配备选用起重机、叉车、提升机等机械；倾斜运动，可以配备选用连续运输机、提升机等机械；垂直及水平运动，可以配备选用叉车、起重机、升降机等机械；多平面式运动，可以配备选用旋转起重机等机械。

（三）根据作业量进行配置、选择

装卸搬运作业量大小关系到机械设备应具有的作业能力，从而影响到所需配备的机械设备的类型和数量。作业量大时，应配备作业能力较高的大型专用机械设备；作业量小时，最好采用构造简单、造价低廉而又能保持一定生产能力的中小型通用机械设备。

（四）根据货物种类、性质进行配置、选择

货物的理化性质、物料粒状大小、容重、散落性、表面状态、外摩擦系数、破碎性等特性以及外部形状和包装千差万别，有大小、轻重之分，有固体、液体之分，又有散装、成件之分，所以对装卸搬运设备的要求也不尽相同。配置和选择机械设备时，应尽可能符合货物特性的要求，以保证作业安全和货物完整无损。例如，对于表面粗糙、坚硬的物料，在选择输送机的构件材料时，应选择耐磨的材料；对于容易破碎的物料，不宜选用破碎作用较大的输送机；对于散状物料，为提高输送量，防止输送中物料撒落，应选用深档

形胶带输送机；对于包装物料，一般应该选用带式输送机或辊子输送机。

（五）根据搬运距离和方向进行配置、选择

长距离搬运一般选用载货汽车、牵引车和挂车等运输设备，较短距离搬运可选用叉车、跨运车、连续运输机械等机械设备。水平输送一般选用胶带输送机；垂直输送多采用斗式提升机；对于既要求水平输送又要求垂直输送的散装物料，一般可用斗式提升机或刮板输送机。为了提高机械的利用率，应当结合设备种类和特点，使行车、货运、装卸、搬运等工作密切配合。

（六）根据作业成本进行配置、选择

装卸搬运的作业成本包括设备投资、装卸搬运机械的运营费用和装卸搬运作业成本。在选择装卸搬运机械设备时，除了考虑作业现场、机械本身、货物特点外，还应合理控制作业成本，在保证装卸搬运作业安全、完好、高效的同时，使整个装卸搬运系统的作业成本最低。

（七）根据装卸搬运机械本身的要求进行配置、选择

选择装卸搬运机械设备时应符合其自身的基本用途，使用时可选择效率高、操作方便安全、便于装配和拆卸、自重轻、动力消耗少的机械。发展一机多用，扩大机械使用范围，适应多种货物的装卸作业，提高机械的利用率。

四、装卸搬运机械配套管理

在物流企业，装卸搬运作业往往需要几台机械设备来配合完成，在采用多台不同或相同类型的设备协同作业时，机械设备的配套使用直接影响到作业效率，所以选择合适的配套方法非常重要。

（一）合理配套原则

1. 机械的运行时速

合理安排机械的运行距离，使装卸搬运机械达到作业时间上的紧凑。例如，使前一个装卸搬运作业过程与下一个装卸搬运作业过程的速度相同，使二者作业协调，实现高效作业。

2. 机械的配合作业

装卸搬运机械必须要相互联系、相互补充、相互衔接，促使物流顺畅进行。例如，在许多物流配送中心或仓库、码头，汽车起重机、叉车与门式起重机配合作业。

3. 机械的配套吨位

装卸搬运机械设备进行作业吨位上的配套，可以使每台机械设备的能力都得到充分的发挥。

（二）机械设备配套方法

1. 按照装卸搬运作业量和被装卸搬运物品的种类进行机械配套

在确定各种机械生产能力的基础上，按照每年装卸搬运基本货物的吨数需要的机械台数、每台机械所担任装卸搬运物品的种类以及每年完成的装卸搬运货物的吨数进行配套。

2. 运用线性规划法设计装卸搬运作业机械的配套方案

运用线性规划法是根据装卸搬运作业现场的要求，选择需要的各种机械台数。在选择时应考虑每台装卸设备的最大装卸搬运能力、用电消耗以及油耗标准，初步计算出几种装卸搬运配套方案的费用及装卸搬运效用。

3. 运用综合费用比较法来确定装卸搬运机械的配套方法

其具体操作方法是先比较初步方案的作业费用，再比较初步方案的利润情况，最后选出最佳方案。

任务4　计量和分拣设备

一、计量设备

公元前 1000 年左右，古埃及用堰法测量尼罗河的流量；公元前 102 年左右，古罗马凯撒时代已采用孔板测量居民的饮用水水量；公元前 276 年，我国著名的都江堰水利工程开始应用宝瓶口的水位观测水量大小。17 世纪，埃万杰利斯塔·托里拆利（Evangelista Torricelli）奠定差压式流量计的理论基础，这是流量计的里程碑。自那以后，18、19 世纪流量计的许多类型仪表的雏形开始形成，如皮托管、文丘里管及靶式流量计等。第二次世界大战后，随着世界经济和科学技术的迅速发展，流量计日益受到重视，流量仪表随之迅速发展起来。我国目前最常用计量设备有：转子流量计、电磁流量计、计量泵、超声波流量计等。

（一）转子流量计

转子流量计又称浮子流量计，是变面积式流量计的一种，在一根由下向上的垂直锥管中，圆形横截面的浮子的重力是由液体动力承受的，浮子可以在锥管内自由地上升和下降。浮子在流速和浮力作用下上下运动，二者与浮子重量平衡后，通过磁耦合传到刻度盘指示流量。转子流量计一般分为玻璃和金属转子流量计。金属转子流量计是工业上最常用的转子流量计，对于小管径腐蚀性介质通常用玻璃材质，由于玻璃材质本身的易碎性，关键的控制点也有以全钛材等贵重金属为材质的转子流量计。玻璃转子流量计有较强的耐腐性，可检测酸（氢氟酸除外）、碱、氧化剂和其他腐蚀性气体或液体的流量，广泛应用于化工、石油、轻工、医药、环保、食品及计量测试、科学研究等领域，用于测量单相非脉动流体（液体或气体）的流量。

（二）电磁流量计

电磁流量计是一种测量导电性液体的仪表，根据迈克尔·法拉第（Michael Faraday）的电磁感应原理，导体在磁场中运动并切割磁感线时会在导体中产生感应电势，管道内部的两个电极测量产生的感应电压。测量管道通过不导电的内衬（橡胶、特氟隆等）实现与流体和测量电极的电磁隔离。

电磁流量计在全球范围内已得到广泛应用，涉及污水处理、化工、医药、造纸、食物等各个行业。电磁流量计测量精度不受流体密度、黏度、温度、压力和电导率变化的影响，传感器感应电压信号与平均流速呈线性关系，因此测量精度高。测量管道内无阻流件，因此没有附加的压力损失。测量管道内无可动部件，因此传感器寿命极长。这都是其他流量计无法与之相比的。

（三）计量泵

计量泵是一种具有投加功能的计量设备，利用泵内柱塞的往复运动加压并计量流体。计量泵是用来输送液体（特别是腐蚀性液体）的一种特殊容积泵。如图 3-16 所示。

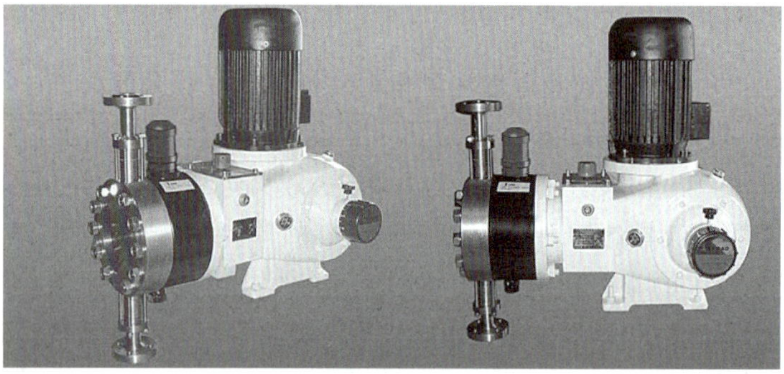

图 3-16　计量泵

电机经联轴器带动蜗杆并通过蜗轮减速使主轴和偏心轮做回转运动，由偏心轮带动弓形连杆的滑动调节座做往复运动。当柱塞向后死点移动时，泵腔内逐渐形成真空，吸入阀打开，吸入液体；当柱塞向前死点移动时，吸入阀关闭，排出阀打开，液体在柱塞进一步运动时排出。计量泵在往复循环工作中形成连续有压力、定量的液体排放。

计量泵性能优越，其中隔膜式计量泵具有绝对不会泄露、安全性能高、计量输送精确等优点。计量泵的流量可以从零到最大定额值范围任意调节，压力可从常压到最大允许范围任意选择，且其调节直观清晰，工作时平稳、无噪声，体积小、重量轻，维护方便，可并联使用。

然而，流量计技术的复杂性以及科学技术的迅速发展向流量计提出了更新、更高的要求，流量计的现有功能远不能满足生产的需要。

流量仪表的品种、规格、准确度和可靠性尚不能满足生产要求，特别是对腐蚀性流体、脏污流体、高黏性流体、多相流体、特大流量、微小流量等，有待发展有效的测量手段。流量标准装置不能满足流量计检定要求，尤其是现场实液检定流量计的标准装置，是在我国目前情况下亟待解决的问题。

二、分拣设备

仓储管理中分拣设备较多，下面进行逐一介绍。

（一）带式分拣机

带式分拣机是利用输送带载运货物完成分拣工作的机械设备。带式分拣机结构合理，充分考虑分拣人员的工作条件及视觉范围，能够减轻工作人员的劳动强度。皮带运行稳定性好，布料均匀，能够减少人工辅助动作，增加分拣率。可采用局部全塑结构，与金属探测器配套使用，适用范围广阔。按输送带的设置形式分为平钢带式和胶带式分拣机两种。

（二）滚柱式分拣机

滚柱式分拣机适用于包装良好、底面平整的箱式货物，分拣能力强，但结构复杂，价格较高。

（三）托盘分拣机

托盘分拣机是一种应用十分广泛的机型，它主要由托盘小车、驱动装置、牵引装置等组成。其中托盘小车形式多种多样，有平托盘小车、U形托盘小车、交叉带式托盘小车等。

（四）钢带

钢带连续长度可达366 m，系统配置简单，耗能极低，比堆块式分拣系统低50%。具有优质的强度和耐磨性，可处理大型、重量级的物品。包裹在光滑、低摩擦的表面上容易移动，能保护其免于损伤。

（五）交叉带式分拣系统

交叉带式分拣系统由主驱动带式输送机和载有小型带式输送机的台车（简称“小车”）连接在一起，当小车移动到所规定的分拣位置时，转动传动带，完成把商品分拣送出的任务。因为主驱动带式输送机与小车上的带式输送机呈交叉状，故称交叉带式分拣机。如图3–17所示。

图3–17　交叉带式分拣系统

（六）轨道台车式分拣机

轨道台车式分拣机的分拣方式是：被分拣的物品放置在沿轨道运行的小车托盘上，当到达分拣口时，台车托盘倾斜 30°，物品被分拣到指定的目的地。如图 3–18 所示。

（七）摇臂式分拣机

摇臂式分拣机的分拣方式是：被分拣的物品放置在钢带式或链板式输送机上，当到达分拣口时，摇臂转动，物品沿摇臂杆斜面滑到指定的目的地。如图 3–19 所示。

图 3–18　轨道台车式分拣机

图 3–19　摇臂式分拣机

任务5　仓储技术应用

一、条码技术

（一）条码技术的概念

条码是由一组按一定编码规则排列的条、空符号，用以表示一定的字符、数字及符号组成的信息。条码系统是由条码符号设计、制作及扫描阅读组成的自动识别系统。

条码技术最早产生在 20 世纪 20 年代，诞生于美国西屋电气公司的实验室里。那时候对电子技术应用方面的每一个设想都使人感到非常新奇，其中，约翰 · 科芒德（John Kermode）的想法是在信封上做条码标记，条码中的信息是收信人的地址，就像今天的邮政编码。为此他发明了最早的条码标识，设计方案非常简单，即一个条表示数字 1，两个条表示数字 2，以此类推。之后，他又发明了由基本的元件组成的条码识读设备：一个能够发射光并接收反射光的扫描器，一个测定反射信号条、空符号的边缘定位线圈和使用测定结果的译码器。

20 世纪 80 年代中期，我国一些高等院校、科研部门及一些出口企业把条码技术的研究和推广应用提上议事日程，图书馆、邮电行业、物资管理部门和外贸部门也开始使用条码技术。1991 年 4 月 9 日，中国物品编码中心正式加入了国际物品编码协会，国际物品编码协会分配给中国的前缀码为 690、691、692 三个。许多企业获得了条码标记的使用权，使中国的大量商品打入了国际市场，给企业带来了可观的经济效益。

阅读材料

条码技术原理：要将按照一定规则编译出来的条码转换成有意义的信息，需要经历扫描和译码两个过程。物体的颜色是由其反射光的类型决定的，白色物体能反射各种波长的可见光，黑色物体则吸收各种波长的可见光，所以，条码扫描器光源发出的光在条码上反射后照射到条码扫描器内部的光电转换器上，光电转换器将强弱不同的反射光信号转换成相应的电信号。

根据反射原理的差异，扫描器可以分为光笔、红光 CCD、激光、影像四种。电信号输出到条码扫描器的放大电路增强信号之后，再送到整形电路将模拟信号转换成数字信号。白条、黑条的宽度不同，相应的电信号持续时间长短也不同，主要作用就是防止静区宽度不足。然后，译码器通过测量脉冲数字电信号“0”和“1”的数目来判别条和空的数目，通过测量“0”和“1”信号持续的时间来判别条和空的宽度。此时所得到的数据仍然是杂乱无章的，要知道条码所包含的信息，则需根据对应的编码规则，将条形符号换成相应的数字、字符信息。最后，由计算机系统进行数据处理与管理，物品的详细信息便被识别了。

（二）条码技术的应用

条码技术广泛应用于商业、图书管理、仓储、邮政、工业生产过程控制、交通等领域，它是在计算机应用中产生并发展起来的，具有输入速度快、准确度高、成本低、可靠性强等优点。

条码技术是实现 POS 系统、电子商务、供应链管理、电子数据交换（EDI）的技术基础，是物流管理现代化的重要技术手段。条码技术包括条码的编码技术、条码标识符号的设计、快速识别技术和计算机管理技术，它既是前端采集技术，也是实现计算机管理和电子数据交换的前提，条码技术已在现代物流管理中得到广泛应用。

1. 条码技术与信息系统的强大接口技术

现代物流中心信息系统在规划实施时就已经考虑到了条码的需要，条码系统与仓储管理系统实现了无缝链接，即便是以后条码与 SAP 链接，也可以借助 SAP 提供的 RFC 接口或相应的 DCOM 组件来加入条码支持。

2. 条码技术对备件物流管理产生的独特作用

条码在20世纪80年代就进入中国，其应用已根深蒂固，有着广泛的使用人群。经历了漫长的技术提升时代，条码技术日益完善。条码技术主要被应用于物流信息管理、供应链管理、ERP及各行业信息快速处理等领域。

条码有易操作、易维护的特点。例如，对于室外场合，使用计算机登记信息非常不方便，通过使用条码采集器，可以在操作现场将采集的条码信息保存在采集器中，然后传输到计算机。条码采集器外形轻便，操作简便，不需要安装配置软件系统，极大地提高了系统的使用效率。

条码在物流系统中还可以完成许多传统物流无法实现的工作。通过给每个物品赋予唯一的条码，可以对该物品的流转实现全流程跟踪：货物丢失后，可以在销售和客户服务环节及时被发现；防止销售中的地区串货现象；提高商品售后服务的质量；建立起和生产相联系的质量反馈体系。

3. 物料管理

现代化生产物料是否配套协调会极大地影响产品的生产效率，杂乱无序的物料仓库、复杂的生产备料及采购计划的执行几乎是每个企业都会遇到的难题。条码技术在物料管理中也发挥了重要作用。

物料编码、条码标签不仅便于对物料进行跟踪管理，也有助于辅助企业及时调整物料库存，对采购的生产物料按照行业及企业规则建立统一的物料编码，从而杜绝物料无序导致的损失和混乱，提高了生产效率，更便于企业资金的合理运用。打印物料唯一的条码标签，录入管理系统，并建立完整的产品档案，可以实现在生产管理中对物料的单件跟踪，也可对仓库进行基本的进、销、存管理。

4. 生产管理

条码生产管理是产品条码应用的基础。在生产中应用产品识别码监控生产，采集生产测试数据和生产质量检查数据，进行产品完工检查，建立产品档案，有序地安排生产计划，监控生产及流向，提高产品下线合格率。条码生产管理的具体步骤如下：第一步，制定产品识别码格式，根据企业规则和行业规则确定产品识别码的编码规则，保证产品规则化、唯一标识；第二步，建立产品档案，通过产品标识条码在生产线上对产品生产进行跟踪，并采集生产产品的部件、检验等数据作为产品信息，当生产批次计划审核后建立产品档案；第三步，通过生产线上的信息采集点来控制生产，通过产品标识条码在生产线上采集质量检测数据，以产品质量标准为准绳判定产品是否合格，从而控制产品在生产线上的流向及是否建立产品档案、打印合格证。

阅读材料

条码技术是电子与信息科学领域的高新技术，所涉及的技术领域较广，是多项技术结合的产物，经过多年的长期研究和实践应用，现已发展成为较成熟的实用技术。在信息输入技术中，采用的自动识别技术种类很多，条码作为一种图形识别技术与其他技术相比有如下特点：

（1）简单。条码符号制作方便，扫描操作简单易行。

（2）信息采集速度快。普通计算机键盘录入速度是 200 字符 /min，而利用条码扫描录入信息的速度是键盘录入的 20 倍。

（3）采集信息量大。利用条码扫描，一次可以采集几十位字符的信息，而且可以通过选择不同码制的条码增加字符密度，使采集的信息量成倍增加。

（4）可靠性高。键盘录入数据，误码率为 1/300；利用光学字符识别技术，误码率约为 0.01%；而采用条码扫描录入方式，误码率仅为 0.000 1%，首读率可达 98% 以上。

（5）灵活、实用。条码符号作为一种识别手段可以单独使用，也可以和有关设备组成识别系统实现自动化识别，还可以和其他控制设备联系起来实现整个系统的自动化管理。同时，在没有自动识别设备时，也可以实现手工输入。

（6）自由度大。识别装置与条码标签相对位置的自由度要比 OCR（光学字符识别）大得多。

（7）设备结构简单，成本低。条码符号识别设备结构简单，操作容易，无须专门训练。与其他自动化识别技术相比，推广应用条码技术所需费用较低。

二、射频识别技术

2004 年起，全球范围内掀起了一场射频识别（RFID）技术的热潮，包括沃尔玛、宝洁、波音公司在内的商业巨头无不积极推动 RFID 在制造、物流、零售、交通等行业的应用。RFID 技术及其应用处于迅速上升的时期，被业界公认为当时最具潜力的技术之一，它的发展和应用推广是自动识别行业的一场技术革命。而 RFID 在交通物流行业的应用更是为通信技术提供了一个崭新的舞台，将成为电信业有潜力的利润增长点之一。

（一）射频识别技术的概念

射频识别也称为感应式电子晶片或近接卡、感应卡、非接触卡、电子标签、电子条码等，其原理为由扫描器发射一特定频率的无线电波给接收器，用以驱动接收器电路将内部的代码送出，此时扫描器便接收此代码。接收器的特殊之处在于免用电池、免接触、免刷卡，故不怕脏污，且晶片密码唯一、无法复制，安全性高、寿命长。RFID 的应用非常广泛，目前的典型应用有动物晶片、汽车晶片防盗器、门禁管制、停车场管制、生产线自动化、物料管理等。RFID 标签有两种：有源标签和无源标签。

（二）射频识别技术的特征与应用

射频识别技术是一种非接触式的自动识别技术，通过射频信号识别目标对象，获取相关数据。作为条码的无线版本，RFID 技术具有条码所不具备的防水、防磁、使用寿命长、读取距离大、耐高温、存储数据容量更大、标签上数据可以加密、存储信息更改自如等优点。

短距离射频识别产品具有不怕油渍、灰尘污染等恶劣环境的特点，可在恶劣环境中替代条码，如用在工厂的流水线上跟踪物体。长距离射频识别产品多用于交通上，识别距离可达几十米，如自动收费或识别车辆身份等。

三、仓储管理信息系统

随着信息技术的飞速发展，仓库管理信息系统在仓库管理中得到广泛与普遍的应用。许多仓库已开发出各种针对仓库管理（如仓库业务收发管理、仓库安全管理、仓库人事管理等方面）的应用软件。这些应用软件对于全面提高仓库的科学管理水平、减少仓库人员的工作量等都起到了非常重要的作用，可以帮助有关人员全面掌握仓库的基本情况（如库房容量、主要领导、仓库人员编制等），并形成各种统计汇总数据，为仓库管理人员的科学管理提供辅助决策。目前，各种管理信息系统基本上是基于 Windows 或 Windows NT 操作平台编制的管理软件，它们具有统一的操作界面和操作风格，也具有极好的人机交互功能，大大方便了仓库管理人员的使用。有些管理信息系统还是基于局域网的应用系统，可供多用户同时在网上查阅、汇总各种仓库相关数据，网络的开通为各个部门之间的业务交流提供了便利。

阅读材料

联华超市结合国际的先进实施经验，充分考虑集团的实际情况，因地制宜，为便利店"量体裁衣"，设计了一套完整的解决方案，即将现有的建筑物改建成物流中心，采用 WMS（Warehouse Management System，仓库管理系统）实现整个配送中心的全计算机控制和管理，而在具体操作中实现半自动化，以货架形式来保管，并配以无线数据终端进行实时物流操作，以自动化流水线来输送，以数字拣选系统来拣选。

进货后，立即由 WMS 进行登记处理，生成入库指示单，同时发出是否能入库的指示。当仓库容量已满，无法入库时，系统将发出向附近仓库入库的指示。接到系统发出的入库指示后，工作人员会将货物堆放在空托盘上，用手持终端将该托盘的号码及进货品种、数量、保质期等数据进行进货登记输入。

在入库登记处理后，工作人员用叉车将货物搬运至入库品运载装置处。按下入库开始按钮，入库运载装置开始上升，将货物送上入库输送带。在货物输送过程中，系统将对货物进行称重和检测，如不符合要求系统将指示其退出；符合要求的货物，方可输送至运载升降机。

根据输送带侧面安装的条码阅读器，对托盘条码进行确认，计算机将对托盘货物的保管和输送目的地发出指示，托盘升降机自动传输到所需楼层。当升降机到达指定楼层后，由各层的入库输送带自动搬运货物到入库区。

货物在下平台前，根据入库输送带侧面设置的条码阅读器，将托盘号码输入计算机，并根据该托盘情况，对照货位情况，发出入库指示，然后由叉车从输送带上取下托盘。叉车作业者根据手持终端指示的货位号将托盘入库，经确认后，在库货位数将进行更新。

（一）仓库管理信息系统建立的必要性

随着仓储作业现代化程度越来越高，其作业过程中产生的信息量也越来越大。一旦这些信息流动不顺利，就会影响到整个仓储作业，造成许多不良影响。例如，在收货作业中，货车等待时间变长、设备故障等；在临时存放区段，起重车操作员不知道货物存放的明确地点、收货地点过分拥塞、指定地点被占用等；在储存区段，通道拥塞、不同种类货物不规则混存、出现过多的蜂窝形空缺等；在订货拣选区段，拣选不到所需货物、拣选某一份或某一批货物时通过同一货道两次以上等；在包装区段，材料错误、产品贴错标签等；在货物集结区段，货场拥塞、货物归类或数量不对等；在运输区段，运输延迟、车辆等待、客户抱怨等。这些问题都会严重影响仓库管理效率。因此，智能化仓库管理信息系统是仓库提高工作效率、降低库存、提高物流服务水平的重要手段。

（二）仓储管理信息系统的构成

仓库管理信息系统是以条码技术和数据库技术为基础，实现仓库管理中货物的进货、出货、库存控制、盘点等管理功能，并可依托信息网络进行客户订单查询和管理的管理信息系统。仓库管理信息系统通常包括入库作业管理系统、出库作业管理系统、库存控制系统三个系统。

1. 入库作业管理系统

入库作业管理系统包括预定进货数据处理系统和实际进货作业。预定进货数据处理系统为进货调度、人员组织及设备资源分配提供依据。其基本数据有预定进货日期、进货物品品种与数量，供应商预先通告的进货日期、商品品种及入库数量。

实际入库交货时，输入的数据有采购单号、厂商名称、商品名称和数量等。通过输入采购单号来查询进货商品的名称、数量和内容是否与采购单内容相符，并确定进货的月台，由仓管员确定卸货地点及方式。仓管员检验后将入库数据输入库存数据库并调整库存数据库。

货物入库后，对于需要立即出库的商品，入库系统需具备待出库数据查询并连接派车及出货配送系统，入库数据输入后即访问订单数据库，取出该商品待出库数据信息并转入出库配送数据库，同时调整库存数据库。对于需要上架入库再出库的商品，进货系统需具备货位指定功能，当进货数据输入时即启动货位指定系统，由货位数据库、产品明细数据库来计算入库商品所需的货位大小，根据商品特性和货位状况来确定最佳货位。货位管理系统则主要负责完成商品货位登记、跟踪并提供货位状况报表，为货位分配提供依据。货位跟踪时可将商品编码或入库编码输入货位数据库来查询商品所在货位，输出的报表有货位指示单、商品货位报表、可用货位报表、各时间段入库一览表、入库数据统计等。

2. 出库作业管理系统

出库作业管理系统是以客户为对象，涉及客户订单、订单处理、仓库管理等从出库准备到实际将货物运送至客户手中为止的一系列作业。

（1）订单处理系统，主要包括客户询价、报价和订单接收、确认及输入。自动报价系统首先需输入客户名称、询价商品的名称和规格数据等，其次系统自动根据这些数据调用产品明细数据库、客户交易此商品的历史数据库、此客户报价的历史数据库、客户数据库、厂商采购报价等，以取得此商品的报价历史资料、数量折扣、客户以往交易记录及客户折扣、商品供应价等数据，然后由系统按其所需净利润与运输成本、保管成本等来制定估价公式并计算销售价格，最后打印报价单送交客户，客户签回后即成为正式订单。订单的传送可采用邮寄、电话、传真、网络传输 EDI 报文或电子邮件等方式。

（2）销售分析及销售预测，主要包括销售分析、销售预测和商品管理。销售分析是为使管理人员对销售现状有全面的了解，通过输入销售日期、月份、年度、商品类别、商品名称、客户名称、操作员名称等查询各种销售统计资料，可提供商品销售统计表、年度商品数量统计表、年度及月份商品数量统计比较分析报表、商品成本利润分析表，也可查询每个业务员的销售业绩。销售预测分析系统可根据不同的统计分析方法（如时间序列分析、多元回归分析、指数平滑法等）生成商品销售预测表、成本需求预测表、库存需求预测表、设备需求预测表等。商品管理系统可生成商品销售排行榜、商品销售周转率和获利率分析表。

3. 库存控制系统

库存控制系统主要负责完成库存商品分类分级、定购数量和订货地点的确定、库存跟踪管理及库存盘点等作业。商品分类分级是根据分类分级标志按库存量排序和分类，生成各种排序报表。定购数量和订货地点可根据库存数据库、厂商报价数据库、采购批量计算公式数据库等生成。盘点作业系统定期打印库存商品报表，待实际盘点后输入实际数据，生成并打印盈亏报表、库存损失分析报表等。库存盘点方式有两种，分别为定期盘点和循环盘点。实际盘点前，仓管员首先会调用盘存清单打印系统，输入某类商品的名称或仓库货区、货位名称，系统自动调用库存数据库或货位数据库进行检索并打印出盘点清单，仓管员根据此清单会同有关人员用手持式数据采集器采集商品库存数据，然后将采集到的数据输入中央数据库调整库存数据库的内容，最后由盘点打印系统打印出盘亏报表、库存损失报表等结果。

根据需要，库存控制系统还可以设定定期盘点和循环盘点时点，使系统能够在预定的时间自动启动盘点系统、打印各种报表，以便于实际盘点作业。

实训任务

仓储设备配置

实训操作

在物流实训中心或实训室进行仓储设备的使用与操作，具体包括：学习各种货架的结构及使用；学习各种承载器具的结构及使用方式；学习各种装卸搬运设备的结构及使用。

实训注意事项

1. 学生应遵守实训基地的各项规章制度，服从指导教师的安排；
2. 学生应带着问题学习，虚心请教，做到应知应会；
3. 做好实训记录，记录学习的收获及心得体会。

实训目的

使学生通过实训掌握仓库常用设备的基本结构、特点和使用原理，并能进行基本操作和管理，培养实践技能、解决问题和团队合作协调能力。

实训要求

1. 将学生分成若干个小组，每组 10 余人，每组承担一个类别的设备的实训任务；
2. 根据指导教师的要求，熟悉各类仓储设备，包括各种货架的认知及使用，托盘的认知及使用，叉车、起重机的认知及使用；
3. 熟悉各类仓储设备的使用流程；
4. 分组撰写实训总结。

巩固练习

一、单选题

1. 自动化仓库的功能不包括（　　）。

A. 收货　B. 存货　C. 发货　D. 拣货

2. 使用最广、适用性最强的一种仓库形式是（　　）。

A. 单元货格式仓库

B. 贯通式仓库

C. 水平货架式仓库

D. 垂直循环式货架仓库

3. 以下仓房高度中属于中层仓库范围的是（　　）。

A. 4.5 m　B. 5.5 m　C. 15.5 m　D. 4 m

4.（　　）是现代物流系统中一种应用广泛的设备，其原理是利用货物单元的自重，使货物单元在有一定高度差的通道上，从高处向低处运动，从而完成进货、储存、出库的作业。

A. 层架　B. 单元货格式货架　C. 托盘式货架　D. 重力式货架

5. 以下关于旋转式货架的论述正确的是（　　）。

A. 适于大物品的存取

B. 储存密度小

C. 货架间不设通道，但不易管理且投资较大

D. 拣货路线短，拣货效率高，便于库存管理

6. 下列选项中属于起重机械特点的是（　　）。

A. 稳定运动时间较长

B. 适用于长距离作业

C. 通用性较好

D. 需要较大作业空间

7. 下列物品中不能堆放在散货堆场的是（　　）。

A. 沙　B. 石　C. 煤矿　D. 水泥

8. 下列货架中可存放贵重物品的是（　　）。

A. 层架　B. 抽屉式货架　C. 橱柜式货架　D. 层格式货架

9. 使用最广泛的货物存储工具是（　　）。

A. 托盘式货架　B. 驶入式货架　C. 驶出式货架　D. 移动式货架

二、多选题

1. 自动化立体仓库的缺点包括（　　）。

A. 结构复杂、配套设备多

B. 需要大量投资建议

C. 对仓管和技术人员要求高

D. 对建仓库前的工艺设计和使用中的作业工艺要求高

E. 不利于清点盘库

2. 托盘的分类包括（　　）。
   A. 橡胶托盘　　B. 木质托盘　　C. 金属托盘
   D. 塑料托盘　　E. 纸制托盘
3. 托盘联运的主要方式有（　　）。
   A. 对口交流方式　　B. 及时交换方式　　C. 租赁方式
   D. 即时结算方式　　E. 结算交换方式
4. 货架按可移动性分为（　　）。
   A. 固定式货架　　B. 移动式货架　　C. 旋转式货架
   D. 组合货架　　E. 敞开式货架
5. 托盘的优点有（　　）。
   A. 自重量小　　B. 返空容易　　C. 装盘容易
   D. 装载量适宜　　E. 省包装材料

三、简答题

1. 简述仓储设备的特点与分类。
2. 简述货架的种类。
3. 简述装卸搬运设备的类型与配套管理。
4. 常见的仓储信息技术有哪些？
5. 简述仓储管理信息系统的构成。

项目四 仓储作业管理

思维导图

仓储作业管理

仓储作业概述	仓储作业的概念和要求
进货作业	接货、验收和办理入库
装卸搬运作业	装卸搬运作业的意义、改善方法和形式
储存作业	储存作业的目标和储存策略
盘点作业	盘点作业的目的、内容和步骤
订单作业	接受订货的方式和订单处理
补货作业	补货方式和时机
出库作业	货物出库的依据、要求和方式，出库作业流程，出库单证的流转和账务处理，货物出库中发生问题的处理

学习目标

知识目标

- 掌握仓储作业的概念和要求，进货作业中的接货、验收和入库；
- 熟悉装卸搬运作业的意义、改善方法和形式；
- 掌握储存保管的目标和策略，盘点作业的目的、内容和步骤；
- 掌握接受订货的方式、订单处理、补货方式和补货时机；
- 掌握货物出库的依据、要求、方式，出库作业流程，出库单证的流转与账务处理，货物出库中发生问题的处理。

技能目标

- 能够根据业务订单，编制仓储作业计划并组织实施；
- 能够对仓储作业中出现的异常问题给予科学合理的处理。

价值目标

- 通过编制仓储作业计划并组织实施，培养团队协作、沟通交流和科学管理能力；
- 通过对仓储作业中出现的异常问题的处理，培养安全意识和风险防范能力。

案例导入

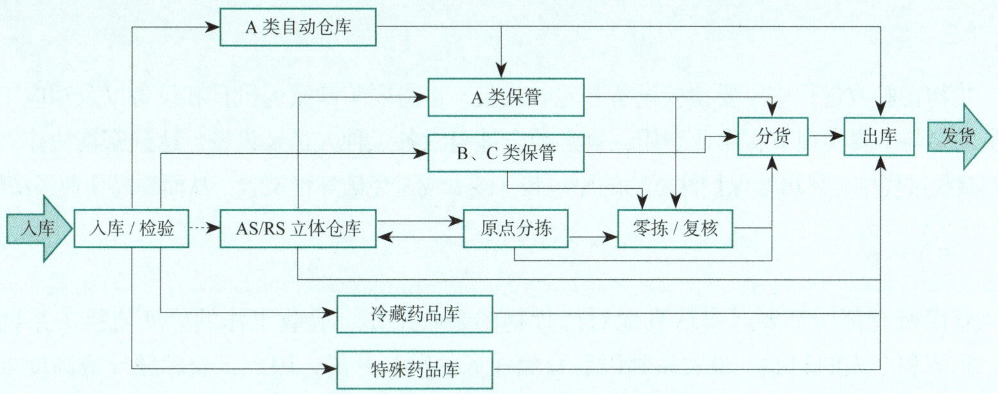

图 4-1　某药品仓库的仓储作业流程

问题：根据图 4-1 描述普通药品的仓储作业流程。

任务1　仓储作业概述

一、仓储作业的概念

仓储作业是指物品从车上卸下、验收入库，到装车发送的全过程，主要包含进货、搬运、储存、盘点、订单、补货和出库七个方面。

二、仓储作业的要求

仓储作业是一系列技术要求高、组织严密的工作，必须达到以下要求。

（一）及时

货物到库后必须在规定的期限内完成验收工作。货物虽然到库，但未经过验收的货物不能入库入账。只有及时验收，尽快给出检验报告，才能保证货物尽快入库，加快货物和资金周转。另外，货物的承付和索赔也有一定的期限，如果验收时发现货物不合规定要求，要换货、退货或索赔，均应在规定的期限内提出。否则，责任方不再承担责任。

（二）准确

所验货物的数量和质量必须准确真实。验收的目的是查清货物数量和质量方面的实际情况，验收不准确，就失去了验收的意义，也会给人假象，造成错误的判断，引起保管工作的混乱，严重者还会危及营运安全。

（三）经济

货物在验收过程中需要检验设备和验收人员，也需要装卸搬运机具和设备以及相应工种人员的参与。要实现节省作业费用，就必须合理组织各工种人员及设备，达到密切协作。同时，验收过程中，尽可能保护好货物的原包装，减少或避免破坏性试验，从而提高作业经济性。

（四）严肃

仓库所有部门都要严肃认真地对待货物的验收工作。验收工作的好坏直接关系到国家、集体和个人的利益，也关系到以后仓储业务的顺利开展，因此，仓库领导应高度重视验收工作，验收人员更要以高度负责的态度来对待这项工作。

任务2 进货作业

进货作业是指根据供货合同的规定，完成货物的接货、验收和办理入库手续等业务活动的全过程。它是仓储管理的关键环节，因为货物一旦收下，仓储企业将承担货物完好的全部责任。

一、接货

接货是指接货方与托运方或承运方办清业务交接手续，保质保量且及时地将货物安全地接运回库。

货物由供货单位直接运到仓库交货的较少，大部分需要经过铁路、公路、航空、空运等运输工具转运。凡经过运输部门转运的货物，均需要仓库接运，才能进行入库存验收。所以，接货是货物入库业务流程的第一道作业环节，也是仓库直接与外部发生的经济联系，其工作的好坏直接影响货物的验收结果和入库后的保管保养。

接货的主要任务是及时而准确地向交通运输部门提取入库货物，要求手续清楚，责任分明，为仓库验收工作创造有利条件。主要接货方式有以下几种。

（一）到车站、码头接货

由外地托运单位委托铁路、水运、民航、邮局等部门将货物运达本埠车站、码头、民航站、邮局后，仓库依据到货通知单派车提运货物。在提货时，提货人应注意做好以下几项工作。

提货前的准备：提货人对所提取的货物的品名、型号、特性和一般保管知识、装卸搬运注意事项等进行了解；提货人应提前做好接运货物的准备工作，如准备好相应的运输装卸工具，腾出货物存放的场地等；提货人应主动了解到货时间和交货情况，以便组织相应的装卸人员、机具和车辆按时前往提货。

提货时：提货人应根据运单以及有关资料详细核对品名、规格、数量等；提货人要注意货物的外观质量，查看包装是否完好，有无沾污、受潮、水渍、油渍等异状；如发现问题，应当场要求运输部门检查，并做出记录，由铁路运输员签字，以便以后处理。

货物到库后：提货人应与保管员密切配合，尽量做到提货、运输、验收、入库、堆码一体化作业，缩短入库验收时间，并办理内部交接手续。

（二）到货主单位提取货物

仓库受托运方的委托，直接到供货单位提货。这种提货形式的作业内容和程序主要是仓库接到托运通知单后，做好提货准备，并将提货与货物的初步验收工作结合进行。因此，接运人员要按照验收注意事项提货，必要时可由验收人员参与提货，在供货人员在场的情况下，当场进行验收。

（三）托运单位送货到库

存货单位或供货单位将商品直接送到仓库储存时，仓库保管员或验收人员根据托运单与送货人员当场办理验收交接手续，检查外包装，在确保货物无质量及数量问题后做好入库记录。若有差错，由送货人员签字证明，据此向有关部门提出索赔。

（四）专用线接车

专用线接车是指仓库备有专用线，大批整车或零散到货接运的形式，是公、铁联合运输的一种形式。其作业内容与程序是：① 仓库接到专用线到货通知，立即确定卸货货位，力求缩短场内搬运距离，组织好卸车所需要的机械、人员以及有关资料，做好卸车准备。② 车皮到达后，引导对位，进行检查。查看车皮封闭情况是否良好，之后根据运单和有关资料核对到货品名、规格、标志并清点件数，再检查包装是否损坏或有无散包，检查是否有受潮、进水或其他损坏现象。若发现异常，应请铁路部门派员复查，做出记录。③ 卸车时要注意为货物验收和入库保管提供便利条件，分清车号、品名、规格，不混不乱。保证包装完好，不碰坏，不压坏，不得自行打开包装。应根据货物的性质合理堆放，以免混淆。卸车后应在货物上标明车号和卸车日期。④ 编制卸车记录，记明卸车货位规格、数量，连同有关证件和资料，尽快向保管员交待清楚，办好内部交接手续。

二、验收

货物验收是按照验收业务作业流程，核对凭证等规定的程序和手续，对入库货物进行数量和质量检验的经济技术活动的总称。凡货物进入仓库储存必须经过检查验收，只有验收后的货物才可入库保管。

（一）货物验收的作用

1. 验收记录是仓库提出退货、换货和索赔的依据。

2. 验收是做好货物保管保养工作的基础。验收是避免货物积压、减少经济损失的重要手段。

3. 验收有利于维护货主利益，对进口商品的验收则有利于确保国家利益。

（二）货物验收的内容

货物验收包括验收准备、核对凭证和实物检验三个作业环节。

1. 验收准备

仓库接到到货通知，应根据货物的性质和数量提前做好验收的准备工作，主要包括以下内容：① 人员准备。安排好负责质量验收的技术人员或用料单位的专业技术人员，以及配合数量验收的装卸搬运人员。② 资料准备。收集并熟悉待验货物的有关文件，例如技术标准、订货合同等。③ 器具准备。准备好验收用的检验工具，例如衡器、量具等，并校验准确。④ 货位准备。确定验收入库时存放的货位，计算和准备堆码苫垫材料。⑤ 设备准备。大批量货物的验收，必须要有装卸搬运机械的配合，应做好设备的申请调用。

此外，对于有些特殊货物的验收，例如毒害品、腐蚀品、放射品等，还要准备相应的防护用品。

2. 核对凭证

货物入库时应具备下列凭证：① 入库通知单和订货合同副本，这是仓库接受货物的凭证。② 供货单位提供的材质证明书、装箱单、磅码单、发货明细表等。③ 货物承运单位提供的运单，若货物在入库前发现残损情况，还要有承运部门提供的货运记录或普通记录，作为向责任方交涉的依据。

核对凭证也就是将上述凭证加以整理并全面核对。入库通知单、订货合同要与供货单位提供的所有凭证逐一核对，相符后，才可进行下一步实物检验。

3. 实物检验

实物检验是指根据入库单和有关技术资料对实物进行数量和质量检验。

（1）数量检验

数量检验是保证货物数量准确不可缺少的重要步骤，一般在质量验收之前，由仓库保管职能机构组织进行。按货物性质和包装情况，数量检验可分为三种形式，即计件、检斤和检尺求积。

① 计件适用于按件数供货或以件数为计量单位的货物，做数量验收时的件数清点。通常情况下，计件货物应全部逐一点清，固定包装物的小件货物，如果包装完好，打开包装对保管不利。国内货物只检查外包装，不拆包检查；进口货物按合同或惯例办理。

② 检斤适用于按重量供货或以重量为计量单位的货物，做数量验收时的称重。金属材料、化工产品多半是检斤验收。按理论换算重量供应的货物，先要通过检尺，例如金属材料中的板材、型材等，然后，按规定的换算方法换算成重量验收。对于进口货物，原则上应全部检斤，但如果订货合同规定按理论换算重量交货，则按合同规定办理。所有检斤的货物，都应填写磅码单。

③ 检尺求积适用于以体积为计量单位的货物，例如木材、竹材、砂石等，先检尺，后按所求体积的数量验收。凡是经过检尺求积的货物，都要填写磅码单。

在做数量验收之前，还应根据货物来源、包装好坏或有关部门规定，确定对到库货物是采取抽验还是全验方式。在一般情况下，数量检验应全验，即按件数全部进行点数，按重量供货的全部检斤，按理论重量供货的全部检尺，后换算为重量，以实际检验结果的数量为实收数。

(2) 质量检验

质量检验包括外观检验、尺寸检验、机械物理性能检验和化学成分检验四种形式。仓库一般只做外观检验和尺寸精度检验，后两种检验如果有必要，则由仓库技术管理职能机构取样，委托专门检验机构检验。

① 货物的外观检验。在仓库中，质量验收主要是指货物外观检验，由仓库保管职能机构组织进行。外观检验是指通过“看”“闻”“听”等感官检验方法，检验货物的包装外形或装饰有无缺陷；检查货物包装的牢固程度；检查货物有无损伤，例如撞击、变形、破碎等；检查货物是否被雨、油污等污染；有无潮湿、霉腐、生虫等。外观有缺陷的货物，有时可能影响其质量，所以，对外观有严重缺陷的货物，要单独存放，防止混杂，等待处理。凡经过外观检验的货物，都应该填写“检验记录单”。货物的外观检验大大简化了仓库的质量验收工作，避免了各个部门反复进行复杂的质量检验，从而节省了大量的人力、物力和时间。

② 货物的尺寸检验。由仓库的技术管理职能机构组织进行。进行尺寸精度检验的货物，主要是金属材料中的型材、部分机电产品和一些建筑材料。不同型材的尺寸检验各有特点，例如椭圆材主要检验直径和圆度；管材主要检验壁厚和内径；板材主要检验厚度及其均匀度等。对有些机电产品的检验，通常请用料单位派员进行。尺寸精度检验是一项技术性强、费时间的工作，全部检验的工作量大，同时，有些货物质量的特征只有通过破坏性的检验才能测到。所以，尺寸检验一般采用抽验的方式进行。

③ 理化检验。理化检验是指对货物内在质量和物理化学性质所进行的检验，目前主要是对口货物进行理化检验。对货物内在质量的检验要有一定的技术知识和检验手段，目前仓库大多不具备这些条件，所以通常由专门的技术检验部门进行。

质量检验通常是货物交货时或入库前的验收。但有些特殊情况，也有对完工时期和制造时期的验收，即在供货单位完工后或正在制造过程中，由需方派员到供货单位检验。应当指出，即使是供货单位检验过的货物，也会因为运输条件不良或者质量不稳定，而在进库时发生质量问题，所以交货前入库检验在任何情况下都是必要的。

现代仓库管理对货物通过条码实行信息化管理，所以，在货物验收中应对该货物的条码与货物数据库内已登录资料的相符性进行核对。

（三）验收中问题的处理

在货物验收过程中，可能会发现证件不齐、数量短缺、质量不符、价格不符等问题，应区别不同情况，及时处理。

1. 证件不齐

在验收时如果发现入库凭证不齐或不符，仓库应将货物暂时存放，并及时向供货单位索取，待凭证到齐再验收入库。

2. 数量短缺

数量短缺在规定磅差范围内的，可按原数入账；凡超过规定磅差范围的，应查对核实，填写验收记录和磅码单交主管部门，会同货主向供货单位办理交涉。凡实际数量多于原发料量的，可由主管部门向供货单位退回多发数，或补发货款。反之，要查明原因，在哪个环节短少了，若属承运部门责任，应凭接运提货时索取的“货运记录”向承运部门索赔；若属供货方的责任，仓库部门应该拒收。

注意，在数量验收中，计件货物应及时验收，发现问题要按规定的手续，在规定的期限内向有关部门提出索赔要求。超过索赔期限，责任部门对形成的损失将不予负责。

3. 质量不符

在货物验收过程中发现质量不符合规定时，若属承运部门责任，应凭接运提货时索取的“货运记录”向承运部门索赔；若属供货方的责任，应及时向供货方办理退货、换货等交涉，或征得供货方同意代为修理，或在不影响使用的前提下降价处理。货物规格不符或错发时，应先将规格对的予以入库，规格不对的填写验收记录交给主管部门办理换货。

4. 价格不符

若在货物验收过程中发现价格不符，供方多收部分应予拒付，少收部分经过检查核对后，应主动联系，及时更正。

三、办理入库

（一）建立入库凭证

以正式收发凭证为依据登录货物保管明细账，无论是用计算机还是用手工生成，都应详细反映仓库货物进、出、结存的准确情况，用以动态记录库存货物和出入库过程。账目不得任意涂改，做到账物一致、手续健全、账页清楚、数据准确。

（二）集装单元化

为了方便管理库内的货物，入库货物存储前要先将货物用集装化器具单元化，作为入库存储的单元。集装单元化有两种情况，一种是将单一品种规格的物品集装化，另一种是将不同规格的货物混合集装。

（三）分配货位

按照一定的货位编码和货位分配原则，将集装单元化的货物分配到相应的货位中，便于库内物资的查找、盘点等控制管理。

任务3　装卸搬运作业

搬运作业是将不同形态的货物在平面或垂直方向加以提起、放下或移动，使货物移至适当的位置或场所存放。

在仓储作业的各个环节上，都伴有装卸搬运作业。它是仓储活动中工作量最大、次数最多的一种作业方式。在数字经济时代，我国智能化高度发达的情况下，全部生产过程中只有 5% 左右的时间用于加工制造，95% 则用于装卸搬运、储存等物流过程，装卸搬运作业的地位及其合理组织的重要性由此可见一斑。

一、装卸搬运作业的意义

适当而合理地安排搬运作业，对提高整个仓储作业的效率具有重要意义。

（一）提高生产力

顺畅的搬运系统能够消除瓶颈以维持及确保生产水准，使人力达到有效利用，减少设备闲置。

（二）降低搬运成本

合理的搬运作业可减少每位劳动者及每单位货物的搬运成本，并减少货物的延迟、损坏及浪费。

（三）提高库存周转率，以降低存货成本

高效率的搬运可加速货物移动速度、缩减搬运距离，进而减少总作业时间，使得存货存置成本及其他相关成本皆得以降低。

（四）改善工作环境，保证人员货物搬运安全

良好的搬运系统能使工作环境大为改善，不但能保证货物搬运的安全，减少保险费率，也能提高员工的工作热情。

（五）提高货物成品率

良好的搬运可以减少货物的毁损，使货物成品率水准提高，提升顾客满意度。

对仓储系统而言，自运输系统装上和卸下货物、从卸货点搬运至仓库、仓库内的搬运和从仓库内取出货物等作业要做到均衡性搬运。同时，搬运活动通常除了增加成本外，无法增加货物的任何价值。为此，我们要尽可能减少货物的搬运次数，以降低搬运成本。

二、装卸搬运作业的改善方法

为降低货物搬运成本，在搬运过程中可以从以下方面对搬运作业加以改善。

（一）尽量使用工具搬运，提高效率

原则上应采用经济效率高的工具进行搬运。若要增加搬运量，可根据经济性分别采用机械化程度高的大型搬运机、高速化的高速设备或连续化的输送带；若要采用有效管理方式，可根据时效性分别采用搬运均匀化或循环、往复搬运；若要减少劳力，可根据重力性分别使用斜槽、滚轮、输送带等重力设备。

（二）减少搬运次数，降低搬运时间

原则上应缩短搬运总时间。缩短搬运时间，常采用高速设备来提高高速化或采用均匀化设备来争取时效。影响搬运次数的主要因素是装卸作业组织调度工作。如货物到库后，组织调度人员应根据货物的特点、储存期及出库时间等因素，及时、准确安排好库位，进行一次装卸搬运作业；装卸搬运设备的类型应与货物配套，从而增加搬运量，减少装卸搬运次数，如选择灵活机动、适应性强、作业面广、既能装卸又能搬运的叉车，配以托盘进行出入库装卸搬运，可大大减少装卸搬运次数。

（三）缩短搬运距离，节省人力

原则上应减少搬运总距离。例如，可通过调整仓库的布局，以达到顺道行走，减少回程或使搬运直线化、平面化的目的，实现缩短距离，也可以根据各节点的相关性进行货位布置从而达到回程顺载。

（四）通道不可有障碍物，以免阻碍运输

通过时程规划安排来协调错开搬运时机。

（五）应注意人身及货物安全

无论采用什么工具进行搬运，都应严格遵守装卸搬运操作规程。

三、现代搬运作业的形式

搬运作业形式直接影响仓库的作业效率，是否重复行走、货物是否应合并搬运，都是管理者做决策时必须考虑的因素。

（一）现代装卸搬运作业的分类

1. 按搬运的移动形态分类

根据货物搬运的移动形态可分为两种运行体系。

直流体系是指不同货物各自由原点直接向终点移动的最短距离。适用于货物流程密度较高、移动距离短或适中的情况，此法较为经济，尤其在处理紧急订单时最为有效。

间接移动体系是指综合不同区域的各类货物共同搬运，将这些货物运用相同设备、依照相同的路线移动。根据移动特性又可分为通路体系和中间转运体系。通路体系是指货物经事先确定的路线到达目的地，而路径相关的不同货物都能共同使用这条路线。适用于搬运密度不高、距离较长的情况。在厂房布置不规则或扩散时，此系统是最经济的搬运方法。中间转运体系是指货物由起点至终点，往往要经由中间转运站加以分类或指派，才能送达目的地。适用于搬运流量不高、距离很长的情况。在厂房区域是方形或者控制功能特别重要时，此系统是较为经济的搬运方法。

2. 按作业的手段和组织水平分类

人工作业法是指完全依靠人力和人工，使用无动力装卸搬运机械来完成装卸搬运的作业方式。

机械化作业法是指以各种装卸搬运机械完成货物装卸搬运的作业方式。这是目前装卸搬运作业的主流。

综合机械化作业法是装卸搬运作业发展的重要方向，要求作业机械设备和作业设施、作业环境的理想化配合，并对装卸搬运系统进行全面的组织、管理、协调，采用自动化控制手段以完成高效率、高水平的装卸搬运作业。

3. 按装卸搬运设备作业特点分类

间歇式作业法是指在装卸搬运作业过程中，有重程和空程两个阶段，即在两次作业中存在一个用于做准备作业的过程，如门式起重机、桥式起重机及叉车等的作业。

连续式作业法是指在装卸搬运作业过程中，设备连续不断地作业，不存在空程阶段，如带式输送机、链斗装车机等的作业。

（二）合理选择装卸搬运方式

货物移动的基本单元有三种形式，分别为散装、个装和集装单元化。

1. 散装货物的装卸搬运方式

散装作业是最简单、最廉价的货物装卸搬运方法，如煤炭、水泥、粮食等货物的装卸搬运。优点是每次的运送量较大，但散装搬运较容易破坏货物或造成边缘的损坏，应特别注意。目前主要的方法有四种：① 重力作业法。利用货物的势能来完成装卸搬运作业。② 倾翻作业法。将运载工具中载货部分倾翻卸下货物，如倾斜式货车。③ 机械作业法。通过抓、铲等作业方式进行装卸托运，如链斗装卸机、单斗装卸机、挖掘机及自动抓斗的起重机、刮板机、移动式胶带机等的机械装卸搬运。④ 气力输送法。利用风机在气力输送机的管内形成单向气流，依靠气体的流动或气压差来输送货物。

2. 个装货物的装卸搬运方式

个装货物是指体积很大的货物或易碎、贵重的货物，如电视机、电冰箱、玻璃器皿等均可采用成件包装，即个装。个装货物可采用人工或胶带输送机、中小型叉车、水平振动输送机等装卸设备进行搬运作业。长大重体货物（如大型机器设备、大树等）一般采用起重量为 5 t、10 t 及以上的移动式起重机装卸，如轮胎式、轨道式、履带式的起重机，也可使用大型叉车。

3. 单元货物的装卸搬运方式

累积到托盘、笼车等集装单元中的货物称为单元货物。单元货物的好处是可以保护货物并降低每单位的搬运成本及装卸成本，让搬运作业运行更加完善、经济。多数单元包装是标准化形式，其大小、形态与设计都要一致，否则会造成费用浪费。

集装单元的主要类型有捆扎类、托盘类、台车类、集装箱系统等。其中，最常用的是托盘、台车、集装箱。

搬运托盘货物的主要工具是叉车。但在运量不大、运距较短，使用叉车不够经济、方便的场合，可采用托盘搬运车。在自动化高层货架仓库，则是用自动导向车与自动堆垛起重机配套，进行现代化的装卸搬运。

搬运集装箱货物的主要工具是集装箱装卸桥、集装箱跨车、集装箱正面吊机、集装箱叉车等专用装卸搬运设备。

任务4 储存作业

储存作业的主要任务在于对入库的货物进行保存，并时刻要做到库存货物的检查控制，不仅要善于利用空间，也要注重存货的管理。

一、储存作业的目标

（一）空间的最大化使用，提高仓容利用率

有效地利用空间，减少仓库的闲置或过载。

（二）劳动力及设备的有效使用

通过合理配置和使用机械设备达到物尽其用，有效提高机械化、自动化操作程度来节约劳动力。

（三）所有货物都能随时存取

因为储存会增加货物的时间成本，因此，要做到一旦有需要，可以随时调整储位以满足存取。

（四）货物的有效移动

在储区内进行的大部分活动是货物的搬运，需要人力与设备来进行货物的搬进与搬出，因此人力与机械设备操作应达到经济和安全的要求。

（五）货物的良好保护

储存的目的是保证货物从入库至出库期间的完好无损，在储存时应保持仓库的条件良好，避免对货物造成损害。

（六）仓库的良好管理

畅通的通道、干净的地板、适当且有次序的储存及安全的运行，能提升工作效率，也能提高员工的工作热情。

二、储存策略

储存策略主要是确定储位的指派原则，良好的储存策略可以减少出入库移动的距离，缩短作业时间，甚至能够充分利用储存空间。

（一）定位储存

每一种储存货物都有固定储位，货物之间不能互用储位，因此必须使每一种货物的储位容量不小于其可能的最大在库量。定位储存有以下优缺点。

优点：① 每项货物都有固定储存位置，方便拣货人员熟悉货物储位，很快地找到货物相应的位置来存取货物。② 货物的储位可按周转率高低进行安排，以缩短出入库搬运距离。③ 可针对各种货物的特性做储位的安排调整，将不同货物特性间的相互影响减至最小。

缺点：储区空间使用率较低。因为储位必须按各项货物的最大在库量设计，使得每种货物都较多地占用储存空间。

定位储存适用于大空间厂房中多种少量商品的储存。

（二）随机储存

每一种货物被指派储存的位置都是随机过程产生的，可经常改变。也就是说，任何货物都可存放在任何可利用的位置。随机原则一般是由储存人员按习惯来存放，且通常可与靠近出口法则联用，按货物入库的时间顺序存放于靠近出入口的储位。随机储存有以下优缺点。

优点：储存空间的使用效率较高。由于储位可公用，仓库只需按所有库存货物最大在库量设计即可。模拟研究显示，随机储存与定位储存相比，可节省 35% 的移动储存时间及增加 30% 的储存空间。

缺点：① 货物的出入库管理及盘点工作的进行难度较大，即不利于货物的拣取作业。② 周转率高的货物可能被储存在离出入口较远的位置，增加了出入库的搬运距离。③ 具有相互影响特性的货物可能相邻储存，造成货物的伤害或发生危险。

随机储存适用于种类少或体积较大的货物，厂房空间有限时可以尽量利用储存空间。

（三）分区分类储存

货物分类储存是根据货物的自然属性、作业手段、养护措施、消防方法等特性，将货物划分为若干类别，分门别类地将货物相对固定储存在某一货区内。仓库根据仓库的建筑、设备等条件划分为若干保管区，以适应货物分类储存的需要，即在一定的区域内合理储存一定种类的货物，便于集中保管和养护。

货物的分区分类储存通常是按“四一致”的原则（性能一致、作业手段一致、养护措施一致、消防方法一致），将仓库划分为若干保管区域，储存货物划分为若干类别，以便统一规划储存和保管。

由于仓库的类型、规模、经营范围、用途各不相同，各种仓储货物的性质、养护方法也迥然不同，因而分区分类储存的方法也有多种，仓储在分区时应统筹兼顾、科学规划。常见的分区分类方法有以下三种。

1. 按货物的种类和性质分区分类

主要是按货物是否怕热、怕潮、怕光、怕冻、怕风等自然属性进行分区分类。凡同类货物，性质相近，又有连带消费性的，可尽量安排在同一库区、库位进行储存，如床上用品可以和睡衣、拖鞋存放在同一库区。

2. 按货物的危险性质分区分类

主要是按货物是否具有易燃、易爆、易氧化、毒害性、腐蚀性、放射性等危险性进行分区分类。凡储存危险品的仓库都应严格按此方法进行分类，防止不同货物相互接触，产生燃烧、爆炸、毒害、腐蚀等严重恶性事故。如化学危险品和一般商品、食品，决不能混杂存放在同一库区或库房，必须严格分区分类存放。

3. 按货物的发运地分区分类

主要是按货物的发运地区、运输方式、货主等进行分区分类。通常是针对货物储存期较短，吞吐量较大的中转仓库或待运仓库。一般是先按公路、铁路、航空、水路等运输方式进行划分，再按到达站、点、港的线路进行划分，最后按货主进行划分。但在分区分类时注意，性能不相容、运价不同的货物仍应分开存放。

分区分类储存是定位储存的一种方法，具有定位储存的全部优点和缺点，此外，其优点还有：各区域可根据货物特性再做设计，有助于货物的储存管理；便于货物的养护，从而保证货物的质量及安全，减少损耗。缺点还有：储位必须按各项货物最大在库量设计，因此储区空间平均使用效率低。

总之，在进行储存作业时，仓储企业可根据自身情况选择合适的储存方式，提前对货物的货位进行分配，以便货物能准确、及时地存放到相应的位置，从而为以后的保管、养护、盘点、拣货出库等提供方便。

任务5　盘点作业

在仓储活动中，货物不断地进出库，长期积累下去，容易产生库存资料与实际数量不符的现象。或者有些货物存放过久、养护不当，导致质量下降，难以满足客户的要求。为了有效地控制货物的数量和质量，而对储存场所进行数量清点及质量检查的作业，称之为盘点。

一、盘点作业的目的

（一）帮助企业确定现存量，并修正货账不符产生的误差

通常货物在一段时期不断接收与发放，容易产生货账不符的情况。

（二）帮助企业计算资产损益

企业的损益与总库存金额有相当密切的关系，库存金额又与库存量及其单价成正比。因此为了能准确地计算出企业实际的损益，就必须针对现有数量加以盘点。一旦发现库存太多，即表示企业的经营受到压力。

（三）帮助企业发现仓库管理中存在的问题

通过盘点查明盈亏的原因，发现作业与管理中存在的问题，如呆废品的处理状况、存货周转情况、货物的保养维修等均可借盘点发现问题，并通过具体措施来改善作业流程和作业方式，提高企业管理水平。

二、盘点作业的内容

（一）查数量

通过点数计数查明在库货物的实际数量，核对库存账面资料与实际库存数量是否一致。

（二）查质量

检查在库货物有无超储积压、损坏变质的现象。超过有效期的货物也属于有质量问题，其严重性可进一步通过技术检查。

（三）查保管条件

检查仓库的保管条件是否与在库货物的保管要求相符合，如堆码是否合理稳固、库内温湿度是否符合要求、各类计量器具是否准确等。

（四）查安全

检查仓库的各种安全措施和消防设备、器材是否符合安全要求，建筑物和设备是否处于安全状态。

三、盘点作业的步骤

（一）盘点前的准备

盘点前的准备工作是否充分，直接关系到盘点作业能否顺利完成。为了使盘点能在较短的时间内，充分利用有限的人力、物力、财力达到迅速准确的目标，准备工作主要包括以下内容：① 确定盘点的具体方法及作业程序；② 确定盘点的范围；③ 配合财务部门做好准备；④ 盘点、复盘、监盘等人员必须经过训练；⑤ 准备好盘点用的各种表单。

（二）盘点时间的确定

为保证账物相符，盘点次数愈多愈好，但每次进行盘点需投入人力、物力、财力，耗资耗时，故很难经常为之。

引起盘点误差的关键原因在于出入库的过程，如出入库作业单据的输入错误、点数的错误、出入库搬运造成的损失等，所以出入库越频繁，引起的误差也会越大。通常根据货物的不同特性、价值大小、重要程度、流动速度来分别确定不同的盘点时间间隔。定期盘点的盘点时间间隔可以每天、每周、每月、每季、每半年到每年盘点一次不等。不定期盘点即临时性盘点，主要是在梅雨、台风、暴雨、汛期、大雪等特殊天气发生的前后，或保管人员的调离、仓储经营中出现问题等情况下进行。

需要注意是，每次盘点持续的时间应尽可能短。全面盘点以 2 ～ 6 天完成为佳，局部盘点尽量一天内完成。

（三）确定盘点方法

不同的现场对盘点的要求不同，盘点的方法也会有差异，为尽可能快速准确地完成盘点作业，必须根据实际需要确定盘点方法。目前，盘点的方法主要有两种。

1. 账面盘点法

账面盘点法又称永续盘存制，是指为每一种货物分别设立“存货账卡”，每一种货物的出入库数量及有关信息记录在账面上，逐笔汇总出账面库存结余数，可随时从电脑或账册上查悉货物的出入库信息及库存结余量。

2. 现货盘点法

现货盘点法又称实地盘点法，是指到库内实地清点实际数量，再依货物单价计算出实际库存金额的方法。按时间频率的不同可分为期末盘点法与循环盘点法两种。

期末盘点法是期末一起清点所有货物数量的方法，其工作量大，要求严格。通常采用分区、分组的方式进行，其目的是明确责任，防止重复盘点和漏盘。分区即将整个储存区域划分成一个一个的责任区，不同的区由专门的小组负责点数、复核和监督。所以，一个小组通常至少需要三人分别负责清点数量并填写盘存单，复查数量并登记复查结果，核对前两次盘点数量是否一致，对不一致的结果进行检查。等所有盘点作业结束后，再与电脑或账册上反映的账面数核对。

循环盘点法是在每天、每周做少品种少量的盘点，到月末或期末则每种货物至少完成一次盘点的方法。通常对价值高或重要的货物检查的次数多，而且监督也严密一些；而对价值低或不太重要的货物，盘点的次数可以尽量少。循环盘点一次只对少量物品盘点，所以通常只需保管人员自行对照库存资料进行点数检查，发现问题按盘点程序进行复核，并查明原因，然后进行相应调整。

（四）培训盘点人员

为保证盘点工作顺利进行，盘点时必须增派人员协助进行，这些人员通常来自管理部门，主要对盘点过程进行监督，并复核盘点结果，因此必须对他们施以短期培训，使每位参与盘点的人员充分发挥其作用。一是对他们进行熟悉盘点现场及盘点的训练；二是对所有盘点人员进行盘点方法及盘点作业流程的训练，必须让盘点作业人员了解盘点的基本要领，能够清楚地填写相关的表格和单据，这样盘点工作才能顺利进行。

（五）清理盘点现场

盘点现场也就是仓库或配送中心的保管现场，在盘点作业开始前必须对其进行整理，以提高盘点作业的效率和盘点结果的准确性。清理工作的主要内容包括：① 盘点前对已验收入库的货物进行整理，归入储位，对未验收入库的货物应划分清楚，避免混淆；② 盘点场所关闭前，应提前通知各需求部门，提前准备需出库配送的货物；③ 账卡、单据、资料均应整理后统一厘清；④ 预先鉴定变质、损坏商品。保管人员应在盘点前对储存场所的货物自行进行整理以方便盘点时计数，在此基础上进行预盘，以便提早发现问题。

（六）盘点

盘点人员按预定的时间进入盘点现场，进行盘点并填写盘点单据和盘点表格，监督人员可根据盘点单据和盘点表格核对盘点实物，并检查商品的堆放情况及其他情况。

（七）处理盘点结果

盘点结束后经常会出现账实不符的现象，对此要查明原因，根据规定写出处理意见。

1. 盘点差异的原因

当盘点差异超过允许误差时，应立即追查产生差异的原因。这些原因通常可能来自以下方面：① 录入人员素质不高，登录数据时发生错登、漏登等情况；② 账务处理系统管理制度和流程不完善，导致数据出错；③ 盘点时发生漏盘、重盘、错盘现象，致使盘点结果出现错误；④ 盘点前数据资料未结清，使账面数不准确；⑤ 出入库作业时产生误差；⑥ 货物损坏、丢失等原因。

2. 盘点结果的处理

盘点差异的原因查明后，应针对主要原因进行适当的调整和处理，至于呆废品、不良品减价的部分则需与盘亏一并处理。另外，有些货物在价格上会发生增减，这些变更在经主管审核后必须利用货物盘点盈亏及价目增减更正表修改。这些差异可通过填写“盘点盈亏调整表”，经有关部门审核签认后，登入存货账卡，调整库存账面数量。

通过对盘点盈亏表的分析主要了解的问题有：① 实际库存量与账面库存量的差异有多大？② 这些差异主要集中在哪些品种？③ 这些差异对公司的损益造成多大影响？④ 平均每个品种的货物发生误差的次数是多少？

通过对上述问题的分析和总结，找出在管理流程、管理方式、作业程序方面要改进的地方，进而改善库存管理的现状，降低库存损耗，提高经营管理水平。

库存损耗分为有形损耗和无形损耗，盘点时主要是查有形损耗。有形损耗又分为自然损耗和异常损耗。

自然损耗是指货物本身的物理化学变化和外界自然因素的影响所造成的不可避免的自然减量，主要表现为干燥、风化、挥发、散失、黏结、破碎等。自然损耗虽不可避免，但只要采取一定的措施，是可以得到有效控制的，常用自然损耗率来衡量是否自然损耗。

异常损耗是指由于非正常的原因，如保管保养不善、装卸搬运不当、管理制度不严、计划不周等，造成货物的散失、丢失、破损、燃烧、爆炸、积压、报废等损耗。异常损耗是可以避免的，其损耗程度直接反映仓储部门的工作质量，常用完好率指标来考核。

任务6　订 单 作 业

从接到客户订货开始至准备着手拣货之间的作业手段，称为订单作业。包括有关客户、订单的资料确认，存货查询，单据处理乃至出货配发等。有关专家曾经过统计分析得出结论，20 世纪 60 年代企业靠成本取胜，80 年代靠质量取胜，90 年代后靠速度取胜，这里的速度主要指企业对订单的反应速度。有资料表明，在许多行业中，与订单准备、订单传输、订单录入、订单履行相关的各项活动占据了整个订货周期的50% ~ 70%。因此，如果企业希望通过短暂而稳定的订货周期来实现高水平的客户服务，关键是提高订单作业的管理水平。

一、接受订货的方式

订单处理可以通过人工智能或人工来完成，其中，人工处理较具有弹性，适合少量的订单，一旦订单数量稍多，处理即变得缓慢且容易出错。人工智能处理能提供较高的速率及较低的成本，适合大量的订单。接单作业为订单处理的第一步骤，随着流通环境及科技的发展，接受客户订货的方式已由传统的人工下单、接单，演变为人工智能直接接收订货资料的电子订货方式。

（一）传统订货方式

1. 厂商订货

供应商直接将货物放在车上，一家家去送货，缺多少补多少。此种方式对于周转率较快的货物或新上市商品较常使用。

2. 厂商巡货，隔日送货

供应商派巡货人员前一天先至各客户处查寻需要补充的货物，隔天再予以补货。使用此方法的供应商可利用巡货人员为店头整理货架、贴标签或提供经营管理意见、市场资讯等，亦可促销新品或将自己的货物放在最占优势的货架上。其缺点是供应商可能会将巡货人员的成本加入货物的进价中，而且供应商乱塞货将造成零售业者难以管理、分析自己所卖的货物。

3. 电话口头订货

订货人员将货物名称及数量，以电话口述的方式向供应商订货。如果客户每天要订货的品项可能达数十项，而且这些货物常由不同的供应商供货，那么利用电话订货所费时间就太长，且错误率高。

4. 传真订货

订货人员将缺货资料整理成书面资料，利用传真机传给供应商。利用传真机虽可快速传送订货资料，但其传送资料往往品质不佳，常需增加确认作业。

5. 邮寄订单

订货人员将订货表单或订货磁片、磁带邮寄给供应商。此订货方式的效率较低，容易出现差错。

6. 客户自行取货

客户自行到供应商处看货、补货。此种订货方式多为以往传统杂货店因地域较近所采用。客户自行取货虽可减少配送中心的配送环节，但个别取货可能影响配送作业的连续性。

7. 业务员跑单接单

业务员至各客户处推销货物，而后将订单携回或紧急时以电话先联络公司通知客户订单。

不管利用上述何种方式订货，都需要人工输入资料，经常重复输入、重复誊写，在输入输出间常造成时间耽误及产生错误，造成浪费。尤其现今客户更趋高频度的订货，要求更快速的配送，传统订货方式已无法应付，新的订货方式——电子订货应运而生。

（二）电子订货方式

电子订货方式是指将订货资料输入计算机中，借助通话网络传送到目的地的订货方式。该传送系统称为电子订货系统（Electronic Ordering System，EOS）。其做法主要有以下三种。

1. 订货簿或货架配合手持终端机（Handhold Terminal，HT）及扫描器

订货人员携带订货簿及手持终端机巡视货架，若发现货物缺货则用扫描器扫描订货簿或货架上的货物标签，再输入订货数量，当所有订货资料输入完毕后，利用手持终端机将订货资料传给供应商或总公司。

2. 销售时点（Point of Sale，POS）管理系统

客户若有 POS 收银机，则可在货物库存栏里设定安全存量，每销售一笔货物时，电脑自动扣除该货物库存，当库存低于安全存量时，自动产生订货资料，确认此订货资料后即可通过电信网传给总公司或供应商。亦有客户将每日的 POS 资料传给总公司，总公司将 POS 销售资料与库存资料对比后，根据采购计划向供应商下单。

3. 订货应用系统

客户资讯系统里若有订单处理系统，可将应用系统产生的订货资料，经由转换软件转成与供应商约定的共通格式，在约定时间里将资料传送出去。

通过电脑直接连线传递订单的方式既快又准确，而借邮寄、电话或销售员携回的方式较慢。由于订单传递时间是订货前置时间内的一个重要因素，关系到企业存货水准的调整，影响客户服务及存货成本，因而传递速度快、可靠性及正确性高的订单处理方式，可大幅提升客户服务水准，对于存货相关的成本费用亦能有效地缩减。

二、订单处理

（一）订单准备

订单准备是指搜集所需产品或服务的必要信息和正式提出购买要求的各项活动，包括确定供应商、客户或销售人员填制订单、确定库存的可得性、与销售人员打电话通报订单信息或在计算机菜单中进行选择等等。

电子技术的应用使这一活动更加快速，费用更加节约。例如超市收银台的商品条形码扫描系统，该项技术以电子化方式搜集所需要商品的信息，并提交给计算机做进一步的处

理，加快了订单准备的速度。再如，由于 ERP 系统的广泛应用，一些工业企业的采购订单常常是根据库存及消耗情况自动生成的，然后，利用电子数据交换技术与供应商实现无纸贸易，从而提高订单准备速度，降低订单准备成本，减少补货次数。

（二）订单传输

订单传输是订单处理过程中的第二道工序，涉及订货请求从发出地点到订单录入地点的传输过程。

完成订单传输的方式主要有人工方式和电子方式两种。订单传输时间会因所选用的传输方式不同而大不相同。人工方式包括邮寄订单与由销售人员亲自将订单送到录入地点。这样销售人员搜集、拣选订单后邮寄传送所花费的时间可能较长，但是成本相对低廉。随着免费服务电话、传真机以及互联网的广泛应用，利用电子方法传输订单的做法相当普及。此种高可靠性、高准确度的传输方式几乎可以瞬间完成订单信息的输送。但企业在考虑订单传输速度、传输可靠性和准确性外，还应该考虑设备购置及运营成本。

（三）订单录入

订单录入指在订单实际履行前所进行的各项工作，包括：① 核对订货信息，如商品名称与编号、数量、价格等的准确性；② 检查所需商品是否可得；③ 如有必要，准备补交订单或取消订单的文件；④ 审核客户信息；⑤ 必要时，转录订单信息；⑥ 开具账单。

进行上述工作是非常必要的，因为订货请求所包含的信息往往与要求的格式不符，无法做进一步处理，要么表述不够准确，要么在交给订单履行部门执行之前还需做一些额外的准备工作。

订单录入通常是通过全自动方式完成的，但也可以通过人工方式完成。条码、光学扫描仪以及计算机的使用极大地提高了订单录入的效率。其中，条码扫描技术对于准确、快速、低成本地录入订单信息尤为重要。与利用计算机键盘录入数据相比，条码扫描技术有速度快、替换错误率低、编码成本低、信息读取成本低等显著的优越性，已经在零售、制造和服务行业被广泛运用。

从物流管理的角度来看，在订单录入阶段需要注意订单规模的问题，对订单规模进行限制，甚至可以拒绝接受低于最小订货量的订单。这样做可以确保企业不会产生高昂的运输成本，由供货企业支付运费的情况下更是如此。整合订单可以使运输调度更加有效，使仓库的拣货与装运更加优化。

（四）订单履行

订单的履行是由与货物有关的活动组成的，设定订单履行的先后次序及相关程序会影响个别订单的总订货周期。有些企业并没有就订单履行初始阶段订单录入和处理的方法做出正式规定。例如，个别企业可能会因订单处理人员忙得不可开交而先处理不太复杂的订单，致使公司重要客户的订单在履行时拖延过久。订单处理的先后次序可能会影响到所有订单的处理速度，尤其是影响到较重要订单的处理速度。有些企业在接到订单后并不立即履行订单发运货物，而是压后一段时间以集中货物的运量，降低单位运输成本，这种决策需要制定更为周详的订单处理程序，增加了问题的复杂性，因为这些程序必须与送货计划妥善协调，才能全面提高订单处理、交货作业的效率。

（五）订单状况报告

订单处理过程的最后环节是通过不断向客户报告订单处理活动过程中或货物交付过程中的任何延迟，确保优质的客户服务。具体内容包括：① 在整个订单周转过程中跟踪订单；② 与客户交换订单处理进度、订单货物交付时间等方面的信息。订单状况报告是一种监控报告，不会影响到处理订单的一般时间。

任务7 补货作业

补货作业通常是以托盘为单位，从货物保管区域将货物移到另一个做订单拣取的拣货区域，然后将此移库作业做库存信息处理。本节主要介绍补货方式与补货时机。

一、补货方式

与拣货作业息息相关的是补货作业。补货作业不仅为了确保库存量，也为了将货物安置于方便存取的位置。常见的补货方式有三种。

（一）整箱补货

整箱补货是指由料架保管区补货至流动棚架的拣货区。货物在保管区存放在料架上，在拣货区存放在两面开放式的流动棚架上，拣货时拣货员于流动棚架拣取区拣取货物放入物流箱中，物流箱放至输送机运至出货区。当拣取后发觉拣货区的存货已低于水准之下则要进行补货。其补货方式为作业员至料架保管区取货箱，以手推车载箱至拣货区，由流动棚架的后方（非拣货面）补货。此补货方式较适合于体积小且少批量多品种的货物出货。

（二）整托盘补货

1. 由地板堆叠保管区补货至地板堆叠拣货区

在此补货方式下，保管区将货物以托盘为单位堆叠置放于地板上，拣货区亦将货物以托盘为单位堆叠置放于地板上，所不同的是保管区面积较大，储存货物量较多，而拣货区面积较小，储存货物量较少。拣取时，拣货员于拣取区拣取托盘上的货箱，放至中央输送机出货，或使用堆垛机将托盘整个送至出货区（当拣取大量货物时）。而当拣取后发觉拣货区的存货低于水准之下，则要进行补货。补货方式为作业员以堆垛机将托盘从地板堆叠保管区搬运至地板堆叠拣货区，适合于体积大或出货量多的货物。

2. 由地板堆叠保管区补货至托盘料架拣货区

在此补货方式下，保管区将货物以托盘为单位堆叠置放于地板上，拣货区则为托盘料架储放。拣取时，拣货员在拣取区搭乘牵引车拉着推车移动拣货，拣取后再将推车送至输送机轨道出货。一旦发觉拣取后拣货区的库存太低，则要进行补货，其补货方式为作业员使用堆垛机将托盘从地板堆叠保管区搬运至托盘料架拣货区存放，适合于体积或出货量中等（以箱为单位）的货物。

（三）料架上层至料架下层的补货

保管区与拣货区属于同一料架，也就是将一料架上的两手方便取货处（中下层）作为拣货区，不容易取货处（上层）作为保管区。进货时便将拣货区放不下的多余货箱放至上层保管区，在拣货区进行拣货，当拣货区的存货低于水准之下则可利用堆垛机将上层保管区的货物搬至下层拣货区补货。适合于体积不大、每品项存货量不高、中小出货量（以箱为单位）的货物。

二、补货时机

补货作业的发生与否主要看拣货区的货物存量是否符合要求，究竟何时补货要看拣货区的存量，要避免在拣货中途才发现拣货区的货量不够，还要临时补，影响整个出货时间。

（一）批次补货

在每段时间或每一批次拣取前，要计算所需货物的总拣取量，再查看拣货区的货物量，计算差额并在拣取前一特定时点补足货物。此为一次补足的补货原则，适合一日内作业量变化不大，紧急追加订货不多，或是每批次拣取量大，需事先掌握的情况。

（二）定时补货

将每天划分为数个时点，补货人员在时段内检查拣货区货架上货物存量，若不足即马上将货架补满。此为定时补足的补货原则，适合分批拣货时间固定且处理紧急追加订货的时间也固定的情况。

（三）随机补货

指定专门的补货人员，随时巡视拣货区的货物存量，有不足随时补货。此为不定时补货原则，适合每批次拣取量不大，紧急追加订货较多，以至于一日内作业量不易事前掌握的情况。

任务8 出库作业

货物出库是货物储存阶段的终点，也称发货，是仓库作业的最后一个环节，更是仓库工作与运输部门和货物使用单位直接发生联系的作业环节。做好出库工作对改善仓库经营管理，降低作业费用，提高服务质量有重要的作用。

一、货物出库的依据、要求和方式

(一)货物出库的依据

货物出库必须依据货主开的“商品调拨通知单”进行。不论在任何情况下，仓库都不得擅自动用、变相动用或外借货主的库存货物。

“商品调拨通知单”的格式不尽相同，不论采用何种格式，都必须是符合相关规章制度要求的有法律效力的凭证。要坚决杜绝凭信誉或无正式手续的发货。

(二)货物出库的要求

货物出库要求做到“三不三核五检查”。“三不”即未接单据不登账、未经审单不备货、未复核不出库；“三核”即在发货时，要核实凭证、核对账卡、核对实物；“五检查”即对单据和货物要进行品名检查、规格检查、包装检查、件数检查、重量检查。货物出库要严格执行各项规章制度，积极与用户联系，为用户提供、创造各种便利条件，杜绝差错事故，使用户满意，提高服务质量和服务水平。

(三)货物出库的方式

1. 送货

仓库根据货主预先送来的“商品调拨通知单”，通过发货作业，把应发货物交由运输部门送达收货单位。

仓库实行送货，要划清责任。仓储部门与运输部门的交接手续，是在仓库现场办理完毕的。运输部门与收货单位的交接手续，根据货主单位与收货单位签订的协议，一般在收货单位指定的到货目的地办理。

仓库实行送货具有多方面的好处：仓库可预先安排作业，缩短发货时间；收货单位可避免人力、车辆等不便而发生的取货困难；在运输上，可合理使用运输工具，减少运费。

2. 自提

收货人或其代理持“商品调拨通知单”直接到库提取，仓库凭单发货。为划清交接责任，仓库发货人与提货人在仓库现场，对出库货物当面交接清楚并办理签收手续。

3. 过户

过户是一种就地划拨的形式，货物虽然并未出库，但是所有权已从原货主转移到新货主的账户中。仓库必须根据原货主开出的正式过户凭证予以办理过户手续。

4. 取样

货主单位出于货物质量检验、样品陈列等需要，到仓库提取货样，一般都要开箱、拆包、分割。仓库必须根据取样凭证才予发给样品，并做好记录。

5. 转仓

货主单位为了业务方便或改变储存条件，需要将某批库存货物自 A 库移到 B 库。仓库也必须根据货主单位开出的正式转仓单，才予办理转仓手续。

二、出库作业流程

（一）出库前的准备工作

出库前的准备工作主要分为两个方面，一是计划工作，即根据货主提出的出库计划或出库请求，预先做好货物出库的各项安排，包括货位、机械设备、工具和工作人员，提高人、财、物的利用率。二是要做好出库货物的包装和标志标记。发往异地的货物需经过长途运输，包装必须符合运输部门的规定，如捆扎包装、容器包装等。成套机械、器材发往异地，事先必须做好货物的清理、装箱和编号工作，在包装上挂签（贴签），书写编号和发运标记（去向），以免错发和混发。

（二）出库程序

不同仓库在货物出库操作程序上会有所不同，操作人员的分工也有粗有细，但出库程序就整个发货作业过程而言，通常包括核单备货、复核、包装、点交、登账、清理等过程。

1. 核单备货

发放货物必须有正式的出库凭证，严禁无单或白条发料。保管员接到出库凭证后，应仔细核对，这就是出库业务的核单工作。首先要审核凭证的真实性；其次核对货物品名、型号、规格、单价、数量、收货单位、到站、银行账号；再次审核出库凭证的有效期等。如属自提物品，首先要审核提货凭证的合法性和真实性，其次核对品名、型号、规格、单价、数量、收货单位、有效期等内容。

出库货物应附有质量证明书或副本、磅码单、装箱单等。机电设备、电子产品等物品，其说明书及合格证应随货同付。备料时应本着“先进先出、易霉易坏的先出、接近失效期的先出”的原则。

备货过程中，凡计重货物，通常以入库验收时标明的重量为准，不再重新计重，需分割或拆捆的应根据情况进行。备货后要及时变动料卡余额数量，填写实发数量和日期等。

2. 复核

为了保证出库货物不出差错，备货后应立即进行复核。出库的复核形式主要有专职复核、交叉复核和环环复核三种。此外，在发货作业的各道环节上，都贯穿着复核工作。

例如，理货员核对单货，守护员（门卫）凭票放行，账务员（保管会计）核对账单（票）等。这些分散的复核形式，起到分头把关的作用，都十分有助于提高仓库发货业务的工作质量。

复核的内容包括品名、型号、规格、数量是否同出库单一致；货物质量是否完好、配套是否齐全；技术证件是否齐全；外观质量和包装是否完好等。复核后，保管员和复核员应在“货物调拨通知单”上签字。必须加强出库的复核工作，防止错发、漏发和重发等事故的发生，确保出库货物数量准确、质量完好。

3. 包装

出库货物如果没有符合运输方式所要求的包装，应进行包装。主要是根据货物外形特点，选用适宜包装材料，其重量和尺寸应便于装卸和搬运。出库货物的包装必须完整、牢固，标记必须正确清楚，如有破损、潮湿、捆扎松散等不能保障运输中安全的，应加固整理，破包破箱不得出库。各类包装容器上若有水渍、油迹、污损，也均不能出库。包装后要写明收货单位、到站、发货号、本批总件数、发货单位等。

4. 点交

出库货物经过复核和包装后，需要托运和送货的，应由仓库保管机构与调运机构办理移交手续。属于用户自提的，则由保管机构按出库凭证向提货人当面交清。如属本单位内部领料，则根据领料单将货物当面点交给提货人。

5. 登账

点交后，保管员应在出库单上填写实发数、发货日期等内容并签字。然后将出库单连同有关证件资料，及时交货主，以便货主办理货款结算。保管员将留存的一联出库凭证交实物明细登记人员登记做账。

6. 现场和档案的清理

经过出库的一系列工作程序之后，货物、账目和库存档案等都发生了变化。因此应做好现场和档案的清理工作，现场清理包括清理库存货物、库房、场地、设备和工具等，档案清理是指对收发、保养、盈亏数量和垛位安排等情况进行分析。具体应按以下几项工作彻底清理，使保管工作重新趋于账、物、资金相符的状态：① 按出库单，核对结存数。② 如果该批货物全部出库，应查实损耗数量，在规定损耗范围内进行核销，超过损耗范围的查明原因，进行处理。③ 一批货物全部出库后，可根据该批货物入出库的情况、采用的保管方法和损耗数量，总结保管经验。④ 清理现场，收集苫垫材料，妥善保管，以待再用。⑤ 代运货物发出后，收货单位提出数量不符时，属于重量短少而包装完好且件数不缺的，应由仓库保管机构负责处理；属于件数短少的，应由运输机构负责处理。若发出的货物品种、规格、型号不符，由保管机构负责处理。若发出货物损坏，应根据承运人出具的证明，分别由保管及运输机构处理。⑥ 提货单位由于任务变更或其他原因要求退货时，可经有关方同意，办理退货。退回的货物必须符合原发的数量和质量，要严格验收，重新办理入库手续。当然，未移交的货物则不必检验。

在整个出库业务程序过程中，复核和点交是两个最为关键的环节。复核是防止差错的重要和必不可少的措施，而点交则是划清仓库和提货方两者责任的必要手段。

三、出库单证的流转和账务处理

出库单证主要是指提货单，是向仓库提取货物的正式凭证。仓库常会采用自提和送货这两种出库方式。不仅两种出库方式的单证流转方式不同，同一方式在不同单位的不同出库条件下的单证流转方式也不同，这里只是介绍通常情况。

（一）自提方式下的提货单

自提是提货人持提货单来仓库提货的出库形式。其流转程序如下：① 开出门证。负责货物明细账的账务人员在收到提货单后，经审核无误，向提货人员开具货物出门证，出门证上应列明每张提货单的编号。② 登账、签名。出门证一式两联，其中一联交给提货人，账务人员根据另一联和提货单在货物明细账出库记录栏内登账，并在提货单上签名，批注出仓吨数和结存吨数，将提货单递给保管员发货。③ 发货、返回提货单。提货人凭出门证向发货员领取所提货物，待货付讫，保管员应盖付讫章和签名，并将提货单返回账务人员。④ 提货出门。提货人员凭出门证提货出门，并将出门证交给守护员（门卫）。⑤ 出门证交回。守护员在每天下班前将出门证交回账务人员，账务人员凭此与已经回笼的提货单号码和所编代号一一核对。如果发现提货单或出门证短少，应该立即追查，不得拖延。

以上介绍的是仓库先记账后发货的处理方式。另外，仓库也可采用先发货后记账的出库形式，这里就不做介绍。

（二）送货方式下的提货单

在送货方式下，通常采用先发货后记账的形式。提货单随同送货通知单经内部流转送达仓库，一般是直接送给理货员，而不先经过账务人员。理货员接单后，经过理单、编写地区代号，分送给保管员发货，待货发讫后再交给账务处理人员。

对于其他几种出库方式，其单证的流转与账务处理过程也基本相同。取样和移库对于货主单位来说并不是货物的销售和调拨，但对仓库来说却也是一笔出库业务。货主单位签发的取样单和移库单也是仓库发货的正式凭证，它们的流转和账务处理程序与提货单基本相同。货物的过户，对仓库来说，货物并不移动，只是所有权在货主单位之间转移。所以，过户单可代替入库通知单，开给过入单位作为储存凭证，并另建新账务，即作入库处理；对过出单位来说，等于所有货物出库。过户单位与提货单位一样，凭此进行出库账务处理。

四、货物出库中发生问题的处理

出库过程中出现的问题是多方面的，应分别对待处理。

（一）出库凭证（提货单）上的问题

1. 凭证逾期

凡出库凭证超过提货期限，货主前来提货，必须先办理手续，按规定缴足逾期仓储保管费，方可发货。任何非正式凭证都不能作为发货凭证，提货时，客户发现规格差错，保管员不得自行调换规格发货，必须通过制票员重新开票方可发货。

2. 凭证存疑

凡发现出库凭证有疑点或有假冒、复制、涂改等情况时，应及时与仓库保卫部门以及出具出库单的单位或部门联系，妥善处理。

3. 未验货物

货物进库未验收，或者期货未进库的出库凭证，通常暂缓发货，并通知货主，待货到并验收后再发货，提货期顺延，保管员不得代发代验。

4. 凭证遗失

如客户因各种原因将出库凭证遗失，客户应及时与仓库发货员和账务人员联系挂失。如果挂失时货已提走，保管人员不承担责任，但要协助货主单位找回货物；如果货还没有提走，经保管人员和账务人员查实后，做好挂失登记，将原凭证作废，缓期发货。

（二）提货数与实存数不符的问题

若出现提货数与实存数不符的情况，仓储部门应认真分析原因，根据具体情况及时处理。凡入库时错账的，可采用报出报入方法进行调整，即先按库存账面数开具货物出库单销账，然后再按实际库存数量重新入库登账，并在入库单上注明情况；凡货主单位漏记账而多开提货数，应由货主单位出具新的提货单，重新组织提货和发货；凡配送中心仓储过程中的损耗，需要考虑损耗数量是否在合理的范围之内，并与货主单位进行协商，合理范围之内的损耗应由货主单位承担，超过合理范围的损耗则由配送中心负责赔偿。

（三）窜发货和错发货问题

所谓窜发货和错发货，主要是发货人员对货物种类规格不够熟悉，或者由于工作中的疏漏，把错误规格、数量的货物发出库的情况。如果货物尚未离库，应组织人力，重新发货。如果货物已经出库，保管人员要根据实际库存情况，如实向本库主管部门或货主单位讲明窜发货和错发货的品名、规格、数量等情况，与货主单位协商解决。一般在无直接经济损失的情况下，由货主单位重新按实际发货数据冲销单据解决；如果造成直接经济损失，应按赔偿损失单据冲转调整保管账。

（四）包装破漏问题

包装破漏是指在发货过程中，货物外包装破损引起的渗漏等问题。这类问题主要是在储存过程中由堆垛挤压、发货装卸操作不慎等情况引起的，发货时都应经过整理或更换包装，方可出库，否则造成的损失应由仓储部门承担。

（五）漏记和错记账问题

漏记账是指在出库作业过程中，由于没有及时核销明细账而造成账面数量大于或小于实存数的现象。错记账是指在商品出库后核销明细账时没有按实际发货出库的货物名称、数量等登记，从而造成账实不相符的情况。

无论是漏记账还是错记账，一经发现，除及时向有关领导如实汇报情况外，同时还应根据原出库凭证查明原因并调整保管账，使之与实际库存保持一致。如果由于漏记和错记账给货主单位、运输单位和仓储部门造成了损失，应予赔偿，同时应追究相关人员的责任。

相关单证样式

表 4-1　验收单样式

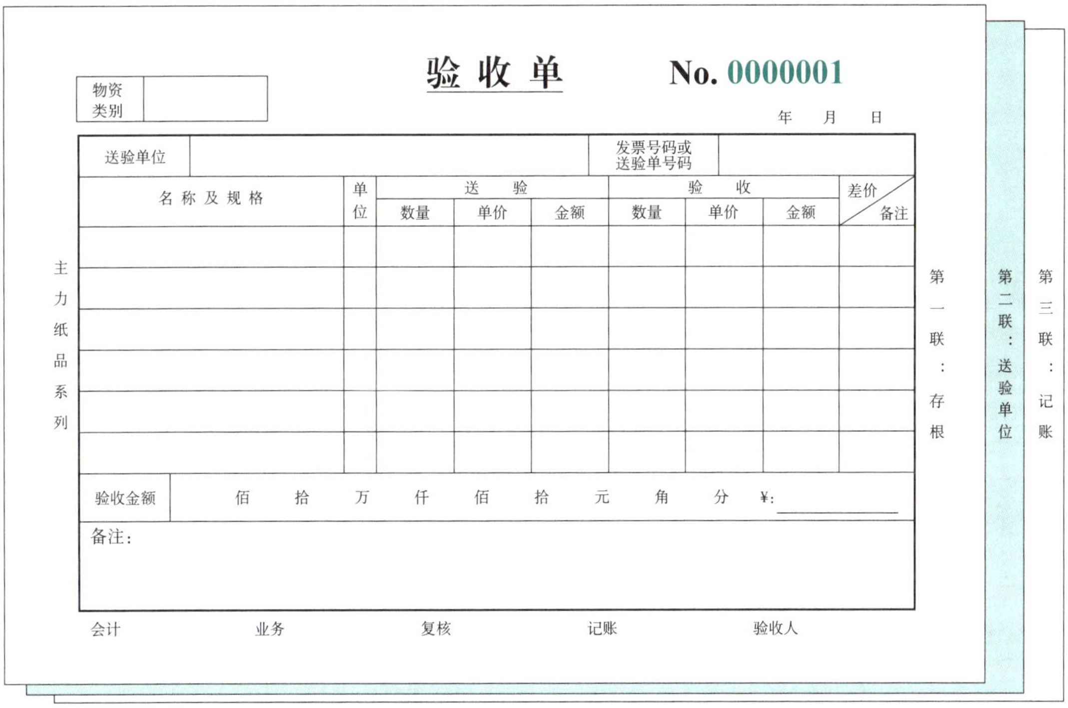

验收单　No. 0000001

物资类别

年　月　日

送验单位					发票号码或送验单号码			
名称及规格	单位	送验			验收			差价/备注
		数量	单价	金额	数量	单价	金额	
验收金额	佰　拾　万　仟　佰　拾　元　角　分　¥：							
备注：								

会计　业务　复核　记账　验收人

主力纸品系列

第一联：存根　第二联：送验单位　第三联：记账

表 4-2　入库单样式

序　号	货品编号	商品名称	规格型号	单　位	单价 / 元	数　量	外包装尺寸 / cm
1	D001	王老吉	355 mL × 24	箱	48.00	22	80 × 60 × 40
2	F001	方便面	105 g × 12	箱	36.00	173	60 × 40 × 40
3	D002	葡萄酒	560 mL × 6	箱	54.00	52	40 × 40 × 20

（续表）

序　号	货品编号	商品名称	规格型号	单　位	单价 / 元	数　量	外包装尺寸 / cm
4	F002	巧克力	220 g × 6	箱	120.00	29	20 × 20 × 20
5	F003	色拉油	2.5 L × 6	箱	120.00	20	80 × 60 × 40
6	W001	洗发水	400 mL × 12	箱	360.00	22	40 × 40 × 40
7	W002	沐浴露	355 mL × 12	箱	144.00	15	40 × 40 × 40
8	W003	花露水	255 mL × 12	箱	56.00	37	40 × 20 × 20
9	W004	香皂	105 g × 24	箱	47.00	26	20 × 20 × 20
10	W005	漱口水	250 mL × 12	箱	240.00	16	40 × 20 × 20

表 4-3　客户订单样式

A 公司订单

订单编号：O2024415A01　　　　业务单号：F20240415-10

订货方编号		A01	订货单位名称		A 公司	
订货单位联系人		张三	订货单位联系电话		80885888	
序　号	名　称	商品条码	单　位	数　量	单价 / 元	金额 / 元
1	康师傅矿物质水	6920459905395	箱	13	12.00	156.00
2	农夫山泉	6921168592555	箱	8	15.00	120.00
3	田七牙膏	6903495120021	箱	20	35.00	700.00
4	卷筒卫生纸	6948301000517	箱	5	20.00	100.00
5	夏士莲香皂	6902088306125	箱	6	50.00	300.00
总计	人民币大写：壹仟叁佰柒拾陆元整					1 376.00
经办人：			部门主管：			

表 4-4　出库单样式

供货单位：现代物流公司　　　　出库批号：0018　　　　出库日期：20 × 4-4-28

订单号	009	送达单位	新一佳超市
货物种类	物品名称	包装单位	数　量
食用油	小麦胚芽油	箱	7

（续表）

货物种类	物品名称	包装单位	数　量
食用油	金浩茶油	箱	12
	红花籽油	箱	7
日用品	嘉娜宝	箱	2
食　品	巧玲珑	箱	2
	亚洲精选	箱	8
	面霸 120	箱	10
出货月台		三号	

理货员：　　　　　　　　　　　　　　　　　　收货员：

说明：第一联（白）为出库单；第二联（红）为送货单；第三联（黄）为存根。

表 4-5　分拣单样式

拣货日期						拣货人	
核查时间						核查人	
出库顺序	储　位	货物编码	货品名称	拣选数量 / 箱	客　户	配送数量 / 箱	备注
1	01010301～01010401	932010062065	大王牌大豆酶解蛋白粉	36	三星超市	12	
					万家乐超市	8	
					大华商贸	9	
					四季发商贸	7	
2	01020401	917878007441	蜂圣牌蜂王浆冻干粉片	30	三星超市	8	拼托
					万家乐超市	11	
					大华商贸	6	
					四季发商贸	5	
	01010203	920907800173	休闲黑瓜子	6	万家乐超市	6	
3	01020203	902774003017	金多多婴儿营养米粉	8	万家乐超市	8	拼托
	01020302	901521103123	诚诚油炸花生仁	24	四季发商贸	24	

（续表）

<table>
<tr><th>出库顺序</th><th>储　位</th><th>货物编码</th><th>货品名称</th><th>拣选数量 / 箱</th><th>客　户</th><th>配送数量 / 箱</th><th>备注</th></tr>
<tr><td rowspan="5">4</td><td>01020102</td><td>920855052068</td><td>利鑫达板栗</td><td>30</td><td>三星超市</td><td>9</td><td>拼托</td></tr>
<tr><td rowspan="3">01020102</td><td rowspan="3">920855052068</td><td rowspan="3">利鑫达板栗</td><td rowspan="3">30</td><td>万家乐超市</td><td>7</td><td rowspan="4">拼托</td></tr>
<tr><td>大华商贸</td><td>4</td></tr>
<tr><td>四季发商贸</td><td>10</td></tr>
<tr><td>01010403</td><td>918163010887</td><td>小师傅方便面</td><td>14</td><td>三星超市</td><td>14</td></tr>
<tr><td rowspan="2">5</td><td>01020402</td><td>903148042441</td><td>吉欧蒂亚干红葡萄酒</td><td>9</td><td>四季发商贸</td><td>9</td><td rowspan="2">拼托</td></tr>
<tr><td>01020303</td><td>939261900108</td><td>好娃娃薯片</td><td>20</td><td>大华商贸</td><td>20</td></tr>
<tr><td>总计拣选数量</td><td colspan="7">177 箱</td></tr>
</table>

实训任务

仓储方案设计与实施

实训操作

根据物流实训中心或实训室实际情况编制仓储作业计划，并组织实施，写出仓储方案不断改进的实训心得。某物流中心的 1 号仓库如图所示，具体内容如下。

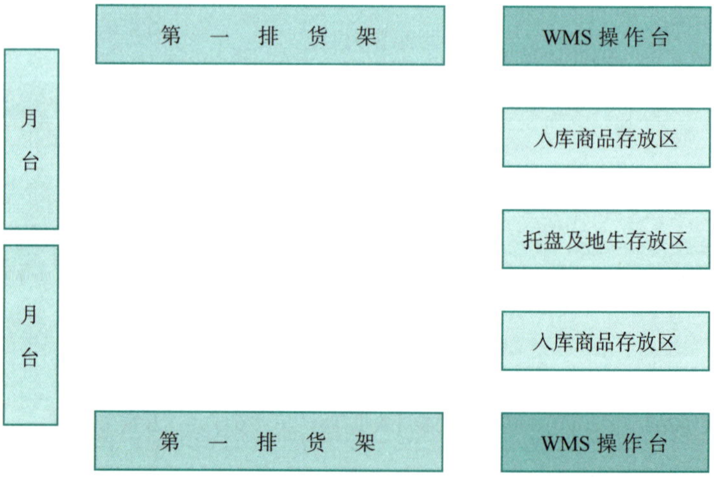

（一）基本信息

某物流中心所订的货已到 1 号仓库，并已经过验收，现在需要进行入库作业，其货物品种、规格、数量见下表。

序号	货品编号	商品名称	长 / 毫米	宽 / 毫米	高 / 毫米	单位	单价 / 元	数量
1	6901521103123	联想商用台式机	500	300	520	箱	4 800.00	7
2	6903148042441	惠普微型计算机	600	500	270	箱	5 400.00	12
3	6917878007441	金锣火腿肠	370	300	280	箱	520.00	18
4	6918163010887	液晶显示器	520	400	170	箱	2 000.00	10
5	6920855052068	野岭矿泉水	300	230	260	箱	144.00	7

（二）库存周转量统计表（2024 年 9 月 1 日至 11 月 30 日）

出库作业月报（物动量统计）

制表人：李毅　　　　制表时间：2024 年 10 月 1 日

货品编码	货品名称	出库量 / 箱
6901521103123	联想商用台式机	129
6902774003017	老坛酸菜面	16
6903148042441	惠普微型计算机	139
6917878007441	金锣火腿肠	483
6918010061360	奥利奥饼干	202
6918163010887	液晶显示器	17
6920855052068	野岭矿泉水	352
6932010061808	神奇松花蛋	103
6932010061815	趣多多曲奇饼干	279
6932010061822	爱牧云南优质小粒咖啡	217
6932010061839	怡然话梅糖	210
6932010061846	隆达葡萄籽油	100
6932010061853	乐纳可茄汁沙丁鱼罐头	53
6932010061860	金谷精品杂粮营养粥	57
6932010061877	华冠芝士微波炉爆米花	28
6932010061884	早苗栗子西点蛋糕	38
6932010061891	轩广章鱼小丸子	24

（续表）

货品编码	货品名称	出库量 / 箱
6932010061907	大嫂什锦水果罐头	7
6932010061914	雅比沙拉酱	3
6932010061921	山地玫瑰蒸馏果酒	6
6932010061938	梦阳奶粉	11
6932010061945	幸福方便面	17
6932010061952	日月腐乳	17
6932010061969	鹏泽海鲜锅底	15
6932010061976	万盛牌瓷砖	9
6939261900108	好娃娃薯片	9

出库作业月报（物动量统计）

制表人：李毅　　制表时间：2024 年 11 月 1 日

货品编码	货品名称	出库量 / 箱
6901521103123	联想商用台式机	61
6902774003017	老坛酸菜面	8
6903148042441	惠普微型计算机	181
6917878007441	金锣火腿肠	331
6918010061360	奥利奥饼干	173
6918163010887	液晶显示器	10
6920855052068	野岭矿泉水	255
6920855784129	卡布奇诺咖啡	581
6932010061815	趣多多曲奇饼干	210
6932010061822	爱牧云南优质小粒咖啡	164
6932010061839	怡然话梅糖	184
6932010061846	隆达葡萄籽油	115
6932010061853	乐纳可茄汁沙丁鱼罐头	45
6932010061860	金谷精品杂粮营养粥	31

（续表）

货品编码	货品名称	出库量 / 箱
6932010061877	华冠芝士微波炉爆米花	26
6932010061884	早苗栗子西点蛋糕	20
6932010061891	轩广章鱼小丸子	16
6932010061907	大嫂什锦水果罐头	9
6932010061914	雅比沙拉酱	4
6932010061921	山地玫瑰蒸馏果酒	2
6932010061938	梦阳奶粉	18
6932010061945	幸福方便面	17
6932010061952	日月腐乳	15
6932010061969	鹏泽海鲜锅底	17
6932010061976	万盛牌瓷砖	7
6939261900108	好娃娃薯片	22

出库作业月报（物动量统计）

制表人：李毅　　　　制表时间：2024 年 12 月 1 日

货品编码	货品名称	出库量 / 箱
6901521103123	联想商用台式机	68
6902774003017	老坛酸菜面	8
6903148042441	惠普微型计算机	73
6917878007441	金锣火腿肠	357
6918010061360	奥利奥饼干	155
6918163010887	液晶显示器	19
6920855052068	野岭矿泉水	137
6920855784129	卡布奇诺咖啡	521
6920907800173	费列罗进口巧克力	15
6932010061822	爱牧云南优质小粒咖啡	125
6932010061839	怡然话梅糖	167

（续表）

货品编码	货品名称	出库量 / 箱
6932010061846	隆达葡萄籽油	112
6932010061853	乐纳可茄汁沙丁鱼罐头	33
6932010061860	金谷精品杂粮营养粥	47
6932010061877	华冠芝士微波炉爆米花	35
6932010061884	早苗栗子西点蛋糕	31
6932010061891	轩广章鱼小丸子	27
6932010061907	大嫂什锦水果罐头	11
6932010061914	雅比沙拉酱	2
6932010061921	山地玫瑰蒸馏果酒	3
6932010061938	梦阳奶粉	9
6932010061945	幸福方便面	19
6932010061952	日月腐乳	7
6932010061969	鹏泽海鲜锅底	9
6932010061976	万盛牌瓷砖	11
6939261900108	好娃娃薯片	11

（三）货位存储信息（见下列货位存储图）

1 排 4 列 3 层，货位承重≤ 500 kg。

货位参考尺寸：L 1 125 × W 1 100 × H 1 100（mm^3）。

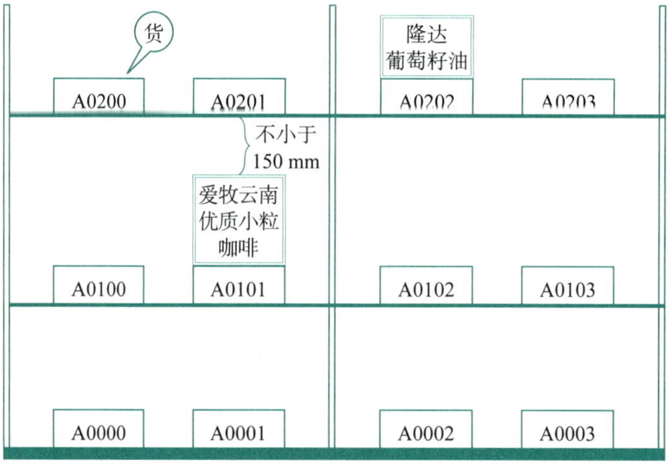

（四）订单信息

2024 年 12 月 2 日周一 7:00 左右，某物流中心接到了 7 家客户的订货通知单。应收账款超过信用额度的订单无效，伙伴型客户信用额度可上浮 10%。订单内容见下表。

A 公司订单

订单编号：O2024415A01　　业务单号：F20241202-1　　日期：2024 年 12 月 2 日

订货方编号		Cust001	订货单位名称		A 公司
订货单位联系人		张三	订货单位联系电话		18700000001
序　号	名　　称	单　位	数　量	单价 / 元	金额 / 元
1	联想商用台式机	箱	1	4 800	4 800
2	惠普微型计算机	箱	3	5 400	16 200
3	液晶显示器	箱	1	2 000	2 000
总　计 / 元	23 000				

B 公司订单

订单编号：O2024415B02　　业务单号：F20241202-2　　日期：2024 年 12 月 2 日

订货方编号		Cust002	订货单位名称		B 公司
订货单位联系人		李四	订货单位联系电话		18700000002
序　号	名　　称	单　位	数　量	单价 / 元	金额 / 元
1	惠普微型计算机	箱	3	5 400	16 200
2	金锣火腿肠	箱	4	520	2 080
3	液晶显示器	箱	3	2 000	6 000
4	野岭矿泉水	箱	4	144	576
总　计 / 元	24 856				

C 公司订单

订单编号：O2024415C03　　业务单号：F20241202-3　　日期：2024 年 12 月 2 日

订货方编号		Cust003	订货单位名称		C 公司
订货单位联系人		王五	订货单位联系电话		18700000003
序　号	名　　称	单　位	数　量	单价 / 元	金额 / 元
1	联想商用台式机	箱	2	4 800	9 600
2	惠普微型计算机	箱	2	5 400	10 800

（续表）

序　号	名　　称	单　位	数　量	单价 / 元	金额 / 元
3	金锣火腿肠	箱	5	520	2 600
总　计 / 元	23 000				

D 公司订单

订单编号：O2024415D04　　业务单号：F20241202-4　　日期：2024 年 12 月 2 日

订货方编号		Cust004	订货单位名称		D 公司
订货单位联系人		王六	订货单位联系电话		18700000004
序　号	名　　称	单　位	数　量	单价 / 元	金额 / 元
1	联想商用台式机	箱	4	4 800	19 200
2	惠普微型计算机	箱	2	5 400	10 800
3	金锣火腿肠	箱	3	520	1 560
4	野岭矿泉水	箱	5	144	720
总　计 / 元	32 280				

E 公司订单

订单编号：O2024415E05　　业务单号：F20241202-5　　日期：2024 年 12 月 2 日

订货方编号		Cust005	订货单位名称		E 公司
订货单位联系人		赵七	订货单位联系电话		18700000005
序　号	名　　称	单　位	数　量	单价 / 元	金额 / 元
1	惠普微型计算机	箱	2	5 400	10 800
2	金锣火腿肠	箱	5	420	2 100
总　计 / 元	12 900				

F 公司订单

订单编号：O2024415F06　　业务单号：F20241202-6　　日期：2024 年 12 月 2 日

订货方编号		Cust006	订货单位名称		F 公司
订货单位联系人		赵八	订货单位联系电话		18700000006
序　号	名　　称	单　位	数　量	单价 / 元	金额 / 元
1	惠普微型计算机	箱	2	5 400	10 800

（续表）

序　号	名　　称	单　位	数　量	单价 / 元	金额 / 元
2	液晶显示器	箱	5	2 000	10 000
3	野岭矿泉水	箱	8	520	4 160
总　计 / 元	24 960				

G 公司订单

订单编号：O2024415G07　　业务单号：F20241202-7　　日期：2024 年 12 月 2 日

订货方编号	Cust007	订货单位名称		G 公司	
订货单位联系人	赵九	订货单位联系电话		18700000007	
序　号	名　　称	单　位	数　量	单价 / 元	金额 / 元
1	惠普微型计算机	箱	6	5 400	32 400
2	金锣火腿肠	箱	3	520	1 560
总　计 / 元	33 960				

（五）客户信息

某物流中心客户优先权分析评价模式主要依据单品利润、订单紧急程度、客户去年对该货物的需求量占总需求量的比例以及客户合作年限等几个指标制定。客户对该货品的需求量以及信用额度等具体信息见下表。

客　户	A	B	C	D	E	F	G
信用额度 / 万元	9.5	8	8	10	9.5	9.8	10
应收账款 / 万元	9	7	5	8.5	5.6	7.5	8.2
客户类型	伙伴	普通	普通	普通	伙伴	伙伴	普通
利润率	一般	高	一般	一般	高	较高	高
去年需求量	3	1	2	2	4	5	1
客户信誉度	高	一般	较高	较高	高	高	一般

某物流中心客户优先权评价指标的权重见下表。

评价指标	利润率	去年需求量	客户类型	客户信誉度
权重	0.4	0.3	0.15	0.15

（六）设备、人工信息

某物流中心目前有员工4人，并且配备有下列设备，用于货物的装卸、搬运及上架。设备名称、规格、型号及使用成本见下表。

序　号	名　称	规　格	型　　号	使用成本	可供数量
1	托盘	1 200×1 000×160（mm^3）	塑料田字格	0.02元/（个·秒）	10个
2	地牛	1 t	手动	0.03元/（辆·秒）	1个
3	手动叉车	载重1 t 高度3.5 m	手动及电动	0.05元/（辆·秒）	1个
4	货架	2 300×1 000×1 100（mm^3）	横梁式托盘多层货架	0.15元/（货位·秒）	8个货位

人工使用成本见下表。

名　　称	人员类型	使用成本	可供数量
人工费成本	仓库主管及助手	0.01元/（人·秒）	3人

（七）情况说明

1. 学生可通过数据库和现场自行测量等渠道获取所需信息。

2. 根据客户需求，编制货位、物料、设施设备、工具、人工等制定计划，并进行成本核算和时间安排。成本核算精确到分，时间安排精确到秒，结果保留整数。

3. 预测实施方案时可能出现的问题并做出应对方案。

4. 执行方案时，各组学生应严格按照计划执行，不得擅自修改计划，修改计划应由主管提出并实施。方案修改时，选手应停止作业，但工作时间连续计算。修改方案将按照预定的比例增加成本。

5. 实训中出现不文明和不安全的现象，或操作不规范，或货物出现质量问题，或人浮于事，或分工协作不合理，均按比例增加成本和费用。

实训目的

使学生能根据给定的背景材料和货物、场地、设备、作业需求、作业成本价目表等要素，制定全程操作规划方案，估算所有操作需要的成本。并按照提交的设计方案，共同协作完成物流作业过程中的订单受理、入出库、拣选等现场完整作业流程，以检验方案的可行性。培养学生职业技能、职业精神以及在组织管理、专业团队协作、现场问题的分析与处理、工作效率、质量与成本控制、安全及文明生产等方面的职业素养。

实训要求

1. 仓储方案设计

根据物流中心的储存、订单等相关信息，进行分析处理，并进行分工。编制要实施的仓储作业计划，计算出所设计方案的各项作业成本与时间，安排工作计划，预测出实施方案可能出现的问题和应对方案。仓储方案中至少要包含的内容见下表。

序　号	方案要素	要素说明	备　注
1	封面	题目：现代仓储作业优化方案设计；参赛队名称：×××号代表队	
2	队员分工	主管和仓库保管员（仓库管理员）姓名	
3	工作安排	工作内容及职责	
4	物动量 ABC 分类表	能够体现出分类过程和分类情况	
5	指定货物组托示意图	包括奇数层俯视图、偶数层俯视图、主视图和侧视图	
6	货位储存图	以货架的排为单位，将货位储存情况反映在储存示意图上	
7	订单有效性分析	参赛队收到客户订单后，应对订单的有效性进行判断，再决定是否处理应收账款、要货金额、信用额度	
8	客户优先权分析	当多个客户针对某一货物的要货量大于该货物库存量时，必须对客户进行优先等级的划分，确定各个客户的优先等级顺序及处理理由等	
9	库存分配计划表	依据划分后的客户优先等级，将库存依次在不同的客户间进行分配，当某些货物（库存量小于客户要货量）只能部分满足或完全不能满足客户的需求时，应记录与客户沟通的过程及客户要求，紧急采购、紧急配送或下一次一并送货	
10	拣货单	拣货单设计要规范、项目齐全、注意效率，拣货单设计应能减少拣选次数、优化拣选路径、缩短拣选时间	
11	作业计划	按照时间先后顺序将每位参赛队员在方案执行过程中的工作内容编制成作业计划，包括设备租赁情况及可能出现的问题预案	
12	预算表	包括作业过程中可能发生的各种费用项目及相关的预算金额，以便与实际发生的费用比较，满足预算编制信息的内容	

2. 实施仓储方案

根据上述仓储方案的设计结果，在竞赛场地实施方案，实施过程要体现服务质量与安全意识。若实施方案有困难，可修改方案。修改方案将按预定的比例增加成本。

以操作规范程度、最后的成本核算以及方案实施效率为评价依据。在操作过程中需要使用各种设备和仓储管理系统，采用规范的操作完成储配方案的实施。实施过程的主要环节见下表。

序　号	实施环节	操作说明	备　注
1	租赁	方案要素包括货架、托盘、叉车、地牛等设备	
2	入库准备工作	清点货物，整理现场	
	组托	按照堆码要求，将散置堆放的货物科学、合理地码放在托盘上	
	入库	完成货物入库操作并使用手动叉车进行上架作业	
3	拣选作业	根据拣货单进行拣选作业	
	出库	完成各客户所要货物的月台理货	

巩固练习

一、单选题

1. 下列关于仓单性质的说法不正确的是（　　）。
   A. 仓单是提货凭证　　B. 仓单是有价证券
   C. 仓单是所有权的法律文书　　D. 仓单是仓储合同
2. 入库业务管理任务不包括（　　）。
   A. 安排货位　　B. 根据商品入库凭证，清点商品数量
   C. 对入库商品进行接收检查　　D. 按照规定程序办理各种入库手续和凭证
3. 下列关于商品接运的说法不正确的是（　　）。
   A. 仓库接到专用线到货通知后，就确定卸车货位
   B. 凭提单到车站、码头提货时，应根据运单和有关资料认真核对商品
   C. 仓库接受货主委托直接到供货单位提货时，应在仓库当场验收
   D. 存货单位商品直接运到仓库储存时，应由保管员直接与送货人员办理交接手续
4. 对短期中转存储的货物采用的分区分类方法是（　　）。
   A. 按货物的种类和性质分类　　B. 按不同货主来分区分类
   C. 按货物流向分类　　D. 按货物危险品性质分区分类

5. 下列商品中要选择不低于 0 ℃的货位储存的是（　　）。

A. 茶叶　　B. 西药的制剂

C. 油墨　　D. 酒精

6. 对库房内各货位编号采用的方法是（　　）。

A. 根据所在地面位置按顺序编号，编码数字写在醒目处

B. 按库房内干支道的分布，划分若干货位，按顺序编号，并标于明显处

C. 将货场划分排号，再对各排按顺序编上货位号

D. 先按一个仓库内的货架进行编号，然后再对每一个货架的货位按层、位进行编号

7. 商品的保管卡用于具体货垛进、出、结数量的记录，一般由（　　）使用管理。

A. 会计　　B. 门卫

C. 统计　　D. 保管员

8. 盘点的周期因盘点方法不同而不同，对于定期盘点，一般一年（　　）。

A. 1 ～ 2 次　　B. 1 ～ 4 次

C. 1 ～ 6 次　　D. 1 ～ 12 次

9. 下列堆码方式中便于采用现代化的大型机械设备，节省包装材料，提高仓容的利用，降低运费的是（　　）。

A. 散堆方式　　B. 垛堆方式

C. 货架方式　　D. 成组堆码方式

10. 下列堆码方式中适合于存放小件商品或不易堆高的商品的是（　　）。

A. 散堆方式　　B. 垛堆方式

C. 货架方式　　D. 成组堆码方式

二、多选题

1. 在整个出库业务程序中，最为关键的环节包括（　　）。

A. 核单备料　　B. 复核　　C. 点交

D. 包装　　E. 登账

2. 实现先进先出的有效方法包括（　　）。

A. 使用贯通式货架系统　　B. 采用“双仓法”储存

C. 使用计算机存取系统　　D. 采取高垛方法

E. 减少库内通道数量

3. 仓储作业过程是指仓库从接收物品开始直到把这些物品完好地发放出去的全部活动过程，包括（　　）三个阶段。

A. 入库　　B. 出库　　C. 验收　　D. 储存

三、简答题

1. 简述仓储作业的概念和要求。

2. 简述装卸搬运作业的意义、改善和形式。
3. 简述商品入库的作业流程与注意事项。
4. 储存策略有哪几种?
5. 简述盘点作业的目的、内容和步骤。
6. 简述货物出库的依据、要求和方式。

项目五 货物养护管理

思维导图

- **货物养护管理**
  - 货物养护概述：货物养护的概念、目的、任务、组织和基本措施
  - 库存货物变化形式：货物分类、库存货物的变化形式与耗损
  - 影响库存货物变化的因素：霉变、虫蛀、腐蚀和老化
  - 货物养护措施：防霉腐方法、金属制品的养护处理、防治虫害的方法、仓库温湿度的控制方法

学习目标

知识目标

- 掌握货物养护的概念、目的、任务、组织和基本措施；
- 熟悉货物知识，掌握库存货物的变化形式、损耗以及影响库存货物变化的因素；
- 掌握防霉腐方法、金属制品的养护处理、防治虫害的方法、仓库温湿度的控制方法。

技能目标

- 能够根据仓储的实际情况，制定合理的货物养护措施。

价值目标

- 通过制定与实施货物养护措施，培养风险防范能力、质量意识和沟通协调能力。

案例导入

上海联华生鲜食品加工配送中心

上海联华生鲜食品加工配送中心是我国国内目前设备先进、规模大的生鲜食品加工配送中心之一，建筑面积35 000平方米，年生产能力20 000吨。其中肉制品15 000吨，生鲜盆菜、调理半成品3 000吨，西式熟食制品2 000吨，产品结构分为15大类约1 200种生鲜食品。在生产加工的同时，配送中心还承担水果、冷冻品以及南北货的配送任务。连锁经营的利润源重点在物流，物流系统好坏评价标准主要有两点：物流服务水平和物流成本。生鲜货物大部分需要冷藏，必须通过缩短物流流转周期以节约成本。同时，生鲜货物保值期很短，客户对其新鲜度等要求很高，所以在物流过程中也需要快速流转。

问题：你认为上海联华生鲜食品加工配送中心应如何实现生鲜货物保值和物流成本控制？

任务1　货物养护概述

一、货物养护的概念

在储存过程中，对货物所进行的保养和维护工作，称为货物的养护。货物养护是防止货物质量变化的重要措施，也是仓储保管中一项经常性的工作。

仓库中储存着各种各样的货物，它们有着不同的特性。货物养护工作就是针对货物的不同特性积极创造适宜的储存条件，采取适当的措施，保证货物储运的安全，保证货物质量和品质，减少货物的损耗，节约成本，为企业创造经济效益和社会效益。

货物养护是一项综合性应用科学性技术工作。产品由生产部门进入流通领域后，需要分别对不同性质的货物在不同储存条件下采取不同的技术措施，以防止其质量劣化。由于货物的原材料不同，性质各异，货物受到各种自然因素影响而发生质量变化的规律与物理、化学、生物、微生物、气象、机械、电子、金属学等多门学科都有密切的联系。因此，从事储存工作的人员只有掌握和运用这些学科的理论，才能创造各种养护技术，并使之得到广泛应用和全面提高。

二、货物养护的目的

通过科学实验研究和实践，认识货物在储存期间发生质量劣化的内外因素和变化规律，研究、采取对外因的控制技术，以维护其使用价值不变，避免受到损失，保障企业经济效益的实现。同时还要研究、制定货物的安全储存期限和合理的损耗率，以提高企业管理水平。

三、货物养护的任务

“以防为主，防治结合”是货物养护的基本方针。

货物养护的基本任务是面向库存货物，根据库存数量多少、发生质量变化速度、危害程度、季节变化，按轻重缓急分别研究、制定相应的技术措施，使货物质量不变，以求最大限度地避免和减少货物损失，降低保管损耗。

四、货物养护的组织

货物养护是一门应用多种学科理论的技术，因此储运部门必须有各级专业技术人员和一定的实验研究设备，才能适应工作需要。应根据仓库规模大小和储存货物的特性，建立相应的货物养护研究机构，针对储存中的技术问题，开展科学研究活动。专业人员还需要不断地学习新知识，掌握先进的技术，维护货物的质量以及使用价值，避免损失，减少损耗，保障企业经济效益的实现，并不断提高企业管理水平。

五、货物养护的基本措施

货物养护的基本措施包括六个方面：① 掌握货物的性能，适当安排储存场所；② 严格入库验收；③ 合理堆垛苫垫；④ 加强仓库温湿度管理；⑤ 坚持在库检查；⑥ 开展科学实验研究。

任务2 库存货物变化形式

一、货物分类概述

货物种类繁多，据不完全统计，在市场上流通的货物有 25 万种以上。为了方便消费者购买，更有利于相关部门组织货物流通，提高企业经营管理水平，须对众多的货物进行科学分类。货物分类是指为了一定目的，选择适当的分类标志，将货物集合总体科学地、系统地逐级划分为门类、大类、中类、小类、品类以至品种、花色、规格的过程。

（一）货物分类原则

必须明确要分类的货物所包括的范围，货物分类要从有利于货物生产、销售、经营习惯出发，最大限度地方便消费者的需要，并保持货物分类上的科学性。选择的分类依据要适当，应具有科学的系统性。

（二）货物分类依据

货物分类中最常用的分类依据是货物的用途、原材料、化学成分、生产方法、使用状态等货物最本质的属性和特征。

（三）货物分类层次

1. 大类。体现货物生产和流通领域的行业分工，如五金类、化工类、食品类、水产类等。

2. 中类（货物品类）。具有若干共同性质或特征的货物的总称，如食品类货物又可分为蔬菜和水果、肉和肉制品、乳和乳制品、蛋和蛋制品等。

3. 小类（货物品种）。对中类货物的进一步划分，体现具体的货物名称，如酒类商品分为白酒、葡萄酒、啤酒、果酒等。

4. 货物细目。对货物品种的详尽区分，包括货物的规格、花色、等级等，更具体地体现货物的特征，如 52 度第八代五粮液。

二、库存货物的变化形式

货物在储存期间，由于货物本身的成分、结构和理化性质及受到日光、空气、温度、湿度、微生物等客观外界条件的影响，会发生品质变化。货物品质变化的形式很多，归纳起来主要有物理变化、化学变化、生理生化和生物学变化。同时，由于受储存时间和储存占用资金的影响，也会发生价值变化。

（一）质量变化

1. 物理变化

物理变化是指货物仅改变其本身的外部形态，在变化过程中没有新物质生成，可以反复进行变化的现象。例如，货物的串味、渗漏、沾污、干裂等。

“三态”变化。货物的外表形态分为气、液、固三种状态。不同形态的货物在一定的温湿度、压力条件下会发生变化，固体货物受热熔化、升华，遇水溶解，液态商品受热挥发，受冷凝固。三态变化的结果是消耗了货物，降低了质量。

串味。具有吸附性的货物会吸收异味。如茶叶和化妆品同处存放彼此吸收异味，会失去使用价值。

渗漏。液态货物由于包装破损而发生的渗漏现象。包装破损除和包装材料性能、容器结构、包装技术优劣有关外，还受库内温度变化的影响。温度升高或降低到一定值都会引起货物的体积膨胀、容器胀破，造成货物流失，而使数量减少。

沾污。沾污是指货物表面有脏物或有其他污染，而影响货物质量的现象。货物沾污主要是生产、储运过程中卫生条件差或包装不严造成的。

干裂。有些货物在储存过程中，环境干燥引起制品失水，使制品干缩、开裂的现象称为干裂。如肥皂在干燥的环境中就会干缩，乐器也会干裂，从而影响货物的使用性能与外观。

此外，货物在外力作用下，还会发生机械变化，如货物破碎、变形、结块、脱散、划伤等。

阅读材料

茶叶是时令性产品，其保管具有严格的条件。保管不善（主要是茶叶所要求的温度、湿度等条件不适宜），茶叶极容易发生变质。茶叶经销商通常采取下列措施，对茶叶进行严格管理。

首先，将茶叶储存在干燥、阴凉、通风良好，无日光照射，具备防潮、避光、隔热、防尘、防污染等防护措施的库房内，并进行密封。

其次，茶叶实行专库储存，不得与其他货物混存，尤其严禁与药品、化妆品等有异味、有毒、有粉尘和含水量大的货物混存。在储存茶叶前，对库房进行无毒、无味、无尘、干燥处理。

最后，茶叶库房温度基本保持在 15 ℃以下，相对湿度不超过 15%。

2. 化学变化

化学变化是指构成货物的物质发生变化后，不仅改变了货物本身的外观形态，也改变了本质，并有新物质生成的现象。常见的有氧化、分解、锈蚀、风化、燃烧与爆炸、老化等。

氧化。氧化是指货物在空气中氧气的作用下发生的反应。如棉、麻、丝等纤维织品若长期与日光接触，会变色变质；桐油制品中桐油被氧化而放热，使温度升高，引起自燃。

分解。某些货物在光、热、酸、碱以及潮湿空气的影响下，由一种物质生成两种或两种以上的新物质的反应叫分解。如溴化银在光的作用下生成银和溴气的曝光现象就是一种分解反应。

锈蚀。金属制品在潮湿的空气及酸、碱、盐等的作用下被腐蚀的现象称为锈蚀。如钢铁在潮湿的空气中，温度愈高，锈蚀愈快、愈严重。

风化。风化是指含结晶水的货物，在一定温度下的干燥空气中失去结晶水而崩解变成非晶态无水物质的现象。如十水合碳酸钠放置在空气中会失去结晶水，变成粉末状物质，结果减少了货物的数量，也影响商品质量。玻璃的风化发生的是水解反应。

燃烧与爆炸。燃烧是发生发热的剧烈的化学变化的过程，其形式按其特征可分为内燃、自燃、外热自燃、本身自燃。爆炸是指物质由一种状态迅速地转变成另一种状态，并瞬间放出大量能量的现象。爆炸分为物理爆炸、化学爆炸、核爆炸等。燃烧和爆炸是在不同条件下发生的氧化还原反应，放出热量，产生气体，只是前者反应速度较慢，后者迅速。仓库货物中磷类、汽油、油漆、赛璐珞等为易燃品，黑火药、爆竹等为易爆品。

老化。老化是指橡胶、塑料、化纤织品等高分子化合物，在光、热、氧的作用下出现发黏、硬脆、龟裂、褪色等现象。老化会影响货物的使用性能。

3. 生理生化变化

生理生化变化是指有机体货物（有生命力货物）在生长发育过程中，为了维持其生命活动，其自身发生的一系列特有的变化。如呼吸作用、后熟作用、发芽与抽薹、胚胎发育等现象，都属于货物自身的生理生化变化。这些变化使有机货物消耗了大量的营养物质，使货物发热增湿，造成微生物的繁殖，以致污染、分解货物，加速货物霉腐变质。

4. 生物学变化

生物学变化是指货物在外界有害生物作用下受到破坏的现象，如虫蛀、霉变等。有些货物在温度适宜的条件下易受到虫蛀。在仓储条件较差时，货物也会受到鼠的咬损。由于有机货物是虫、鼠的营养物质，所以易被虫、鼠损害。

（二）价值变化

1. 货物呆滞损失

货物储存的时间过长，虽然原货物的使用价值并未变化，但社会需要发生了变化，从而使该货物的效用降低，无法按原价值继续在社会上流通，形成长期聚积在储存领域的呆滞货物，这些货物最终要进行降低价格处理或报废处理，所形成的损失为呆滞损失。

2. 时间价值损失

货物储存实际也是货币储存的一种形式。储存时间越长，利息支付越多，或者储存时间越长，资金的机会投资损失越大。这是储存时不可忽视的损失。

三、库存货物的损耗

货物在储存过程中，由于其本身的性质、自然条件的影响、计量工具的合理误差或人为的原因，均会发生损耗。货物的保管损耗是指在一定的期间内，保管某种货物所允许发生的自然损耗，一般以货物保管损耗率表示。货物保管损耗率即库存货物自然损耗率，是某种货物在一定的保管条件和保管期间内，其自然损耗量与该货物库存量之比，以百分数或千分数表示。其公式为：

$$货物保管损耗率 = 自然损耗量 \div 商品库存量 \times 100\%$$

保管损耗率低于该标准为合理损耗，反之，则为不合理损耗。货物保管损耗率是考核仓库工作质量好坏的指标。库存货物的损耗通常表现在三个方面。

（一）货物的自然损耗

主要为货物的干燥、风化、黏结、散失、破碎等。例如一些生鲜货物和容易破碎的货物易发生此种损耗。

（二）人为因素或自然灾害造成的损失

主要包括仓库保管人员的失职或保管不善、水灾、地震造成的非常损失，以及包装破损而造成的漏损等。

（三）装卸、搬运、上垛和磅差

货物从装卸、搬运、中转到分库验收、过磅、上垛、入库，都可能发生损耗。磅差是货物在进出库时，计量工具精度的差别造成的货物数量的差异。允许磅差是货物流通各环节对货物称量允许发生的重量差别。

任务3　影响库存货物变化的因素

货物在储存期间会发生质量变化，其质量变化的影响因素也是多方面的。下面仅以工业品货物为例来说明影响库存货物发生变化的因素。霉变、虫蛀、腐蚀、老化是工业品货物储存期间最易发生的质量变化。

一、霉变

货物霉变主要是由霉菌引起的。由于霉菌在商品中进行新陈代谢作用，把货物中的营养物质变成各种代谢物，从而降低货物的物理机械性能，产生霉臭气味，甚至出现长毛现象，霉变严重的货物会丧失其使用价值。

霉菌的种类很多，对工业品货物危害较大的有毛霉、青霉、曲霉、根霉、木霉等。不同的霉菌能产生不同的酶，如毛霉、根霉能产生淀粉酶，木霉能产生纤维酶等。这些酶可以分别对含淀粉、纤维素等的有机体进行分解。但货物的霉变往往不是由单一霉菌引起的，而是由若干种霉菌相互促进造成的。

（一）影响霉变的内在因素是货物带有霉菌孢子

货物带有霉菌孢子的原因可能是货物的原材料带有霉菌孢子、未在无菌条件下生产、未在生产中加入防霉剂、货物未经消毒灭菌、包装未采取无菌密封、货物在运输及储存中受到霉菌孢子的污染或货物含有营养物质等。如生鲜类货物富含碳源、氮源、矿物质营养与水分等，这些物质在空气中容易发生霉变。

（二）影响霉变的外在因素是货物含水量与空气湿度

水对霉菌孢子的萌发、营养物质的吸收、新陈代谢与酶的生化作用等都有一定促进作用。水分的主要来源是货物本身所含的水分与空气中的水分。霉变与库房的温湿度相关，大多数霉变微生物属于中温型中湿性，最适生长温度为 25 ～ 37 ℃，在相对湿度 75% 以上可以正常发育。库房的温度主要影响酶的活性，一般情况下在 25 ～ 28 ℃时，霉菌体内酶的活性最强，代谢便随之加速，生长繁殖也旺盛。

二、虫蛀

货物在储存过程中，常常受到各种害虫的侵袭，害虫不仅能蛀食、污染动植物性货物，有时还会危害塑料、化学纤维等高分子货物，直接威胁着货物的安全，甚至使货物完全失去使用价值。所以，虫蛀也是货物储存过程中主要的生物危害之一。

仓虫大多数来源于农作物，其食性广泛，为多食性昆虫，生殖力强，对环境条件有很大的适应性和抵抗能力。用药物防治害虫时，如果浓度低或剂量不足，剩余的个别仓虫通过长期世代遗传，可能形成对某种药物的抗药性。因此，仓虫能在仓库这种特定的环境下生活与繁殖。仓虫主要是鞘翅目与鳞翅目昆虫。仓库的环境因素，特别是温度、湿度与食物对害虫的生长有极大的影响。

（一）温度

昆虫为变温动物，其热量的来源有内生与外来两种途径。从害虫自身新陈代谢作用分解营养物质而获得的热量为内生热；从害虫栖息地方的环境温度获得的热量为外来热，其外来热是主要的，而内生热只是起调节体温的作用。昆虫的体温在很大程度上取决于周围环境的温度。因此，温度对害虫个体的发育速度，成虫的寿命和繁殖率，害虫的食量，迁移分布和死亡速度等，都有直接影响。

（二）湿度

湿度对害虫的影响与温度同等重要。湿度一方面直接影响害虫的水分来源，另一方面影响货物的含水量，也间接地影响害虫的水分来源。相对湿度 70% ～ 90% 是多数害虫生存与繁殖的最适宜湿度。干燥是多数货物安全储存的重要条件之一。但是，高湿度（如相对湿度达到 100%）有时也能有效抑制害虫的生存与繁殖，因为湿度会妨碍害虫的热量调节。

（三）食料

各种仓虫对食料种类都有一定的选择范围。根据仓虫对食料的适应范围，可以将其分为单食性、多食性和杂食性等类型。仓虫的食料是影响仓虫生长发育快慢和繁殖力大小的重要因素之一。如果缺乏适宜的食料，仓虫的生长发育将受到抑制。因此，储存各类货物时，应当了解货物的营养成分及其含水量的高低，以便能够分析和推测出可能发生的虫害种类和程度，更好地采取防治措施。

根据资料记载，仓库害虫已定名的有 300 多种，我国商业仓储部门已发现的有 60 多种。其中对工业品危害较大的有鞘翅目的黑皮蠹、小圆皮蠹、花斑皮蠹和鳞翅目的袋衣蛾、毛衣虫等十余种。这些害虫体内分别含有蛋白酶、脂肪酶与纤维素酶，能消化利用毛、丝、纤维和皮革制品，有的甚至还能危害牛角、塑料、化纤等货物。如花斑皮蠹不仅能危害塑料、尼龙制品，还能危害铅皮制品。

三、腐蚀

腐蚀是指金属与其所接触的物质发生化学或电化学作用引起的破坏现象，其本质是氧化还原反应。

金属在干燥的空气或非电解液中，单纯由化学作用（不产生电流）而引起的锈蚀，称为化学锈蚀。金属在电解液中或在液膜下，由电化学作用而引起的锈蚀，称为电化学锈蚀。电化学锈蚀过程中伴随着电流产生，形成腐蚀电池。电化学锈蚀的速度快，是金属在大气中发生锈蚀的主要原因。

金属制品在储存中易被潮湿大气锈蚀。潮湿大气锈蚀是在金属制品表面形成的水膜下发生的电化学锈蚀过程。相对湿度的大小直接影响着金属锈蚀快慢。当空气相对湿度较小时，制品只会发生化学锈蚀；当相对湿度逐渐增大直到在金属表面形成的水膜足以满足电化学锈蚀的需要时，锈蚀的速度则明显加快。这时的相对湿度值称为临界湿度。一般金属锈蚀的临界湿度在 70% 左右，金属制品表面粗糙，结构复杂，表面吸附有盐类、尘埃及有害气体等，锈蚀的临界湿度更低。

四、老化

高分子材料（塑料、橡胶、合成纤维等）在生产、加工、储存、使用过程中，由于内外因素的综合影响，失去其原有的优良性能，最后丧失使用价值，这种变化称为老化。

（一）影响老化的内在因素

一是高分子材料的结构。高分子材料的结构中若含有支链，则会有叔碳原子。与叔碳原子相连的氢原子，在外部因素作用下，容易脱落形成活性中心，导致材料迅速老化，如聚丙烯。高分子材料结构中，如果含有双键，每一个双键都容易在外部因素的作用下形成活性中心。双键结构含量越多，越容易老化，如橡胶制品。高分子材料的主链中如果含有杂原子（N、O、S 等），碳原子与杂原子构成的键易断裂形成活性中心，这就是聚甲醛容易热分解的原因。

二是其他组分与杂质。其他组分包括高分子材料聚合中使用过的引发剂、催化剂以及成品加工中添加的配合剂（增塑剂、填充剂、润滑剂、着色剂、硫化剂等）。在这些组分中，有些组分也会促进高分子材料老化，如硫化剂对橡胶制品老化就有较大影响。用于高分子材料聚合的催化剂与引发剂分解出来的金属离子，以及工业生产中使用金属设备带入的微量有害金属杂质，都会严重危害高分子材料的耐老化性能，如锌、铁等金属杂质会大大加快聚氯乙烯的老化速度。

（二）影响老化的外部因素

一是日光照射因素。光的波长越短，能量越大。高分子吸收光能后获得能量，处于激发态，能产生光物理作用或光化学反应，导致材料老化。

二是热量传递因素。根据物理学原理，物体在温度升高时，分子的热运动加速，从而促进高分子材料发生氧化裂解反应，物体出现老化现象。

三是臭氧因素。高分子材料对大气中的氧是很敏感的，特别是在光的引发与热的作用下，极易发生光氧老化与热氧老化。臭氧分解生成的原子态氧，活性大，破坏性大。在光活化下，光臭氧老化更为强烈。含有双键的高分子与臭氧结合生成臭氧化合物，这种现象称为“臭氧龟裂”。

四是相对湿度。高温天气的骤雨洒在晒热的高分子材料上，会引起热冲击作用，使表面突然冷却，产生一定的应力。雨水、凝露形成的水膜，能使水溶性物质（增塑剂、亲水基团等）被溶解，加速高分子材料老化。

任务4　货物养护措施

一、防霉腐方法

（一）霉腐微生物的生长条件

水分和空气湿度：多数霉菌生长的最低相对湿度为 80% ～ 90%。

温度：霉腐微生物大多是中温性微生物，其最适宜的生长温度为 20 ～ 30 ℃。

光线：大多数霉腐微生物日光直射 1 ～ 4 h 即能大部分死亡。

空气成分：通风可以防止部分商品霉腐，但主要是防止厌氧型微生物引起的霉腐。

（二）主要的防霉腐方法

1. 药剂防霉腐

药剂防霉腐是指利用化学药物使霉腐微生物的细胞和新陈代谢活动受到破坏或抑制，进而达到杀菌或抑菌，防止商品霉腐的目的。

2. 气相防霉腐

气相防霉腐是指使用具有挥发性的防霉腐剂，通过其挥发的气体直接与霉腐微生物接触而杀死霉腐微生物或抑制霉腐微生物生长繁殖，以达到防霉腐的目的。

3. 气调防霉腐

气调防霉腐是指依据好氧性微生物需要氧代谢的特性，通过调节密封环境（如气调库、货物包装）中气体的成分，降低氧气浓度来抑制霉腐微生物的生理活动、酶的活性并降低鲜活货物的呼吸强度，以达到防霉腐和保鲜的目的。例如二氧化碳气体防霉，在货物密封条件下，把空气抽出，充进去过量的二氧化碳气体，造成微生物不能生存的环境。当空气中二氧化碳达 20% 时，霉菌死亡率为 50% ～ 70%；当二氧化碳达 50% 时，霉菌全部死亡。真空充氮防霉是将货物（如水果）密封包装（如塑料袋）中的空气抽出，达到一定的真空，再充进氮气，使好氧性微生物在缺氧条件下无法生活，从而使货物避免了霉变的发生。

4. 低温冷藏防霉腐

低温冷藏防霉腐是指通过控制和调节仓库内及货物本身的温度，来抑制微生物的代谢和生长繁殖，抑制酶的活性，达到防霉腐的目的。

5. 干燥防霉腐

干燥防霉腐是指利用干燥或脱水措施，使货物的水分含量在安全储存水分之下，以抵制霉腐微生物的生命活动而达到货物防霉腐的目的。按照脱水手段的不同，分为自然干燥法和人工干燥法。

6. 加热灭菌防霉腐

加热灭菌防霉腐是指食品经过加热处理，杀灭引起食品变质的微生物，破坏食品中酶的活性，从而达到防霉腐的目的。

7. 腌渍防霉腐

腌渍防霉腐是指利用食盐或食糖溶液产生高渗透压或低水分活度，或者通过微生物的正常发酵降低环境的 pH，抑制有害微生物生长，从而达到防霉腐的目的。

（三）霉腐商品的救治

1. 晾晒降水

利用日光的热能和干燥空气的流动，将货物中过量的水分蒸发散失。有曝晒和摊晾两种方式。曝晒适用于阳光直射不影响其质量的货物的降水。

2. 烘烤降水

在缺乏通风和晾晒条件、晾晒会影响商品质量或晾晒不能除灭内部微生物时，可采用烘烤降水来散湿或抑菌，如卷烟、茶叶、某些干果（如桂圆干、荔枝干）、纺织品等可采用烘烤降水。

3. 物理机械除霉

日用工业品长霉后，经晾晒或烘烤，可选距离仓库较远处，刷去货物表面的霉体。对于不能进行干燥刷霉的货物，可以采取清水淘洗除霉的方法。

4. 加热灭菌

加热可以抑制微生物的生理活动，使其死亡。加热灭菌可分为干热灭菌和湿热灭菌。

5. 药剂熏蒸灭菌

在密封的条件下，通常利用易挥发并能产生毒杀气体的药剂来杀灭微生物，目前常用的熏蒸剂主要是溴甲烷、环氧乙烷等。

6. 紫外线灭菌

紫外线具有很强的杀菌作用，特别是波长 2 600 Å 左右的紫外线，杀菌效率最高。

二、金属制品的养护处理

金属制品发生锈蚀，不仅影响外观质量，同时会使其机械强度下降，使用价值降低，严重的甚至报废。例如，各种刀具常因锈蚀而在表面形成斑点、凹陷，以至难以平整和保持锋利；精密量具只要轻微锈蚀，都可能影响其使用的精确度。

金属的防锈蚀是防止金属与周围介质发生化学作用或电化学作用，使金属免受破坏。在仓储中一般采用改善仓储条件、控制环境温湿度和空气中腐蚀性气体（如氧气、二氧化碳、硫化氢和二氧化硫等）的含量的方法，还可采用表面涂防锈油、可剥性塑料封存、干燥空气封存、气相缓蚀剂等方法防止锈蚀。

（一）涂油防腐蚀

涂油防腐蚀是在金属制品表面涂覆一层油脂薄膜的隔离防腐蚀方法，是一种短期防腐蚀的方法。因为防腐蚀油脂存在干裂、变质的问题，所以采用此方法仍有发生金属腐蚀的危险。涂油前必须清除金属表面的灰尘污垢，涂油后要及时包装封存。常用的防锈油脂有防锈油、黄蜡油、机油、凡士林等。

（二）密封防腐蚀

采用可剥性塑料将金属制品封存的隔离防腐蚀方法可较长期地防止金属制品发生腐蚀。

可剥性塑料是以树脂为基础原料，加入矿物油、缓蚀剂、增塑剂、稳定剂以及防霉剂等，加热溶解制成的。这种塑料液喷涂于金属制品表面，能形成可以剥脱的一层特殊的塑料薄膜，像给金属制品穿上一件密不透风的外衣，它能阻隔腐蚀性物质对金属制品的作用，以达到防锈的目的。可剥性塑料按其组成和性质不同，可分为热熔型和溶剂型两类。

（三）气相缓蚀剂防腐蚀

气相防锈是在金属制品的封闭包装内使用具有挥发性的气相缓蚀剂，使缓蚀气体充满包装空间以防止货物腐蚀的方法。这种方法使用方便，不污染货物及其包装，特别适用于结构复杂的金属制品，可长期防止金属制品发生腐蚀。

三、防治虫害的方法

（一）化学杀虫法

1. 熏蒸杀虫法

熏蒸杀虫剂汽化后，通过害虫呼吸系统进入虫体，使害虫中毒死亡。

2. 接触杀虫法

接触杀虫剂接触虫体后，透过表皮进入体内，引起害虫中毒死亡。

3. 胃毒杀虫法

杀虫剂随食物进入虫体，通过胃肠吸收而使害虫中毒死亡。

（二）物理杀虫法

物理杀虫法是指利用各种物理因素，破坏害虫的生理活动和机体结构，使其不能生存或繁殖的方法。

1. 高温杀虫法

主要用于耐高温商品的害虫防治，是利用日光曝晒、烧烤等产生的高温，作用于储存货物中的仓虫机体使其死亡的方法。

2. 低温杀虫法

利用低温使害虫体内酶的活性受到抵制，生理活动缓慢，处于半休眠状态，不食不动，不能繁殖，因时间过长体内营养物质过度消耗而死亡的方法。

3. 射线杀虫与辐射不育法

分别利用高剂量与较低剂量的射线照射虫体，使雄虫不能生育，进而达到灭虫目的的方法。

4. 微波杀虫法

利用高频电磁场使虫体内水分子等发生高频振动，分子间剧烈摩擦而产生大量热能，使虫体温度达到 60 ℃以上而死亡的方法。

5. 远红外线杀虫法

利用远红外线对虫体的光辐射所产生的高温，直接杀死害虫的方法。

（三）生物杀虫法

生物杀虫法是利用害虫的天敌和人工合成的昆虫激素类似物来控制和消灭害虫的方法。

四、仓库温湿度的控制方法

为了保护仓储货物的质量，创造适宜于货物储存的环境，当库内温湿度适宜货物储存时，就要设法防止库外气候对库内产生的不利影响；当库内温湿度不适宜货物储存时，就要及时采取有效措施调节库内的温湿度。实践证明，采用密封、通风与吸潮相结合的办法，能够有效控制和调节库内温湿度。

（一）密封

密封是指把货物尽可能严密地封闭起来，减少外界不良气候条件的影响，以达到安全保管的目的。密封保管应注意以下几点。

1. 密封前要检查货物质量、温度和含水量是否正常

如发现发霉、生虫、发热、水淞等现象就不能进行密封，发现货物含水量超过安全范围或包装材料过潮，也不宜密封。

2. 密封的时间

密封的时间要根据物品的性能和气候情况来决定。怕潮、怕溶化、怕霉的货物，应选择在相对湿度较低的时节进行密封。

3. 密封的材料

常用的密封材料有塑料薄膜、防潮纸、油毡纸、芦席等。密封材料必须干燥清洁，无异味。

4. 密封的方法

常用的密封方法有整库密封、小室密封、按垛密封以及按货架、按件密封等。

（二）通风

空气是从压力大的地方向压力小的地方流动。气压差越大，空气流动速度就越快。

通风是指利用库内外空气温度不同而形成的气压差，使库内外空气形成对流，来达到调节库内温湿度的目的。库内外温度差距越大，空气流动就越快。若库外有风，借风的压力更能加速库内外空气的对流。但风力不能过大，风力超过 5 级则灰尘较多。正确通风不仅可以调节与改善库内的温湿度，还能及时地散发货物及包装物的多余水分。按通风的目的不同，可分为利用通风降温和利用通风散潮两种。

（三）吸潮

在梅雨季节或阴雨天，当库内湿度过高，不适宜物品保管，而库外湿度过大，也不宜进行通风散潮时，可以在密封库内用吸潮的办法降低库内湿度。仓库中通常使用的吸潮剂有氯化钙、硅胶等。仓库普遍使用机械吸潮的方法把库内的湿空气通过抽风机吸入吸湿机冷却器内，使它凝结为水而排出。

阅读材料

低温储存法：它是利用低温抑制微生物繁殖和酶的活性使生理生化变化速度降

低的一种常用食品保鲜方法。低温储存按储存的温度不同又分为冷却储存和冷冻储存两种。

冷却保管又叫冷存保管，储存的温度一般在 0 ～ 10 ℃，食品不结冰。由于温度在 0 ℃以上时，某些嗜冷性微生物仍可繁殖，而且食品中酶的活性并未完全被控制，因此，储存期限不宜过长。

冷冻储存又叫冻结储存。目前我国冷冻储存主要用于畜、禽、鱼、肉的储存保鲜。冷冻的温度为−18 ℃，能够抑制微生物的活动和酶的活性，因而冷冻食品可以较长时间储存。

盐腌与糖渍储存法：它是利用食盐或食糖溶液高渗透压和降低水分活性的作用，使微生物原生质脱水死亡，从而达到储藏食品的目的的储存方法。

气调储存法：它是调节环境气体成分的储存方法。其原理是改变仓库或包装中的正常空气组成，降低氧含量，增加二氧化碳含量，以减弱鲜活食品的呼吸强度，抑制微生物发展和食品的化学成分变化。

实训任务

货物养护管理

实训操作

参观本地区某一商超配送中心，记录货物的保管条件和养护措施，完成评价报告。

实训目的

使学生能运用所学知识对本地区商超配送中心的货物保养情况进行现场调研，掌握不同货物的保养措施，培养学生的货物保养技能、组织管理和团队合作协调能力。

实训要求

1. 每十人为一小组，获取所需资料；
2. 从实训布置日期起，一日内完成；
3. 撰写评价报告与实训报告。

巩固练习

一、单选题

1.（　　）是指只改变物体本身的外表形态，不改变其本质，没有新物质生成，并且有可能反复进行的质量变化现象。

A. 化学变化　B. 物理变化　C. 生理生化变化　D. 色泽变化

2. (　　) 是指构成物体的物质发生变化后，不仅改变了物体的外表形态，也改变了物体的本质，并且有新物质生成，且不能回复原状的变化现象。

A. 化学变化　B. 物理变化　C. 生理生化变化　D. 色泽变化

3. 相对湿度是指绝对湿度与其同温度下 (　　) 的百分比。

A. 绝对湿度　B. 临界湿度　C. 饱和湿度　D. 露点温度

4. (　　) 是利用通风机械所产生的压力或吸引力，使库内外空气形成压力差，从而强迫库内空气发生循环、交换和排除，达到通风的目的。

A. 风压通风　B. 强迫通风　C. 热压通风　D. 自然通风

5. (　　) 是利用吸湿机械强迫空气通过吸湿剂进行吸湿。

A. 自然吸湿　B. 强迫吸湿　C. 动态吸湿　D. 静态吸湿

6. (　　) 是指保持空气的水汽含量不变而使其冷却，直至水蒸气达到饱和状态而将结出露水时的温度。

A. 饱和温度　B. 临界温度　C. 冰点　D. 露点温度

7. (　　) 是指某些物品在外界条件的影响下，同种分子互相加成而结合成一种更大分子的现象。

A. 聚合　B. 化合　C. 裂解　D. 分解

8. 天然橡胶在日光、氧气和一定温度的作用下，就会变软、发黏而变质，这种现象属于 (　　)。

A. 聚合　B. 裂解　C. 分解　D. 老化

9. 在物品储存时，烧碱不能和皮革放在一起，因为烧碱具有 (　　)。

A. 燃烧性　B. 爆炸性　C. 毒性　D. 腐蚀性

10. 测定湿度主要用 (　　) 和自动记录湿度计。

A. 干湿球温度计　B. 普通温度计　C. 金属温度计　D. 水银温度计

二、多选题

1. 物品在仓储过程中的变化形式归纳起来有 (　　) 及某些生物活动引起的变化等。

A. 物理变化　B. 化学变化　C. 生理生化变化　D. 色泽变化

2. 物品的化学变化包括 (　　)。

A. 氧化　B. 老化　C. 沉淀　D. 水解

3. 下列变化属于生理生化变化的是 (　　)。

A. 水解　B. 霉腐　C. 虫驻　D. 呼吸

4. 物品的物理性质主要包括 (　　)。

A. 吸湿性　B. 导热性　C. 耐热性　D. 透气性

5. 影响物品质量变化的外界因素主要包括 (　　)。

A. 自然因素　B. 物理因素　C. 人为因素　D. 储存期

6. 湿度是表示大气干湿程度的物理量，常用（　　）等方法表示。

A. 绝对湿度　B. 饱和湿度　C. 临界湿度　D. 相对湿度

7. 仓库通风按通风动力可分为（　　）两种方式。

A. 自然通风　B. 主观通风　C. 客观通风　D. 强迫通风

8. 由于介质不同，密封可以分为（　　）等。

A. 大气密封　B. 干燥空气密封　C. 充氮密封　D. 去氧密封

9. 常用的吸湿剂包括（　　）。

A. 氧化钙　B. 氯化钙　C. 碳酸钙　D. 氯化钾

三、简答题

1. 简述货物养护的概念、目的和任务。
2. 简述货物养护的组织和基本措施。
3. 简述库存货物的变化形式以及影响库存货物变化的因素。
4. 简述仓库温湿度的控制方法。

项目六 库存管理与控制

思维导图

- 库存管理与控制
  - 库存概述：库存的内涵、种类、作用、功能和重要性
  - 库存管理：库存管理的内涵、方式、模型、功能和零库存
  - 库存控制：库存控制的内涵、ABC 分析及重点管理、经济订货批量（EOQ）库存控制模型、定量订货法与定期订货法
  - 物料需求预测：MRP 的工作逻辑与参数的确定
  - 企业资源计划：企业资源计划概述和实施要点

学习目标

知识目标

- 掌握库存的内涵、分类、作用、功能和重要性以及库存管理的内涵、方式、模型、功能和零库存；
- 掌握库存控制的内涵；
- 掌握 ABC 分析及重点管理、经济订货批量库存控制模型、定量订货法与定期订货法以及 MRP 的工作逻辑与参数确定；
- 熟悉企业资源计划概述和其实施要点。

技能目标

- 能够运用 ABC 分析及重点管理、经济订货批量、定量订货和定期订货等库存控制方法，为仓储企业提供具体的库存控制措施；
- 能够根据仓储企业实际情况，制定与实施 MRP。

价值目标

- 通过库存控制措施的制定，培养绿色环保意识和低碳经济的思维；
- 通过制定与实施 MRP，培养全局意识和团队协作能力。

案例导入

GF 公司库存控制思路

GF 是一家生产灯管的大型企业，有两个工厂，客户主要是家庭及个人消费者、工商企业和原始设备制造商。长期以来，管理人员关心的是保证有足够的库存来满足高峰期需求以及工厂长达三周的夏季停产期内的需求，对库存成本没有认真监控。现在管理层在全公司范围内推广降低库存的活动，将产成品存放在全国各地的八个分拨中心，各工厂则以经济批量进行生产，以整车方式向分拨中心大批量运送货物，预测系统会考虑过去三年的销售历史资料，当预知某种异常情况，如特别的促销活动即将来临时，管理人员就会调整预测。GF 用第一时间交货的比率来衡量其运营业绩。在照明行业，客户对供应商的要求之一就是第一时间交付比率要很高，家庭及个人消费者期望这一比率能达到 98% 或更高，而工商企业和原始设备制造商则希望 95% 的货物在第一时间交付，但这需要额外的库存和投入来实现。GF 准备针对全国的家庭及个人消费者建立一座大型订购中心，思路是将消费产品集中在一个中心仓库进行分拨，使 GF 在该市场的客户服务水平达到 98% 以上，同时降低总库存；对于工商企业和原始设备制造商客户，则使用联合管理库存战略，减少分拨中心的数量，使得每个保留下来的分拨中心库存量比现在要高，而总的系统库存量比现在要低，并进一步使运输成本得到控制。

问题：1. GF 的管理层为什么要在全公司范围内降低库存？

2. 你认为影响 GF 库存控制决策的因素是什么？

任务1　库存概述

一、库存的内涵

传统意义下的库存是指处于存储状态的物品或商品。现代意义下的库存是指为了将来的使用和销售而持有的货物储备，尤其是指存放在仓库中的物品。在供应链中，所有以原材料、在制品、成品和返修品等形式在未实现销售前存在的有价实物或有效订单都是库存。

人们对库存认识的发展，概括起来主要有以下四种。

1. 持有库存

一般而言，在库存上有更大的投入可以带来更高水平的客户服务。长期以来，库存作为企业生产和销售的物资保障服务环节，在企业的经营中占有重要地位。企业持有一定的库存，有助于保证生产正常、连续、稳定进行，也有助于保质、保量地满足客户需求，维护企业声誉，巩固市场的占有率。

2. 库存控制保持合理库存

例如 MRP，库存管理的目的是保持合适的库存量，既不能过度积压也不能短缺。让企业管理者困惑的是，库存控制的标准是什么？库存控制到什么量才能达到要求？如何配置库存是合理的？这些都是库存管理的风险计划问题。

3. "零库存"观点

"零库存"观点的主要代表是准时生产方式，该观点认为库存即是浪费，零库存是一项高效库存管理的改进措施，得到了企业广泛的应用。

4. 供应链环境下的协同库存观

在供应链管理背景下，又出现了一些新的库存管理方式或模式，如供应商管理库存（VMI）、联合库存管理（JMI）、协同式供应链库存管理（CPFR）和多级库存控制等，主要思想是按供应链的思想，上下游部门或企业协同、合作、共同管理或处理库存问题，但是实质仍然是在保证运作顺利进行的前提下，尽量减少库存及库存成本。

广义上的库存是指一切闲置的、用于未来的、有经济价值的资源。资源的闲置就是库存，与这种资源是否存放在仓库中没有关系，与资源是否处于运动状态也没有关系。

库存是一种有价值的资产，不仅包括工厂里的各种原材料、工具、半成品、毛坯和成品，也包括银行里的现金、医院的药品和床位、运输部门的车辆等。甚至人、财、物、信息各方面的资源也属于库存，如专门人才储备就是人力资源库存，计算机硬盘中储存的大量信息就是信息库存。

二、库存的种类

（一）按用途分类

按用途可以分为商业库存、制造业库存、服务业和其他库存三类。

1. 商业库存

商业库存是指企业购进后供转售的货物。其特征是在转售之前保持原有实物形态。

2. 制造业库存

制造业库存是指购进后直接用于生产制造的货物。其特点是需要经过生产加工过程，改变其原有的实物形态或使用功能。

3. 服务业和其他库存

服务业和其他库存是指供企业一般耗用的货物和生产经营服务的辅助性货物。主要特点是满足企业的各种消耗性需要，而不是为了将其直接转售或加工制成产品后再出售，如包装纸和低值易耗品。

（二）从会计学角度分类

公司所持有的资产，按照不同目的和性质，可分为流动资产、固定资产、长期投资。

所谓流动资产是指预定一年内可现金化的资产，或者因销售目的而拥有的资产。流动资产又可细分为活期资产（现金、存款、应收账款、赊欠款、短期拥有的具有市场性的有价证券等）、库存资产、其他流动资产（短期贷款、前期支付费用、返纳金等）。

要从会计学角度对库存进行分类，首先要理解存货。虽然由于公司不同，存货的表现形式有所不同，但它们都是以商品、产品、半成品、原材料（主要原材料、辅助材料、购入零部件）、在制品、储备品等项目名称被写在流动资产中的，这些项目就叫作存货。

无论是零售业还是批发商，存货大体上只有称为商品的项目。产品、半成品、原材料、在制品等项目是制造业使用的。这种存货资产通常称为“库存”。

存货资产一般可分为以下六类。

1. 商品

商品是以销售为目的从其他公司采购来，又照样卖出的东西。即使在自己的公司进行检查、分类、包装等，如果没有对物品本身进行加工的话就叫商品。商品还包括带销售目的的所有土地、建筑物及其他不动产等。

2. 产品

产品是以销售为目的在自己公司生产的成品。商品和产品的区别在于，是在自己的公司生产、完成的产品，还是采购其他公司制作的产品（商品）。在结算书的产品项目中，也包括能销售的副产品。

3. 半成品

半成品是可以以此状态作为产品销售，但也可以从此状态进一步加工成为成品的、中间阶段的产品。在流动资产中不常见半成品这个项目，但大多包含在产品的项目里表示。

4. 材料

材料包含原料、辅助材料、外购零部件等，指用于制造或建造的物质。材料是人类赖以生存和发展的物质基础，是制造过程中不可或缺的一部分。它可以是木材、石材、金属、塑料等各种材质。在日常生活中，材料也可以指用于制作食物或其他物品的原料。

5. 在制品

在制品是指（装配件）没完成的处在加工中的原材料。建筑业中完成了一半的工程也是在制品。

6. 储备品

储备品包括备件和其他消耗品，含消耗品、消耗工具、备用品、工作用品、器具、包装、包装材料等耐用年限不足一年并且不足一定价格的物品。原本在购入时已经作为费用被消费，但到年末没有使用而剩下来的物品，必须作为储备品记录在册。

（三）从管理学角度分类

按库存的作用可分为周期库存、安全库存、在途库存和调节库存。

1. 周期库存

周期库存又称为循环库存，当生产或订货是以每次一定批量而不是以一次一件的方式进行时，这种由批量周期性地形成的库存就称为周期库存。

周期库存的大小与订货的频率有关，如何在订货成本和库存成本之间做出选择，是决策时主要考虑的因素。按批量进行生产或订货的主要原因有：一是为了获得规模经济性。由于设置成本（在生产中是更换批量时机器或生产装置的调整成本，在订货过程中为处理每份订单和发运每批订货的成本）较高，故存在一种经济性规模。二是为了享受数量折扣，比如在价格方面或运费方面的数量折扣。

2. 安全库存

安全库存又称为缓冲库存，是生产者为了应付需求的不确定性和供应的不确定性，防止缺货造成的损失而设置的一定数量的存货。

如果生产者能够预先知道未来的需求变化或者可以确定供应的交货日期和数量，则没有设立安全库存的必要。安全库存的数量除受需求和供应的不确定性影响外，还与企业希望达到的顾客服务水平有关。这些是制定安全库存决策时主要考虑的因素。

3. 在途库存

在途库存又称为运输库存，它是处于相邻两个工作地之间或是相邻两级销售组织之间的库存，包括处在运输过程中的库存以及停放在两地之间的库存。运输库存取决于输送时间和在此期间的需求率，其中有效订货是指已经发送出去的采购订单，然而还没接受货物，也被认为是在途库存的一种形式。

4. 调节库存

调节库存又称为预期库存，是为了应付未来的预期变化而准备的调节性库存，包括季节性预期和投机性预期等。季节性库存是指由于需求的季节性或是采购的季节性特点，必须在淡季为旺季的销售或是在收获季节为全年生产而储备的存货。投资性库存或投机库存是指为了投机盈利需要而暂时保持的库存。预期库存的设立除了季节性原因，还出于使生产保持均衡的考虑。故决定预期库存的因素除了脱销的机会成本，还应考虑生产不均衡的额外成本，如生产设备和工人闲置时必须支出的固定成本以及加班的额外支出费用等。

三、库存的作用

（一）缓冲作用

库存设置在各生产活动之间，它分开了其前后的生产活动，使一个生产活动的变化不会影响到其前后的生产活动，它是化解变动的缓冲器或冲击吸收器。此种功能叫作库存的“分离功能”。

（二）连接作用

从经营整体的立场考虑，需求、生产、订货等活动群体或者生产活动中的材料加工、零部件加工、组装等活动具有不同的活动特性，有必要将各单位活动群体统一起来，并且作为全体的高效系统进行再构筑。可以认为，通过库存将各单位的活动有机地联结了起来。此种功能叫作库存的“统一功能”。

四、库存的功能

对顾客营销的功能有：① 改善顾客服务；② 补充预测误差；③ 防止短缺或脱销；④ 应付需求变化；⑤ 应付配送变化；⑥ 避免价格上涨。

对生产运作的功能有：① 保持生产过程连续性，防止中断；② 平滑生产要求，减少生产波动，稳定生产；③ 调整生产负荷；④ 减少生产成本；⑤ 分离运作过程；⑥ 缓冲作业的失误。

对采购的功能有：① 产生批量效果；② 分摊订货费用；③ 确保交货期；④ 缩短订货提前期，快速满足用户订货需求；⑤ 使企业达到经济订货规模。

五、库存的重要性

（一）库存直接影响到成本和服务

在供应链的某些地方，不可避免地需要一定数量的库存来为最终顾客提供足够的服务，然而持有库存也会使企业产生成本。增加库存通常会提高客户服务水平和增加收入，但是伴随而来的是更高的成本。

（二）库存具有整合需求和供给、维持各项活动顺畅进行的功能

一般来说，企业在采购生产阶段，为了保证生产过程的平稳化和连续性，需要有一定的原材料、零部件的库存。而库存需要占用资金，发生库存维持费用，并存在库存积压而产生损失的可能。因此库存既要防止缺货、避免库存不足，又要防止库存过量，避免发生大量不必要的库存费用。

一般认为，库存的存在有利有弊。库存几乎是每一个生产产品和提供服务的企业或组织生产管理的重要组成部分，尤其对制造企业和商业企业来说更是如此。它一方面能有效地缓解供需的矛盾，使生产尽可能均匀，有时甚至还有“奇货可居”的投机功能，为企业盈利；另一方面它占用大量资金，减少了企业的利润，掩盖了企业管理不善的各种矛盾，使企业效益低下甚至导致企业亏损。

库存过大的缺点是占用大量资金，影响现金流，资金周转困难；利息、利润损失，变质和贬值、减价出售损失；库存成本和费用增加，包括存储成本、搬运成本、管理费用增

加；产品更新难，生产效率低；掩盖了管理上的问题，如掩盖低劣的质量、掩盖拙劣的计划、掩盖不良的供应。

库存过小的缺点是产品脱销，机会损失和信用降低；对订货、生产、销售的应急降低；交货延期、高价采购、人员增加、波动加剧。

任务2 库存管理

一、库存管理的内涵

（一）库存管理的定义

库存管理是指对制造业或服务业生产、经营全过程的各种物品、产成品及其他资源进行管理控制，使其库存量保持在经济合理的水平。

库存管理的基本目标是防止超储和缺货，在企业现有资源约束下，以最合理的成本为用户提供所期望水平的服务，即在达到顾客期望的服务水平的前提下，尽量将库存成本减少到可以接受的水平。

库存管理与仓库管理的区别是，仓库管理主要针对仓库或库房的布置、物料运输和搬运以及存储自动化等的管理；库存管理的对象是库存项目，即企业中的所有物料，包括原材料、零部件、在制品、半成品、产品以及辅助物料。库存管理的主要功能是在供、需之间建立缓冲区，缓和用户需求与企业生产能力之间、最终装配需求与零配件之间、零件加工工序之间、生产厂家需求与原材料供应商之间的矛盾。

（二）库存管理的发展趋势

经典库存管理理论早在 20 世纪 30 年代就已形成。五种基本库存管理模型和 ABC 分类法已在企业中得到了广泛的应用。

基于 ERP 系统的库存管理是库存管理技术的发展方向。库存管理系统是企业管理信息系统的重要组成部分，它的发展主要依赖于库存管理理论和信息技术两方面的发展。

供应链环境下的库存管理方法有供应商管理库存、联合库存管理、多级库存优化与控制、战略库存控制以及协同式供应链库存管理，这些方法代表现代库存管理理论的发展趋势。

二、库存管理的方式

（一）供应商管理库存（VMI）

供应商管理库存（Vendor Managed Inventory，VMI）在商品分销系统中使用越来越广泛，有学者认为这种库存管理方式是未来发展的趋势，甚至认为这会导致整个配送管理系统的革命。支撑这种理念的理论非常简单，就是通过集中管理库存和各个零售商的销售信息，生产商或分销商补货系统建立在真实的销售市场变化基础上，能够提高零售商预测销售的准确性，缩短生产商与分销商的生产和订货提前期，在链接供应和消费的基础上优化补货频率和批量。

（二）客户管理库存（CMI）

与 VMI 不同，客户管理库存（Customer Managed Inventory，CMI）是另外一种和它相对的库存控制方式，配送系统中很多人认为，按照和消费市场的接近程度，零售商在配送系统中最接近消费者，在了解消费者的消费习惯方面最有发言权，因此是最核心的一环，库存自然应归零售商管理。持这种观点的人认为，配送系统中离消费市场越远的成员就越不能准确地预测消费者需求的变化。

（三）联合库存管理（JMI）

联合库存管理（Jointment Managent Inventory，JMI）是介于供应商管理库存和客户管理库存之间的一种库存管理方式，顾名思义，由供应商与客户共同管理库存，进行库存决策。它结合了对产品的制造更为熟悉的生产或供应商以及掌握消费市场信息、能对消费者消费习惯做出更快更准反应的零售商各组织的优点，能更准确地对供应和销售做出判断。在配送系统的上游，通过销售点提供的信息和零售商提供的库存状况，供应商能够更加灵敏地掌握消费市场变化，销售点汇总信息使整个系统都能灵活应对市场趋势；在系统另一端，销售点通过整个系统的可视性可以更加准确地控制资金的投入和库存水平。通过在配送系统成员中减少系统库存，增加系统的灵敏度。由于减少了需求的不确定性和应对突发事件所产生的高成本，整个系统都可以从中获益。在 JMI 模式下，零售商可以从供应商那里得到最新的商品信息以及关于库存控制各种参数的指导或建议，但是由于是独立的组织，零售商同样需要制定自己的库存决策。

三、库存管理的模型

（一）按生产和供应情况分类

按照不同的生产和供应情况采用不同的库存模型，库存管理模型可分为以下几种。

1. 定期定量模型

订货的数量和时间都固定不变。

2. 定期不定量模型

订货时间固定不变，而订货的数量依实际库存量和最高库存量的差别而定。

3. 定量不定期模型

当库存量低于订货点时就补充订货，订货量固定不变。

4. 不定量不定期模型

订货数量和时间都不固定。

5. 有限进货率定期定量模型

货源有限制，需要陆续进货。

（二）按供需情况分类

库存管理模型按供需情况可分为确定型和概率型两类。确定型模型的主要参数都已确切知道，概率型模型的主要参数有部分是随机的。

（三）按库存管理的目的分类

按库存管理的目的分类，库存管理模型又可分为经济型和安全型两类。经济型模型的主要目的是节约资金，提高经济效益，安全型模型的主要目的则是保障正常的供应，不惜加大安全库存量和安全储备期，使缺货的可能性降到最小限度。

库存管理的模型虽然很多，但综合考虑各个相互矛盾的因素求得较好的经济效果是库存管理的共同原则。

阅读材料

中国奥康集团有限公司（以下简称“奥康”）在深圳、重庆等地外加工生产的鞋子必须通过托运部统一托运到温州总部，经质检合格后方可分销到全国各个省级公司，再由省级公司向各个专卖店和销售网点进行销售。没有通过质检的鞋子需要重新打回生产厂家，修改合格以后再托运到温州总部。这样一来，既浪费人力、物力，又浪费了大量的时间，加上鞋子是季节性较强的产品，错过上市最佳时机，很可能导致这一季的鞋子积压。

经过不断探索与实践，奥康运用将别人的工厂变成自己仓库的方法，解决了这一问题。具体操作方法是：奥康在深圳、重庆生产加工的鞋子无需托运回温州总部，只需温州总部派出质检人员前往生产厂家进行质量检验，质检合格后生产厂家就可直接从当地向奥康各省级公司进行发货，再由省级公司向各营销点进行分销。

奥康集团总裁王振滔表示，当时机成熟时，奥康完全可以撤销省级的仓库，借用别人的工厂和仓库来储存奥康的产品，甚至可以直接从生产厂家将产品发往当地直营店。这样，既节省大量人力、物力、财力，又节省了大量时间，使鞋子紧跟市场流行趋势。同时，又可以大量减少库存甚至保持零库存。按照这样的设想，奥康在 30 多家省级公司不需要设置任何仓库，温州总部也只需设一个中转仓库就可以了。

四、库存管理的功能

（一）谋求资本的有效运用

如果有多余的资料长期积压，会造成资金占用，对资金的正常运行来讲压力很大。要防止资金僵化，资金进行良性循环才能产生利润。

（二）保有最小库存量，确保销售流动能顺利进行

尽可能使库存产品量达到不致存量不足的最小限度，避免积压资金。

（三）及时掌握库存状况

能对库存过剩、库存短缺及时处理。

（四）节省库存费用

适当地保存库存量能节省库存费用。

（五）提升企业的经济效益

库存保存多会积压资金，库存不足也会造成资金浪费，唯有适当库存才能获得有效的营运。

（六）控制成本

稳定库存水准，能减少或维持制造成本。

（七）缩短生产周期

适当保存材料、在制品以缩短生产周期。

（八）改善物料搬运效率

物料合理地搬运必须强调时间观念，改善搬运和库存，使之完美结合才能有效果。

（九）缩短物料供应周期

缩短从订货到物料进厂的时间，即把物料的订货交货时间缩短，可以减少供应周期准备的预备库存量。

（十）防止物料过期

充分了解各种物料的特性，分别针对其特性采取相应的保管方法，例如对那些容易风化、生锈、破碎及体积大的物品在必要时再购进，或尽量少存。

（十一）有效地利用工厂面积、仓库面积

在有限的场地厂房内，放置多余的物料或零散堆放会造成拥挤，应采用立体贮藏来提高贮藏效率，更有效地利用面积。

五、零库存

（一）零库存的概念

“零库存”（zero inventory）是一种特殊的库存概念，其对工业企业和商业企业来讲是个重要的分类概念。“零库存”是指以仓库储存形式存在的某种或某些种物品的储存数量很低，甚至可以为“零”，即不保持库存。

零库存可追溯到20世纪60～70年代，当时的日本丰田汽车实行准时制生产，在管理手段上采用了看板管理，以单元化生产等技术实行拉式生产，实现在生产过程中基本没有积压的原材料和半成品。这种前者按后者需求生产的制造流程大大降低了生产过程中库存和资金的积压。

（二）零库存的主要经营形式

1. 协作分包方式

协作分包方式主要是指制造企业的一种产业结构形式，它可以按照若干分包企业的柔性生产准时供应，使主企业的供应库存为零。同时，主企业的集中销售库存使若干分包劳务及销售企业的销售库存为零。

2. 轮动方式

轮动方式也称同步方式，是指在对系统进行周密设计的前提下，使每个环节速率完全协调，从根本上取消工位之间暂时停滞的一种零库存、零储备形式。这种方式是在传送带式生产基础上，进行更大规模延伸形成的一种使生产与材料供应同步进行，通过传送系统供应从而实现零库存的形式。

3. 准时供应系统

在生产工位之间或在供应与生产之间做到完全轮动，这不仅是一件难度很大的系统工程，也需要很大的投资，另外，有一些产业也不适合采用轮动方式。所以，广泛采用比轮动方式有更多灵活性、较易实现的准时方式，准时方式不是采用类似传送带的轮动系统，而是依靠有效的衔接和计划达到生产工位之间、供应与生产之间的协调，从而实现零库存。如果说轮动方式主要靠硬件的话，那么准时供应系统则在很大程度上依靠信息技术。

4. 看板方式

看板方式是准时方式中一种简单有效的方式，也称“传票卡”制度或“卡片”制度。在企业的各工序之间，或在企业之间，或在生产企业与供应者之间，采用固定格式的卡片为凭证，由下一环节根据自己的节奏，逆生产流程方向，向上一环节指定供应，从而协调关系，做到准时同步。采用看板方式，有可能使供应库存实现零库存。

5. 水龙头方式

水龙头方式是一种像拧开自来水管的水龙头就可以取水而无须自己保有库存的零库存形式。这种方式经过一段时间的演进，已发展成为即时供应制度，用户可以随时提出购入要求，采取需要多少就购入多少的方式，供货者以自己的库存和有效供应系统承担即时供应的责任，从而使用户实现零库存。适于这种供应形式实现零库存的物资主要是工具及标准件。

6. 无库存储备

无库存储备是仍然保持储备，但不采取库存形式，以此达到零库存。例如，国家战略储备的物资往往是重要物资，战略储备在关键时刻可以发挥巨大作用，几乎所在国家都要有各种名义的战略储备。由于战略储备的重要性，一般这种储备都保存在条件良好的仓库中，以防止其损失，延长其保存年限。因而，实现零库存几乎是不可想象的事。有些国家将不易损失的铝这种战备物资作为隔音墙、路障等储备起来，以备万一，在仓库中不再保有库存。

任务3　库存控制

一、库存控制的内涵

库存控制是指根据外界对库存的要求和企业订货的特点，预测、计划和执行一种补充库存的行为，并对这种行为进行控制。其主要目的是合理控制库存量的大小，内容包括需求预测，确定货物的订货量和订货时间，并给库存货物合理分类以便于管理人员抓住重点，区别对待各种货物。

为了使库存控制科学、准确，需要建立一些能反映实际商业运作的数学模型，然后利用计算机进行辅助决策。

（一）库存控制的过程

企业库存货物的库存量是经常变动的，为了使库存量保持在合理的水平上，就要进行合理、科学的库存控制。

合理的库存量基于两点考虑，一是用户服务水平，即在正确的地点、正确的时间，有足够数量的合适货物满足生产或经营的需要；另一点则是订货成本与库存持有成本较低。

（二）库存控制的目标

1. 成本最小化

确定在既定服务水平下的最低库存储备，使各项存储活动的总费用最少。

2. 服务最大化

在库存成本的合理范围内达到满意的顾客服务水平。即在一定成本条件下，达到满足需求率（工厂一般要求不缺货）的最高服务水平。

（三）库存决策

库存决策的内容和要点是实现库存管理目标，应尽量使库存平衡，库存管理人员须做出正确的库存决策。库存控制政策的重点在于确定库存控制程度，含如何订货、何时订货和订购多少等。需要解决以下四个方面的主要问题。

1. 确定库存控制程度

确定满足用户需求的服务水平，通常通过需求预测、客户订货单或管理者的经验确定。

2. 确定两次订货之间的间隔时间

两次订货之间的间隔时间又称为订货间隔期，订货间隔期的长短直接决定了最高库存量，库存水平的高低当然也影响了库存费用。订货周期长会使库存水平过高，增加持有费用；订货周期过短会使订货批次增多，增加订货费用。

3. 确定每次订货的提前期

订货提前期是从发出订货至到货的时间间隔，包括订货准备、发出订单、供方接受订货、供方生产、产品发运、货物到达、提货、验收、入库等所需花费的时间。下订单时的库存水平叫订货点。

4. 确定每次订货的订货批量

订货批量的确定是解决补充多少库存的问题，需要根据服务目标和成本目标，依据库存控制策略和库存模型精准计算订货量的大小。

（四）库存控制决策的影响因素

1. 需求

库存的需求是指在一定时期内从库存中取出以应某种用途（如生产或销售）的货物数量。库存的需求根据特性可做如下分类。

（1）单周期需求和多周期需求。单周期需求是指发生在比较短的时间内或库存时间不可能太长的需求，也称为一次订货问题。主要有两种情况：偶尔发生的某种货物的需求，如奥运会纪念章、新年贺卡等；经常性的、生命周期很短的易变质、易过期货物的需求，如报纸、鲜鱼等。多周期需求体现为在长时间内需求反复发生，需重复订货以补充库存。

（2）独立需求和相关需求。独立需求是指对一种货物的需求，在数量上和时间上与对其他货物的需求无关，只取决于市场和顾客的需求。独立需求是一种外生变量，如企业的货物需求取决于市场和客户。相关需求（从属需求、非独立需求）是指对一种货物的需求，在数量上和时间上直接依赖于对其他货物的需求。相关需求是一种内生变量，如生产过程中的原材料、在制品需求等，可以通过产品结构关系和上下游的生产比例关系推算和准确确定。

（3）确定需求和不确定需求。确定需求是指对未来一定时期内的库存需求能够完全准确预测和确定，需求是确定性的（现实中的确定需求体现为产品以一个固定速率从库存中取出）。不确定需求就是不能准确预测和确定的需求。

2. 产品

产品特征是影响库存决策的重要因素之一，不同类型的产品，其库存控制方法不同。库存的产品特性可做如下分类。

（1）单一产品和多种产品。经典库存模型都是关于单一产品在单一地点的库存问题。而实践中许多库存系统必须同时处理很多种产品，有时甚至是成百上千种产品。对于多种产品，可以分别对每一种产品使用单一产品建模，但实践中流行的最简单的一种方法是ABC 分类控制法。

（2）稳定性产品和易变质产品。稳定性产品是指能无限期保持可出售状态的产品。易变质产品是在出售之前仅能在库存中保持非常有限时间的产品。

（3）自制与外购。自制产品类似于生产库存，外购产品类似于采购库存。

3. 订货

订货因素主要涉及订货间隔期、订货提前期、订货方式和订货量的确定。

（1）定量订货和定期订货。库存消耗达到某一预先确定的量（订货点），根据经济订购量（或经济生产量）进行订货（或生产）的方式叫定量订货。由于消耗速度的变化，其结果是订货时间没有一定的间隔，是不定期的。尽管订货期波动变化，但订货量每次都相同。订货周期固定为每季、每月、每周的某一日，称为定期订货方式。按照这个固定周期进行将来的预测并制定计划，只按需求量进行订货，所以每次的订货量是不定的。

（2）连续检查和周期检查。现有库存水平被连续监控的库存系统称为连续盘存系统，库存水平被定期检查的库存系统称为周期盘存系统。

4. 交货

交货因素主要涉及确定交货时间、到货延时和缺货补充等。

（1）瞬时到货和延迟到货。为补充库存而订购的货物在需要时能立即到达的为瞬时到货，要经过一段时间才能到达的是延迟到货。

（2）允许缺货和不允许缺货。缺货是库存彻底耗尽，再出现需求时不能立即满足的情况。

（3）缺货补货和缺货不补货。缺货补货是指当发生缺货时持有缺货订单并在得到货物时予以补充。

5. 服务水平

服务水平是指供应对需求的满足程度。服务水平的高低对库存控制决策将产生重要的影响，如要 100% 满足顾客需求，即服务水平为 100%，就需要增加库存。

设置正确的服务目标是一个供应链的重要战略性决策，也是库存水平的关键驱动因素。对供应链中所有产品不必设置相同的服务目标，应针对不同的顾客，服务目标也不相同。

顾客关心的是他们接受的服务，而不是供应链内部提供的服务，对最终顾客的服务才是关键。供应链可以通过不同的设计达到相同的最终顾客服务目标。例如，设置较低的内部服务水平，追求内部低成本，也可以较高的成品库存缓冲来提供较高的最终顾客服务水平，关键在于创造企业经营效益。

6. 成本

固定成本是指不论决策如何而保持不变的成本，变动成本是指随决策的不同而有所变化的成本。

库存总成本一般以年为时间单位进行核算。不管是零售商和批发商通过采购产品来补充库存，还是制造商通过生产产品来补充成品库存以应付客户的购买，以及制造商采购原材料和零部件补充原料库存等，在库存模型中都使用相同的术语来描述库存成本。库存模型中涉及四类成本。

（1）持有成本。是指货物放置到库存中直到另有用途时的存储成本。持有成本包括库存占用资金的成本，与存储空间有关的费用，以及保险费、保管费和税费等。通常用每单位货物的年持有成本表示。它是一种变动成本。

（2）准备成本。是指初始化补货程序而带来的成本。如果补充库存是通过采购来完成的，准备成本将由各种订货管理成本构成，如准备和处理订单、接货验货、处理付款手续等管理费用。如果补充库存是通过制造商自己生产产品来完成的，那么准备成本就是调整机器设备、调整生产工艺的费用。准备成本包括订购费用、物资进货成本等。

（3）缺货成本。是指需要从库存中取货而库存中已无货时发生的成本，通常是指不能满足客户订单可能导致的机会成本、缺货损失、惩罚成本等。通常用每单位货物的年缺货成本表示。缺货成本的估算是最难的。

（4）获取成本。是指无论是通过采购还是自行生产而补充库存的直接成本。如果是通过采购补充库存，获取成本相当于购买价格；如果是生产，获取成本相当于直接生产成本。通常情况下获取成本表现为一个固定的单位成本，但当大批量采购时可能有数量折扣，从而降低采购价格。

二、ABC 分析及重点管理

（一）ABC 分析方法概述

“关键的少数和次要的多数”的理论，被广泛应用在社会学和经济学中，并被称为帕累托原则，即“二八原则”。“关键的少数和次要的多数”是普遍存在的，在一个系统中，少数事物具有决定性的影响。相反，其余的绝大部分事物却不太有影响。很明显，将有限的力量主要用于解决具有决定性影响的少数事物，和将有限的力量平均分摊在全部事物上，这两者比较，当然是前者可以取得较好的成效，而后者成效较差。ABC 分析便是在这一思想的指导下，通过分析，将“关键的少数”找出来，并确定与之适应的管理方法，这便形成了要进行重点管理的 A 类事物。

（二）ABC 分类的标准与步骤

1. ABC 分类的基本原理

将库存按品种和占用资金的多少分为特别重要的库存（A 类）、一般重要的库存（B 类）和不重要的库存（C 类），然后针对不同等级分别进行管理与控制。其核心是“抓住重点，分清主次”。

2. ABC 分类的标准

依据库存所占总库存资金的比例和所占总库存品种数目的比例，大致上进行分类。分类标准如图 6-1 所示。

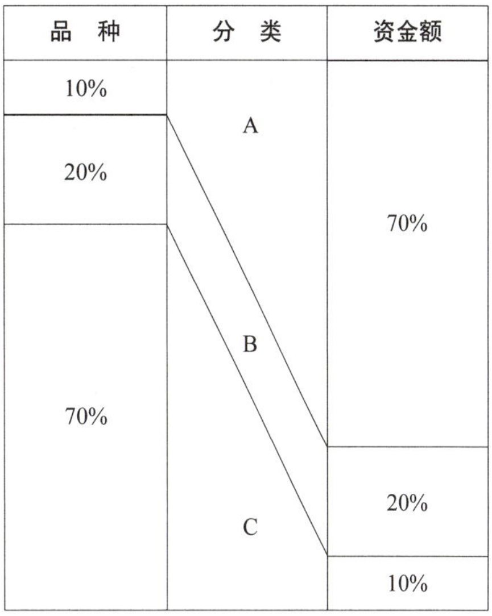

图 6-1 ABC 分类的标准

3. ABC 分类的具体步骤

ABC 分类的具体步骤如图 6-2 所示。

（三）ABC 分类管理的原则

1. A 类库存的管理

A 类库存品种少，但占用库存资金多，是所谓的“关键的少数”，要重点管理。应采取下列策略：

（1）每件商品皆做编号。

（2）尽可能正确地预测需求量。

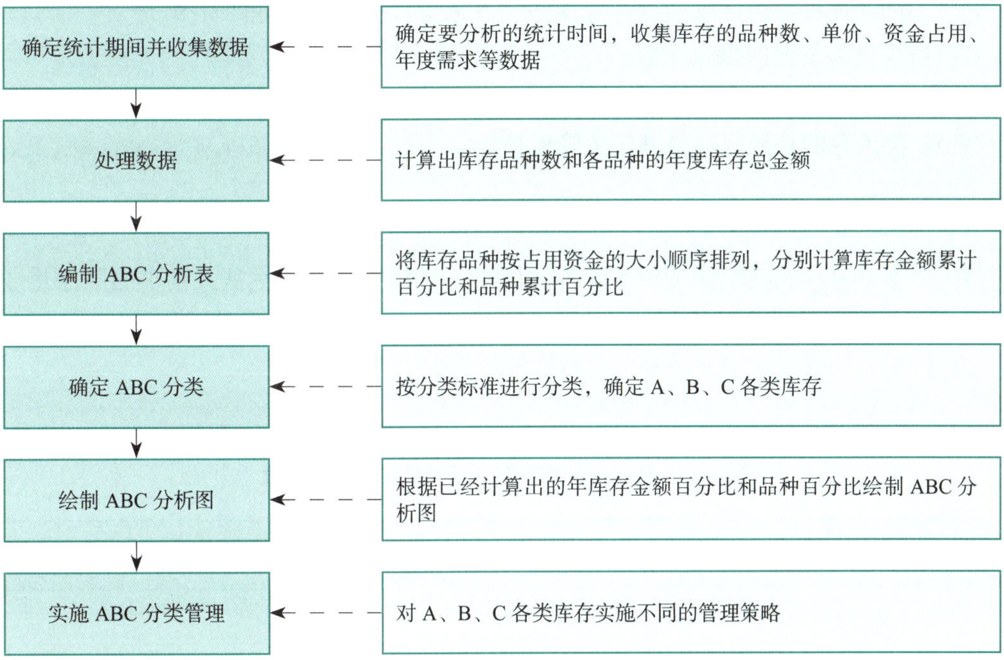

图 6-2 ABC 分类的具体步骤

（3）少量采购，尽可能在不影响需求的前提下减少库存量。

（4）请求供货单位配合，力求出货量平稳化，以降低需求变动，减少安全库存量。

（5）与供应商协调，尽可能缩短订货提前期。

（6）采用定期订货方式，对其存货必须做定期检查。

（7）必须严格执行盘点，每天或每周盘点一次，以提高库存精度。

（8）对交货期加强控制，在制品及发货也必须从严控制。

（9）货物放置于易于出库的位置。

（10）实施货物包装外形标准化，增加出入库的库位。

（11）A 类库存的补充须经高层主管审核。

2. B 类库存的管理

（1）正常的控制，采用比 A 类库存相对简单的管理办法。

（2）B 类库存中销售额比较高的品种要采用定期订货方式或定期定量混合方式。

（3）每 2 ～ 3 周盘点 1 次。

（4）中量采购。

（5）B 类库存的补充须经中级主管审核。

3. C 类库存的管理

C 类库存种类多，但占库存资金少，属于“次要的多数”，采取简单的管理策略。

（1）将一些货物不列入日常管理的范围，如螺丝、螺母之类的数量大、价值低的货物不作为日常盘点的货物，并可规定最少出库的批量，以减少处理次数。

（2）为防止库存过低，安全库存要多些，或减少订货次数以降低费用。

（3）减少这类货物的盘点次数。

（4）可以很快订货的货物，可以不设置库存。

（5）C 类库存的补充仅须经基层主管审核。

（四）ABC 分类管理举例

例 1：某企业全部库存共计 3 424 种，按每一品种年度销售额从大到小的顺序排成七档，统计每档的品种数和销售额，见表 6-1。

请用 ABC 分析法确定该企业库存商品的分类。

表 6-1　某企业每档库存商品的品种数和销售额

每种商品年销售额 X/ 万元	品种数	销售额 / 万元
$X>6$	260	5 800
$5<X\leq 6$	68	500
$4<X\leq 5$	55	250
$3<X\leq 4$	95	340
$2<X\leq 3$	170	420
$1<X\leq 2$	352	410
$X\leq 1$	2 424	670

解：库存物资 ABC 分类可分为数据收集、统计汇总、制作 ABC 分析表、确定 ABC 类别、绘制 ABC 分类管理图和确定管理方法几个步骤。

第一步：数据收集。本例已经给出。

第二步：统计汇总。根据题干给定数据，做出汇总表，见表 6–2。

表 6–2　ABC 分类汇总表

每种商品年销售额 X/ 万元	品种数	占全部品种数的百分比 /%	品种累计	占全部品种数的累计百分比 /%	销售额 / 万元	占销售总额的百分比 /%	销售额累计 / 万元	占销售总额的累计百分比 /%
$X>6$	260	7.59	260	7.59	5 800	69.13	5 800	69.13
$5<X\leqslant 6$	68	1.99	328	9.58	500	5.96	6 300	75.09
$4<X\leqslant 5$	55	1.61	383	11.19	250	2.98	6 550	78.07
$3<X\leqslant 4$	95	2.77	478	13.96	340	4.05	6 890	82.12
$2<X\leqslant 3$	170	4.96	648	18.93	420	5.01	7 310	87.13
$1<X\leqslant 2$	352	10.28	1 000	29.21	410	4.89	7 720	92.01
$X\leqslant 1$	2 424	70.79	3 424	100	670	7.99	8 390	100
合计	3 424	100			8 390	100		

第三步：根据 ABC 分类标准，制作 ABC 分析表，见表 6–3。

分类方法：$X>5$ 为 A 类；$1<X\leqslant 5$ 为 B 类，$X\leqslant 1$ 为 C 类。

表 6–3　ABC 分析表

分类	品种数	占全部品种数的百分比 /%	占全部品种数的累计百分比 /%	销售额 / 万元	占销售总额的百分比 /%	占销售总额的累计百分比 /%
A	328	9.58	9.58	6 300	75.09	75.09
B	672	19.63	29.21	1 420	16.92	92.01
C	2 424	70.79	100	670	7.99	100

第四步：根据表 6–3 绘制 ABC 分类管理图，如图 6–3 所示。

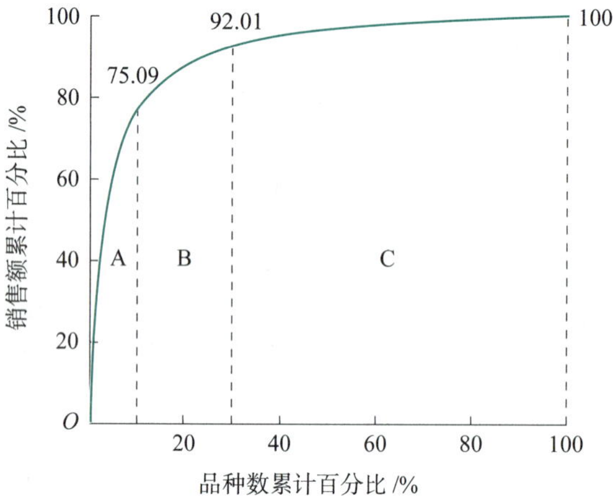

图 6–3　ABC 分类管理图

三、经济订货批量（EOQ）库存控制模型

经济订货批量法通过费用分析求得在库存总费用最小时的订货批量，用以解决独立需求货物的库存控制问题。EOQ 库存控制模型中的费用主要包括库存保管费用、订货费、缺货费。

EOQ 的控制原理就在于控制订货批量，使年度总库存成本量小。其中：

$$\text{年度总库存成本} = \text{年度采购成本} + \text{库存保管费} + \text{订货费} \tag{1}$$

假设：货物需求量均衡、稳定，年需求量为固定常数，价格固定，年度采购成本（指所采购货物的价值，等于年需求量 × 价格）为固定常数，且与订货批量无关。则年度总库存成本与订货批量的关系如图 6–4 所示。

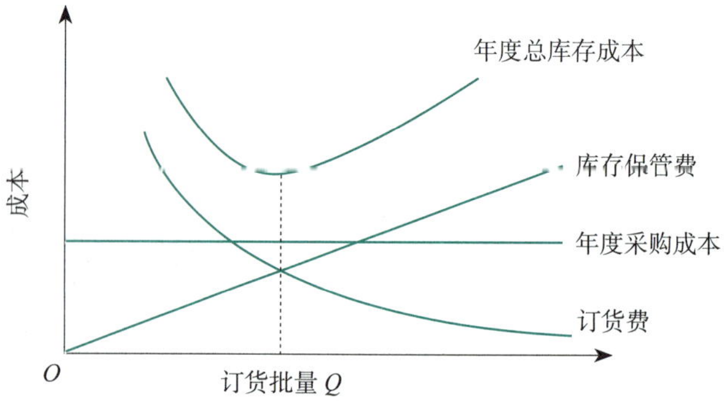

图 6–4　年度总库存成本与订货批量的关系

从图可见，库存保管费随订货批量增大而增大，订货费随订货批量增大而减少，而当两者费用相等时，总费用曲线处于最低点，这时的订货批量为 EOQ。

（一）理想的经济订货批量

$$TC = DP + \frac{DC}{Q} + \frac{QK}{2} \tag{2}$$

式中：TC——年度库存总费用，元；

D——年需求量，件 / 年；

P——单位采购成本，元 / 件；

Q——每次订货批量，件；

C——单位订货费，元 / 次；

F——单件货物保管费用与单件货物单位采购成本之比，即年保管费率；

K——单件货物年平均库存保管费用，元 /（件・年），$K = PF$；

$Q/2$——年平均存储量；

EOQ——经济订货批量。

理想的经济订货批量指不考虑缺货，也不考虑数量折扣以及其他问题的经济订货批量。在不允许缺货，也没有数量折扣等因素的情况下：

年度总库存成本 = 年度采购成本 + 库存保管费 + 订货费

要使 TC 最小，将式（1）对 Q 求导数，并令一阶导数为 0，得到经济订货批量 EOQ 的计算公式为

$$EOQ = \sqrt{\frac{2CD}{K}} = \sqrt{\frac{2CD}{PF}} \tag{3}$$

例 2：某企业每年需要购买 8 000 套儿童服装，每套服装的价格是 100 元，其年储存成本是 3 元 / 件，每次订购成本为 30 元。每年按 360 天计算。

请计算最优订货数量、年订购次数和预期每次订货时间间隔。

解：$D = 8\,000$ 件 / 年，$C = 30$ 元 / 次，$K = 3$ 元 /（件・年），采用经济订货批量公式，计算得到：

$$EOQ = \sqrt{\frac{2CD}{K}} = \sqrt{\frac{2 \times 30 \times 8\,000}{3}} = 400（件）$$

$$年订购次数 = \frac{D}{EOQ} = \frac{8\,000}{400} = 20（次）$$

$$间隔 = \frac{360}{20} = 18（天）$$

$$年度库存总费用 = 8\,000 \times 10 + \frac{8\,000 \times 30}{400} + \frac{400 \times 3}{2} = 801\,200（元）$$

即每次订货批量为 400 件时年库存总费用最小，最小费用为 801 200 元。

（二）允许缺货的经济订货批量

在实际生产活动中，订货到达时间或每日耗用量不可能稳定不变，因此有时不免会出现缺货。在允许缺货的情况下，经济订货批量是指订货费、保管费和缺货费之和最小时的订货批量，计算公式为

$$EOQ = \sqrt{\frac{2CD}{K}} \times \sqrt{\frac{K + C_0}{C_0}} \tag{4}$$

式中：C——每次订货费，元 / 次；

C_0——单位缺货费，元 /（件 · 年）；

K——单位货物平均年度库存保管费，元 /（件 · 年）；

D——年需求量。

例 3：在例 2 中，允许缺货，且年单位缺货费为 6 元 /（件 · 年）。

若其他条件不变，请计算允许缺货的经济订货批量。

解：D = 8 000 件，C = 30 元 / 次，K = 3 元 /（件 · 年），C_0 = 6 元 /（件 · 年），根据公式（3），计算得到：

$$EOQ = \sqrt{\frac{2CD}{K}} \times \sqrt{\frac{K + C_0}{C_0}} = \sqrt{\frac{2 \times 30 \times 8\,000}{3}} \times \sqrt{\frac{3 + 6}{6}} = 490（件）$$

（三）有数量折扣的经济订货批量

为了鼓励大批量购买，供应商往往在订购数量超过一定量时提供优惠的价格。在这种情况下，买方应进行计算和比较，以确定是否需要增加订货批量去获得折扣。其判断的准则是：若接受折扣所产生的年度总费用小于经济订货批量所产生的年度总费用，则应接受折扣；反之，应按不考虑数量折扣计算的经济订货批量购买。

例 4：在例 2 中，供应商给出的数量折扣条件是当一次订购量小于 600 件时，每件价格是 100 元；当一次订购量大于或等于 600 件时，每件价格是 80 元。

若其他条件不变，请计算每次应采购的数量。

解：根据供应商给出的条件，分析如下：

① 计算按享受折扣价格时的批量（即 600 件）采购的年度总费用。

此时 D = 8 000 件，C = 30 元 / 次，K = 3 元 /（件 · 年），P = 80 元 / 件，Q = 600 件，根据公式（2）得到：

$$TC = DP + \frac{DC}{Q} + \frac{QK}{2} = 8\,000 \times 80 + \frac{8\,000 \times 30}{600} + \frac{600 \times 3}{2} = 641\,300（元）$$

② 按折扣价格计算经济订货批量 *EOQ*。

此时 D = 8 000 件，C = 30 元 / 次，K = 3 元 /（件 · 年），P = 80 元 / 件，根据公式（3）得到：

$$EOQ = \sqrt{\frac{2CD}{K}} = \sqrt{\frac{2 \times 30 \times 8\,000}{3}} = 400(件)$$

即价格为 80 元时，经济订货批量 *EOQ* 仍然为 400 件。

③ 分析判断。

根据步骤②计算结果可知，按 80 元 / 件的价格计算的经济订货批量是 400 件，它小于享受折扣条件规定的数量（一次不小于 600 件），这表明每次订 400 件是不能享受折扣价格的，这时只能按 100 元 / 件的价格计算年度总费用。根据例 2 的计算结果可以知道，这种情况下的年度总费用是 801 200 元。再根据步骤①计算结果可以判断，若按享受折扣价格时的批量（即 600 件）采购，年度总费用为 641 300 元，小于按不享受折扣价格时的批量（即 400 件）采购的年度总费用 801 200 元。因此，采购策略应为每次订购 600 件。

（四）考虑运输数量折扣的经济订货批量

当运输费用由卖方支付时，一般不考虑运输费用对年度总费用的影响。但如果由买方支付，则需要考虑对年度总费用的影响。此时，年度总费用需在公式（1）的基础上再加上运输费用，即：

年度总库存成本 = 年度采购成本 + 库存保管费 + 订货费 + 运输费

用公式表示为

$$TC = DP + \frac{DC}{Q} + \frac{QK}{2} + Y \tag{5}$$

式中：Y——运输费，元。

简单的比较方法是将有无运价折扣的两种情况下的年度总费用进行对比，选择年度总费用较小的方案。

例 5：在例 2 中，若订货批量小于 600 件时，运输价格为 2 元 / 件；订货批量大于或等于 600 件时，运输价格为 1.5 元 / 件。

若其他条件不变，请计算最佳订货批量。

解：① 按 *EOQ* 计算年度库存总费用，根据公式（5）得到：

$$TC_1 = DP + \frac{DC}{Q} + \frac{QK}{2} + Y$$

$$= 8\,000 \times 100 + \frac{8\,000 \times 30}{400} + \frac{400 \times 3}{2} + 8\,000 \times 2$$

$$= 817\,200(元)$$

② 按运价折扣计算年度库存总费用，根据公式（5）得到：

$$
\begin{aligned}
TC_2 &= DP + \frac{DC}{Q} + \frac{QK}{2} + Y \\
&= 8\,000 \times 100 + \frac{8\,000 \times 30}{600} + \frac{600 \times 3}{2} + 8\,000 \times 1.5 \\
&= 813\,300(\text{元})
\end{aligned}
$$

③ 比较步骤①②的计算结果可以判断，一次订购 600 件可以节省年度库存总费用 817 200 − 813 300 = 3 900（元）。因此，应该每次订购 600 件。

四、定量订货法与定期订货法

（一）定量订货法

1. 定量订货法的原理

定量订货法是指当库存量下降到预定的最低库存量（订货点 R）时，按规定（数量一般以经济订货批量 EOQ 为标准）进行订货补充的一种库存控制方法。它主要靠控制订货点和订货批量两个参数来控制订货进货，达到既使库存需求最好地得到满足，又能使总费用最低的目的。库存量变化如图 6-5 所示。

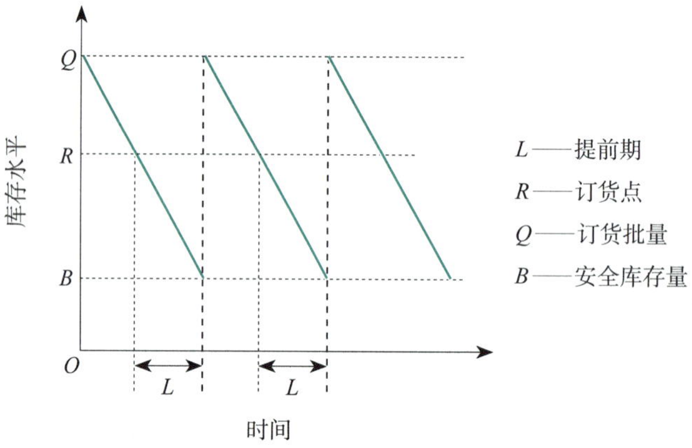

图 6-5 定量订货法

2. 定量订货法控制参数的确定

实施定量订货法需要确定两个控制参数：一个是订货点，即订货点库存量；另一个是订货数量，即经济订货批量 EOQ。

订货数量，即经济订货批量 EOQ 可以按前文的方法确定。以下重点介绍订货点的确定。

影响订货点的因素有三个：订货提前期、平均需求量和安全库存。根据这三个因素我

们可以简单地确定订货点。计算公式为

$$订货点 = 平均每天的需要量 \times 提前期 + 安全库存 \tag{6}$$

$$安全库存 = （预计每天最大耗用量-每天正常耗用量）\times 提前期 \tag{7}$$

例 6：某企业甲种物资的经济订货批量为 750 吨，订货提前期为 10 天，平均每日正常需求量为 25 吨，预计日最大耗用量为 40 吨。若使用定量订货法，求该企业甲种物资的订货点。

解：根据公式（6）和公式（7）得到：

$$订货点 = 10 \times 25 + (40-25) \times 10 = 400（吨）$$

3. 定量订货法的优缺点

（1）优点

① 控制参数一经确定，实际操作就变得非常简单了。实际中经常采用“双堆法”来处理。所谓双堆法，就是将某货物库存分为两堆，一堆为经常库存，另一堆为订货点库存，当消耗完就开始订货，平时用经常库存，不断重复操作。这样可减少经常盘点库存的次数，方便可靠。

② 当订货批量确定后，货物的验收、入库、保管和出库业务可以利用现有规格化器具和计算方式，可以有效地节约搬运、包装等方面的作业量。

③ 充分发挥了经济订货批量的作用，可降低库存成本，节约费用，提高经济效益。

（2）缺点

① 要随时掌握库存动态，严格控制安全库存和订货点库存，占用了一定的人力和物力。

② 订货模式过于机械，不具有灵活性。

③ 订货时间不能预先确定，对于人员、资金、工作业务的计划安排不利。

④ 受单一订货的限制，对于实行多品种联合订货方式的，采用此方法时还需要灵活掌握处理。

（3）适用范围

这种方法适合以下类别货物的订货：订购单价便宜，且不便于少量订购的货物，如螺栓、螺母；需求预测比较困难的维修货物；品种数量繁多、库存管理事务量大的货物；计算清点复杂的货物；需求量比较平稳的货物。

（二）定期订货法

1. 定期订货法的原理

定期订货法是按预先确定的订货时间间隔进行订货补充的库存管理方法。它是基于时间的订货控制方法，设定了订货周期和最高库存量，从而达到控制库存量的目的。只要订货间隔期和最高库存量控制合理，就可能实现既保障需求、合理存货，又可以节省库存费用的目标。

定期订货法的原理是：预先确定一个订货周期和最高库存量，周期性地检查库存，根据最高库存量、实际库存、在途订货量和待出库货物数量，计算出每次订货批量，发出订货指令，组织订货。其库存变化如图 6-6 所示。

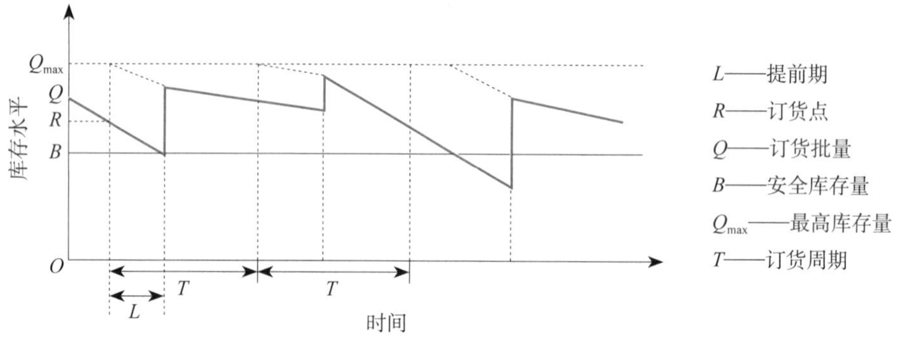

图 6-6 定期订货法

2. 定期订货法控制参数的确定

（1）订货周期 T 的确定

订货周期实际上就是定期订货的订货点，其间隔时间总是相等的。订货间隔期的长短直接决定最高库存量的大小，即库存水平的高低，进而也决定了库存成本的多少。所以，订货周期不能太长，否则会使库存成本上升；也不能太短，太短会增加订货次数，使得订货费用增加，进而增加库存总成本。从费用角度出发，如果要使总费用达到最低，我们可以采用经济订货周期的方法来确定订货周期 T，其公式为

$$T^{*}=\sqrt{\frac{2C}{KM}} \tag{8}$$

式中：C——每次订货成本；

K——单位货物的年保管费用；

M——单位时间内库存需求量（销售量）；

T^{*}——经济订货周期。

在实际操作中，经常结合供应商的生产周期来调整经济订货周期，从而确定一个合理可行的订货周期。当然也可以结合人们比较习惯的时间单位（如周、旬、月、季、年等）来确定经济订货周期，从而与企业的生产计划、工作计划相吻合。

（2）订货量的确定

定期订货法的订货数量是不固定的，订货批量的多少都是由当时的实际库存量的大小决定的，考虑到订货点的在途到货量和已发出出货指令尚未出货的待出货数量（称为订货余额），每次的订货量的计算公式为

$$订货量=平均每天的需求量\times（提前期+订购间隔）+安全库存-实际库存量 \quad （9）$$

$$安全库存=（预计每天最大耗用量-每天正常耗用量）\times 提前期 \quad （10）$$

例7：某企业乙种货物的经济订购批量为750吨，订购间隔期为30天，订货提前期为10天，平均每日正常需求量为25吨，预计日最大耗用量为40吨，订购日的实际库存量为600吨，订货余额为0。

请计算定期订货法下该企业乙种货物的订货量。

解：根据公式（9）和公式（10）得到：

$$订货量=25\times（10+30）+（40-25）\times 10-600-0=550（吨）$$

订货策略为在订货日订购550吨。

3. 定期订货法的优缺点

（1）优点

① 可以合并出货，减少订货费。

② 周期盘点比较彻底、精确，避免了定量订货法每天盘存的做法，减少了工作量，提高了工作效率。

③ 库存管理的计划性强，有利于工作计划的安排，实行计划管理。

（2）缺点

① 需要较高的安全库存量来保证库存需求。

② 每次订货的批量不固定，无法制定出经济订货批量，因而运营成本较高，经济性较差。

③ 手续复杂，每次订货都需要检查储备量和订货合同，并计算出订货量，费时费力。

（3）适用范围

定期订货法一般适用于企业需要严格管理的重要货物。

任务4　物料需求预测

目前世界各国企业采用比较多的物料需求预测方法是MRP（Material Requirement Planning）。MRP的特点是应用计算机技术计算物料需求，大大提高了物料需求预测的能力和精度。在以往的定量、定期模型中都有一个假定条件——原材料的需求是独立或稳定的。事实上随着竞争的日益加剧，需求变得难以捉摸，不断发生变化，定量、定期模型已渐渐不能适应企业柔性生产对原材料的需要，而MRP的出现则在某种程度上解决了这一问题。信息化提供的数据处理能力可以迅速完成对零部件需求的计算，使企业采购能够及时根据需求变动进行调整。图6-7是MRP的一个简单模型。

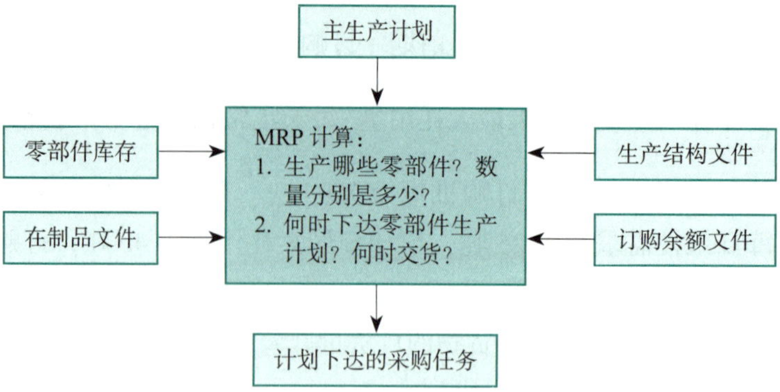

图 6-7 MRP 模型

图 6-7 描绘了 MRP 的简单处理过程，先通过生产结构文件将主生产计划中对产品的需求进行分解，生成对部件、零件以及材料的主需求量计划，进而利用主需求量、库存情况、计划期内各零部件的构成以及在制品情况等进行计算，以确定在产品结构各层次上零部件的净需求量，最终确定零部件的订购计划。下面我们详细介绍一下 MRP 的工作逻辑和参数的确定。

一、MRP 的工作逻辑

如前文所述，MRP 能够根据产品的生产量，自动计算出构成这些产品的零部件与材料的需求量，并能由产品的交货期展开成零部件生产进度日程和材料及外购件的采购日程；当计划执行情况有变化时，还能根据新情况区分出轻重缓急，调整生产优先次序，重新编制出符合新情况的采购作业计划。

MRP 的目标是：① 保证按时供应用户所需货物，及时取得生产所需的原材料及零部件；② 保证尽可能低的库存水平；③ 计划生产活动、交货进度与采购活动，使各车间生产的零部件、外购配套件与装配的要求在时间和数量上精确衔接。

（一）MRP 的输入信息

MRP 系统有三种输入信息，即主生产计划、库存状态信息和产品结构信息。

1. 主生产计划

将计划时间内（年、月）每一时间周期（月、周、旬等）最终成品的计划生产量，记入主生产计划。它表示计划需求每种成品（产品）的数量和时间。产品生产计划根据市场预测与用户的订货单来确定，但它并不等同于市场预测，因为预测没有考虑企业的生产能力，而计划则要同企业的生产能力进行平衡后才能确定；预测的需求量可能随时间的起伏而发生变化，计划则可以通过提高或降低库存水平作为缓冲器，以达到均衡稳定的生产。产品主生产计划是 MRP 的基本输入信息，MRP 根据主生产计划展开并导出构成这些产品的零部件与材料在各周期的需求量。

2. 库存状态信息

库存状态信息应保存所有产品、零部件、在制品、原材料（我们将之统称为项目）的库存状态信息，主要包括以下内容：

（1）当前库存量。是指工厂仓库中实际存放的可用库存量。

（2）计划入库量。是指根据正在执行的采购订单或生产订单，在未来某个时间周期内项目的入库量。在这些项目入库的那个周期内，把它们视为库存可用量。

（3）提前期。是指执行某项任务由开始到完成所消耗的时间周期。对于采购件来说，是从向供应商提出对某个项目的订货，到进货入库所消耗的时间；对于制造或装配件来说，则是从补全工作单到制造或装配完毕所消耗的时间。

（4）订购批量。是指在某个时间周期向供应商订购（或要求生产部门生产）某货物的数量。

（5）安全库存量。是指为了预防需求或供应方面不可预测的波动，在仓库中经常应保持的最低库存数量。

3. 产品结构信息

产品结构信息又称为零部件需要明细，如图 6-8 所示，图中以字母表示部件组件，数字表示零件，括号中数字表示装配数。

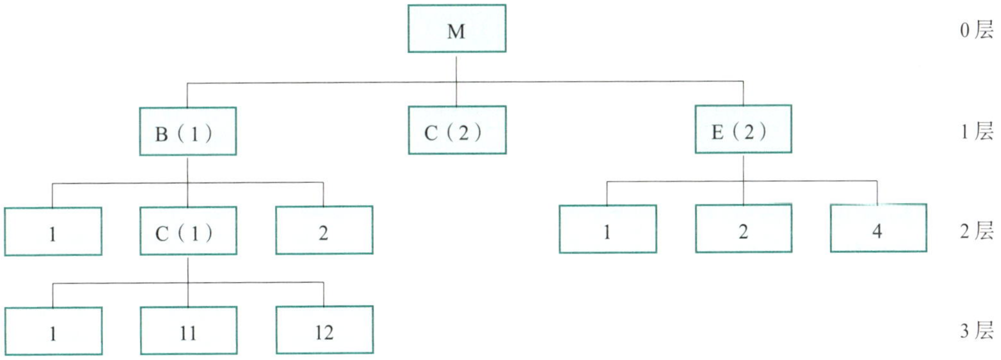

图 6-8　产品结构图

从图 6-8 可以看出，最高层次（0 层）的 M 是企业的最终成品，它是由部件 B（每件 M 产品需用 1 个 B）、部件 C（每件 M 产品需用 2 个 C）及部件 E（每件 M 产品需用 2 个 E）组成的。每个第一层次的部件 B，又是由部件 C（1 个）、零件 1（1 个）、零件 2（1 个）组成的，依次类推。在这些部件、组件和零件中，有些是工厂自己生产的，有些可能是外购件。如果是外购件，如图 6-8 中的部件 C，则不必再进一步分解。

当产品结构信息输入计算机后，计算机根据输入的结构关系，自动赋予各部件、零件一个低层代码。当一个零件或部件出现在多种产品结构的不同层次，或者出现在一个产品结构的不同层次上时，该零部件就具有不同的层次代码。如图 6-8 中的部件 C 既处于 1 层，也处于 2 层，即部件 C 的层次代码是 1 和 2。在产品结构展开时，是按层次代码逐级展开的，相同零部件处于不同层次就会产生重复展开，增加计算工作量。因此当一个零部件有一个以上的层次代码时，应以它的最低层次代码（其中数字最大者为其低层代码）为准。

一个零件的需求量为其上层（父项）部件对其需求量之和。图 6–8 中按低层次代码做第二层分解时，每件 M 需要 2 件部件 C，部件 B 需要 1 件部件 C，因此生产 1 件成品 M 共需 3 件部件 C。部件 C 的全部需要量可以在第二层展开时一次求出，从而简化了运算过程。

（二）MRP 的工作逻辑

MRP 的工作逻辑如图 6–9 所示。

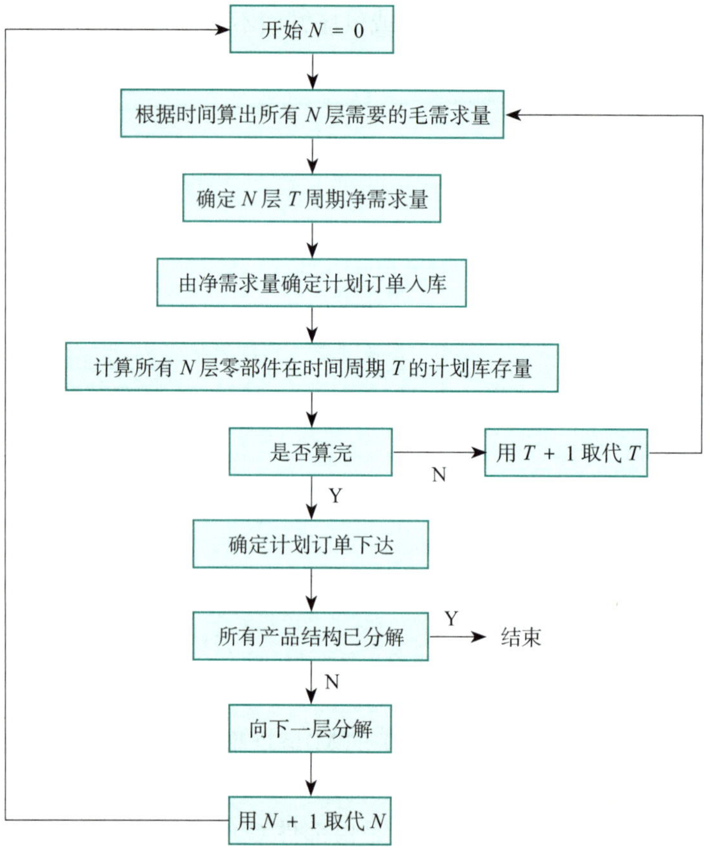

图 6–9　MRP 的工作逻辑

MRP 的计算是根据反工艺路线的原理，按照主生产计划规定的产品生产数量及期限要求，利用产品结构、零部件和在制品库存情况、各生产阶段（或订购）的提前期、安全库存等信息反工艺顺序地推算出各个零部件的数量与到货期限。它采用电子计算机辅助计算，具有以下三个主要特点。

1. 根据产品计划，可以自动连锁地推算出制造这些产品所需的各部件、零件的生产任务。

2. 可以进行动态模拟。不仅可以计算出零部件的需要数量，而且可以同时计算出它们生产的期限要求；不仅可以算出下一周期的计划要求，而且可以推算出今后多个周期的要求。

3. 运算速度快，便于计划的调整与修正。

下面我们就结合实例说明 MRP 运作逻辑中的各计算步骤。

（1）结合时间周期算出所有 *n* 层项目（成品、零部件、配套件、毛坯）的毛需求量。

由 0 层开始算起。0 层的毛需求量由主生产计划确定，其余各层次的毛需求量由其上层（父项）的计划订单下达（若采购则为计划订单发出，下同）。

例 1：假设在第八周要生产出 100 件 M 产品，产品结构如图 6-10 所示。图中，*LT* 为零部件提前期。设当前库存和计划入库量均为 0，试确定每个部件的毛需求量、计划订单下达及下达时间。

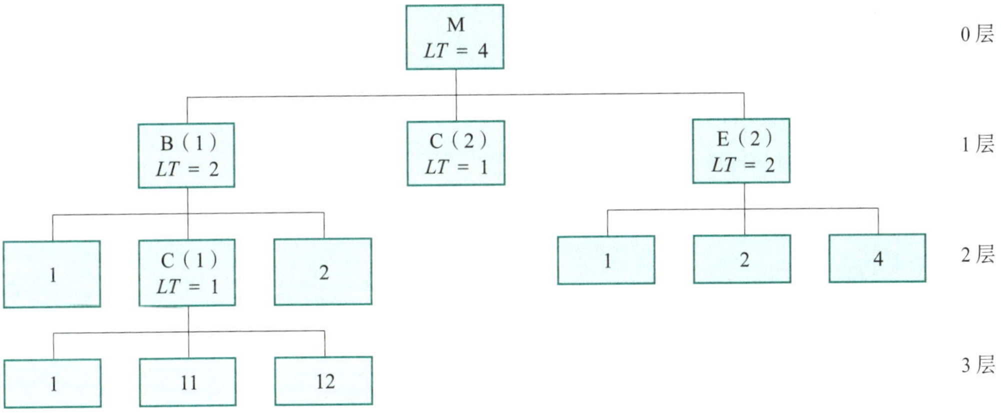

图 6-10　实例产品结构图

解：各零部件的毛需求量可根据产品结构算出。

部件 B 毛需求量：（1）× 产品 M 的需求量 = 1 × 100 = 100（件）

部件 C 毛需求量：（2）× 产品 M 的需求量 +（1）× 部件 B 的需求量

= 2 × 100 + 1 × 100 = 300（件）

部件 E 毛需求量：（2）× 产品 M 的需求量 = 2 × 100 = 200（件）

利用 MRP 矩阵的计算过程见表 6-4。

表 6-4　第八周产出 100 件 M 的矩阵图

提前时间 / 周	产品	周　次	1	2	3	4	5	6	7	8
4	M	毛需求量 / 件								100
		计划订单下达 / 件				100				

提前时间 / 周	部件	周　次	1	2	3	4	5	6	7	8
2	B	毛需求量 / 件				100				
		计划订单下达 / 件		100						

提前时间 / 周	部件	周　次	1	2	3	4	5	6	7	8
1	C	毛需求量 / 件		100		200				
		计划订单下达 / 件	100		200					

提前时间 / 周	部件	周　次	1	2	3	4	5	6	7	8
2	E	毛需求量 / 件				200				
		计划订单下达 / 件		200						

（2）确定 n 层次 t 周期的净需求量 $N(t)$。

t 周期净需求量 = t 周期毛需求量 − t 周期计划入库量 + （$t-1$）周期计划库存量

$$\text{即 } N(t)=G(t)-S(t)-H(t-1)$$

若 $N(t)\leqslant 0$，取 $N(t)=0$。

式中，计划入库一项为已经订购（包括生产订货与采购）在 t 周期入库的数量。计划库存数由现有库存数减去已分配数（已分配出去，尚未由仓库提走）及安全库存数求得。

（3）根据净需求量确定 n 层次 t 周期计划订单入库 $P(t)$。

$P(t)$ 是目前尚未下达而计划将要下达的订单，等于同一时间周期的净需求量。计划订单入库量常用批量值（Q）来做修正。批量值的确定及修正方法不做详细说明。在本

书中采用 $N(t) \geqslant Q$ 时，$P(t) = N(t)$；$0 < N(t) < Q$ 时，$P(t) = Q$；$N(t) = 0$ 时，$P(t) = 0$。

（4）计算所有 n 层零部件在 t 周期的计划库存量。

计划库存量为计划周期的计划可用库存。

$$t\text{周期计划库存量} = t\text{周期计划入库量} + t\text{周期计划订单入库} + (t-1)\text{周期计划库存量} - t\text{周期毛需求量}$$

即 $H(t) = S(t) + P(t) + H(t-1) - G(t)$。

（5）根据 t 周期计划订单入库，确定 $(t-L)$ 周期计划订单下达。

$$(t-L)\text{周期计划订单下达} = t\text{周期计划订单入库}$$

即 $R(t-L) = P(t)$，L 为提前期。

一个在本企业生产的部件，在 t 周期的计划下达订单，也就是在 t 周期开始组装，它的下层零部件必须在该周期提供。因此由上层部件的计划订单下达，可确定同一周期下一层零部件的毛需求量。由下层零部件毛需求量开始重复步骤①～⑤，直至最低层零件。

MRP 概括了生产计划管理方法的逻辑过程，并以严密和简明的形式在计算机中展开。

例 2：已知部件 E 低层代码为 1，当前库存量为 10，提前期为 2 周，经济生产批量为 25，每个时间周期（一周）的需求量依次为 20、30、50、60、90、40、60。第 1、2 周期的计划到货分别为 20、50。

请进行 MRP 计算。

解：第 1 周期：

$$\text{净需求量} N(1) = G(t) - S(t) - H(t-1) = 20-20-10 = -10$$

由于 $N(1) \leqslant 0$，取 $N(1) = 0$

$$\text{计划订单入库} P(1) = 0$$

$$\text{计划库存} H(1) = S(t) + P(t) + H(t-1) - G(t) = 20 + 0 + 10 - 20 = 10$$

第 2 周期：计算与第 1 周期相类似。

第 3 周期：

$$N(3) = 50-0-30 = 20$$

由于 $0 < N(3) < Q$，所以 $P(3) = Q = 25$。

计划订单下达 $R(t-L) = P(t)$，

$$R(3-2) = P(3) = 25$$

其余周期计算与第 3 周期类似。

二、参数的确定

在 MRP 计算中，计划订购的数量并不一定正好等于净需求量，经常要用一些方法来进行调整。在实践中，常用的决定批量的方法分为静态方法和动态方法两类。静态方法就是保持订货数量为一常数。常用的静态方法有固定批量法和经济订货批量法。动态方法在不同周期订货数量可能变动。常用的动态方法有直接批量法和固定周期批量法等。

（一）固定批量法

固定批量法在实际中应用较多。该方法批量为一固定值，在 MRP 计算时将净需求量与此固定批量值相比较，如净需求量小于或等于该批量，计划订购量等于固定批量，否则计划订购量等于净需求量。固定批量值由下列因素确定。

1. 由于制造过程生产能力的限制，如一炉钢生产量为 200 吨，或热处理炉处理能力为 200 千克，订货数量低于生产负荷能力，经济效益会受影响，因而将它们定为固定批量。
2. 运输能力受包装容器大小的限制。
3. 货物尺寸和重量的限制。
4. 受逻辑上订货倍数的限制，如打、箱等。

（二）经济订货批量（EOQ）法

EOQ 法是在保证生产正常进行的前提下，以库存支出的总费用最低为目标，确定订货（生产）批量的方法。经济订货批量的计算必须在已知计划期间的需求量、每批工装调整费、项目每单位在计划期间的保管费等数据的情况下进行，算出结果后就将之作为一定期间内的订货批量，直到各项费用和需求数量有较大变动时，才会有所变动。因此，EOQ 法可认为是一种静态批量法，它不太适用于需求波动很大和项目价值很昂贵的情况。

（三）直接批量法

直接批量法是最简单的动态批量方法。它将每个时期对项目的净需求量直接用作订货批量，见表 6-5。

表 6-5　直接批量法

周　期	1	2	3	4	5
净需求量	15	10	30	20	25
计划订单入库	15	10	30	20	25

直接批量法最适用于价格昂贵的项目，因为它不保存无用的批量库存，订货量恰好等于净需求量，随每次净需求的变化而改变。一般来说，直接批量法不适用于标准件和通用件。

（四）固定周期批量法

固定周期批量法是动态批量法之一。它生成订单的订货量等于固定的几个周期的净需求量之和，见表 6-6。

表 6-6　固定周期批量法

周　期	1	2	3	4	5	6
净需求量	15	20	20	25	15	25
计划订单入库		40		40		

表 6-6 所使用的固定周期为 2。周期 1 的净需求量已由前一周期的计划订单入库来满足。使用固定周期批量法，订货的间隔期保持相对稳定，但订货量可能随需求的不同而变化。

以上各种方法计算出的批量，有时要根据实际情况做一些调整。① 最大批量和最小批量。估计生产负荷及处理订单能力，确定批量的最高和最低限额。实际采用的批量应不大于最大批量，不小于最小批量。② 取整倍数。由于考虑运输或生产能力等因素，订货量应为某特定值的整数倍。这个特定值是由设备的生产能力或运输容量等所决定的。例如，一炉钢生产能力为 200 吨，若需求为 220 吨，只生产 220 吨是不经济的，故订货量应为 400 吨，即应为生产能力 200 吨的整数倍。

（五）安全库存

安全库存是一个非常重要的参数。为使生产经营活动正常进行，防止因需求或供应的波动引起缺货或停工待料，经常在仓库中保持一定数量的计划库存量，称之为安全库存。安全库存是消除制造过程中不可预见变化的重要方法，但是，安全库存必然会增加库存费用。因此，需要确定一个适宜的安全库存水平。

安全库存水平常用安全库存量来表示，当计划周期的计划库存量达到或低于安全库存量时，该周期就应该有计划订单入库。例如，若部件 C 的安全库存量为 15 件，当计划库存低于 15 件时就需有计划订单入库。此外，安全库存也可用时间单位来表示。如部件 E 的 8 周计划需求量为 200 件，平均每周 25 件，订货提前期为 2 周，若将计划提前期加上一周的安全提前期，其结果产生的作用与具有 25 件的安全库存相同。

确定安全库存常用统计分析法，其具体的计算步骤如下：

1. 利用历史数据求出平均预测误差（MAD）

根据历史各周期计划需求量与实际需求量的差别，计算预测误差，如图 6-11 所示。在 8 个周期中预测每个周期的需求量均为 35 件，而实际需求量则在 35 件上下波动，最高需求量在第 3 周期，为 45 件，最低需求量在第 5 周期，为 25 件。如果按照预测需求量订货，就会在一半周期（即 4 个周期）中缺货，如果增加 10 件的安全库存，缺货周期数降低为 0。由图 6-11 中的数据，可列表算出预测误差、绝对误差，见表 6-7。

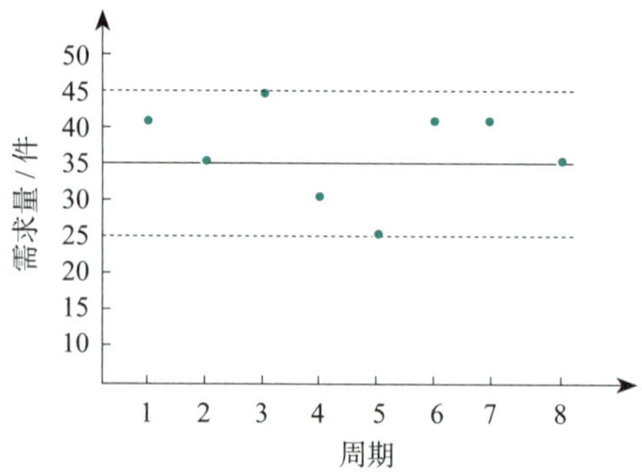

图 6-11　历史各周期需求量

表 6-7　预测误差与绝对误差分析表

预测周期	实际需求量 / 件	预测需求量 / 件	预测误差 / 件	绝对误差 / 件
1	40	35	−5	5
2	35	35	0	0
3	45	35	−10	10
4	30	35	5	5
5	25	35	10	10
6	40	35	−5	5
7	40	35	−5	5
8	35	35	0	0

进而求出平均预测误差：

$$平均预测误差 = 绝对误差总和 \div 预测周期数$$

本例中，MAD ＝ 40 ÷ 8 ＝ 5（件）。

2. 选择服务水平，确定安全因子值

安全库存量的大小将影响服务水平及成本。提高安全库存可以使缺货概率减少，服务水平提高，但库存费用也随之升高。根据所选择的服务水平，可查阅有关的安全因子值表，找出与服务水平相对应的安全因子值。

3. 计算安全库存量

计算安全库存量的公式为

$$安全库存量 = MAD \times 安全因子值$$

如上例选择服务水平为 100%，假设对应的安全因子值为 3，MAD = 5，求得：安全库存 = 5×3 = 15（件）。

到此，我们已经介绍了 MRP 的使用。MRP 所需的严密控制意味着有关数量、提前期、物料清单、产品规格的采购记录必须完全准确。而且，采购与存储职能也应变得更集中，对有权使用的存货必须进行更严格的控制。

MRP 的按时交付需求需要和供应商相互协调。因此，采购方必须使供应商认识到数量、质量以及向采购者许诺交付的重要性。这可以降低采购方的安全库存。如果更多的供应商自己也采用 MRP 系统，那么，一切就会变得更容易。

大多数 MRP 系统都有能够执行多种常规性采购任务的采购模块，采购行为越来越专业，也越来越注重分析。MRP 计划时间跨度的长期性意味着采购计划的长期性，也意味着更长期的供应商伙伴关系的建立。这些关系的建立有利于在批量规模过小、定单交付频率过高的情况下，也可获得高质量产品的按时交付。采用 MRP 的组织内部联系越来越密切，采购反应能力越来越强。MRP 系统为采购打开了一扇信息之窗，为采购方与供应商的合作带来了帮助。MRP 的前瞻性和综合性意味着采购部门专业化程度将越来越高。

任务5　企业资源计划

一、企业资源计划概述

（一）ERP 的概念

ERP 是 Enterprise Resource Planning（企业资源计划）的简称，是 20 世纪 90 年代美国一家 IT 公司根据当时计算机信息、IT 技术发展及企业对供应链管理的需求，预测在今后信息时代企业管理信息系统的发展趋势和即将发生的变革，而提出了这个概念。ERP 将企业的财务、采购、生产、销售、库存和其他业务功能整合到一个信息管理平台上，从而实现信息数据标准化、系统运行集成化、业务流程合理化、绩效监控动态化、管理改善持续化。

（二）ERP 的基本理念

ERP 是对整个供应链资料进行有效管理的思想，实现了对整个企业供应链上的人、财、物等所有资源及其流程的管理。它强调精益生产、同步工程和敏捷制造的思想，面对激烈的竞争，企业需要运用同步工程组织生产和敏捷制造，保持产品高质量、多样化且具有灵活性，实现精益生产。

ERP 系统贯彻了事先计划与事中控制的思想，它的计划体系主要包括生产计划、物料需求计划、能力需求计划等。ERP 能提高企业供应链的竞争优势，利用业务流程管理的思想带来企业业务流程的改革，而系统应用程序的使用也必须随业务流程的变化而进行相应调整。

二、企业资源计划的实施要点

（一）要知己知彼，选好软件

选择 ERP 软件必须遵循以下四个步骤：理解 ERP 原理，分析企业需求，选择软件，选择硬件平台、操作系统和数据库。前两项是为了做到“知己”，后两项是为了做到“知彼”，只有知己知彼，才能选好软件，做到“百战不殆”。

在购买 ERP 软件之前，需要分析企业自身特点，了解企业当前迫切需要解决的问题，从而找到能适应企业并帮助企业解决实际问题的软件。企业选择软件，不必追究其是否为真正的 ERP 软件，选择软件功能也不能按企业的大小来区分，而要根据企业的产品特点、生产组织方式、经营管理特点的不同来选择适用的软件。

（二）选择好的管理咨询公司

选择一家富有经验的管理咨询公司是非常重要的。企业聘请管理咨询公司，可由管理咨询公司负责完成总体规划的设计，对企业领导和全体员工进行 ERP 理念的培训，并制定项目的详细实施计划等。

（三）制定具体的量化目标

谈成功离不开目标，没有目标，成功与否就无从谈起。选择 ERP 系统时如果没有统一的目标，或者是目标太抽象，即没有具体的、量化的、可考核的目标，就没有办法在系统实施完后进行对比和评判。在实施 ERP 时不能再实行粗放式管理，否则会埋下不成功的潜在危机。

在双方合作合同签订前，供求双方一定要在技术协议条款中明确 ERP 的实施目标、具体实施内容、实现的技术、实施的计划和步骤以及分阶段项目成果、验收办法。

（四）做好业务流程重组

业务流程重组是对企业现有业务运行方式的再思考和再设计，应遵循以下基本原则：必须以企业目标为导向调整组织结构，必须让执行者有决策的权力，必须取得高层领导的参与和支持，必须选择适当的流程进行重组，必须建立通畅的交流渠道，组织结构必须以目标和产出为中心而不是以任务为中心。

业务流程重组是由管理咨询公司在 ERP 实施前进行较长时间的企业管理状况调研，

提出适合企业的改进管理模型，同时该管理模型必须考虑到企业的发展，并得到企业管理层的批准。

（五）有针对性地实施 ERP，解决企业管理瓶颈

完整的 ERP 系统是一个十分庞杂的系统，它既有管理企业内部的核心软件 MRP-Ⅱ，还有扩充至企业关系管理的软件（客户关系管理 CRM 和供应链管理 SCM）；既管理以物流、资金流为对象的主价值链，又管理支持性价值链，即对人力资源、设备资源、融资等的管理以及对决策性价值链的支持。任何一个企业都不可能一朝一夕就实现这一庞大的系统。每个企业都有自己的特点和要解决的主要矛盾，需要根据自身实际情况确定实施目标和步骤。

ERP 不仅是一种软件，更是一个企业解决方案。因此，即使是同一套软件，不同企业的实施方法也有所不同，例如，实施哪些模块、如何进行分级培训、ERP 管理到哪一级、管理细到什么程度、与手工管理并轨多长时间、什么时间由手工管理完全转向 ERP 管理、如何强化 MRP-Ⅱ计划的实施，这些都要根据企业的需求和管理基础来确定，并制定切实可行的目标和实施计划，确保 ERP 的成功实施。

（六）通过培训和制定制度，提高员工素质，保证系统的正常运行

企业实施 ERP 是一个循序渐进、不断完善的过程，只有员工素质不断提高，才能确保系统在企业各流程的不断深入。可以通过给企业员工制定规章制度，把员工的经济效益与工作内容结合起来，这样员工的积极性可得到提高，熟悉业务的自觉性也可得到增强。

实训任务

库存控制

实训操作

某公司某库存的年总需求量为 2 000 单位，单位货物的购入价格为 60 元，每次的订货成本为 270 元，单位货物的年储存费率为单价的 20%。

如果该货物采用定量订货的方式，那么每次的订货量为多少？如果采用定期采购的方式来进行采购，那么还需确定哪些量？

1. 假设该货物采用定量订货法，在实施这种方法之前要确定两个量，一个是订货点（发出订货申请时的库存最小量），一个是订货量，也就是每次的订货批量。

2. 假设该货物采用定期订货法，在实施这种方法之前要确定两个量，一个是订货周期，一个是最高库存量。

3. 对比两种订货方法的异同，一是在实施具体的订货方法之前要确定哪些量，二是两种方法的实施都能够保证库存总成本最小，并尝试求出采用不同方法时的年最小库存总成本。

实训目的

使学生掌握固定订货量系统和固定订货时间系统的异同，掌握两种方法的适用情况。

实训要求

1. 每 5 人为一小组进行讨论、总结；
2. 对比计算答案，如果该组有人计算错误一定要帮助其纠正；
3. 撰写实训报告。

巩固练习

一、单选题

1. (　　) 是一种将库存按年度货币占用量分为三类，通过分析，找出主次，分类排队，并根据其不同情况分别加以管理的方法。
   A. CVA 库存管理法　　B. 关键因素分析法
   C. ABC 库存管理法　　D. 帕累托库存管理法
2. CVA 库存管理法中，A 类重点客户的存货具有 (　　)。
   A. 较低优先级　　B. 中等优先级　　C. 较高优先级　　D. 最高优先级
3. 到仓储库内去清点数量，再依物品单价计算实际库存的方法被称为 (　　) 法。
   A. 实际盘点　　B. 账面盘点　　C. 期末盘点　　D. 循环盘点
4. 在仓储规范管理中，仓储部门的工作质量直接反映在 (　　) 上。
   A. 物理损耗　　B. 异常损耗　　C. 化学损耗　　D. 自然损耗
5. (　　) 的基本目标是合理进行分销商品资源配置，达到既保证有效地满足市场需要，又使得配置费用最省的目的。
   A. MRP　　B. POS　　C. DRP　　D. CVA
6. (　　) 是 DRP 处理的最主要文件。
   A. 社会需求文件　　B. 库存文件
   C. 生产企业资源文件　　D. 订货提货文件
7. 到货日期再提前一个订货提前期可得到 (　　)。
   A. 到货日期　　B. 订货日期　　C. 送货日期　　D. 补货日期
8. 在库存控制中，对 A 类库存的管理方法是 (　　)。
   A. 同供应商建立良好关系
   B. 采用定期订货法或定量混合的订货方式
   C. 减少这类库存的盘点次数
   D. 给予最低的优先作业次序

9. 在库存控制中，对 B 类库存的管理方法是（　　）。
   A. 同供应商建立良好关系
   B. 采用定期订货法或定量混合的订货方式
   C. 减少这类库存的盘点次数
   D. 给予最低的优先作业次序
10. 关于定量订货控制法，下列说法不正确的是（　　）。
   A. 能经常掌握库存储备动态，及时提出订货，不易出现缺货
   B. 保险储备量较少
   C. 每次订货量固定，便于包装运输和保管作业
   D. 由于多种物品一起订购，可以编制较实用的采购计划
11. 通过平衡订货成本和保管仓储成本，确定一个最佳的订货批量来实现最低总库存成本的方法称为（　　）。
   A. 定期订货控制法　　B. 经济订货批量模型
   C. 定量订货控制法　　D. 物料需求计划库存控制法

二、多选题

1. 为了消除和防止无效作业，可以采取的搬运装卸作业合理化措施包括（　　）。
   A. 尽量减少装卸次数　　B. 缩短搬运作业的距离
   C. 提高库存物的装卸搬运活性指数　　D. 实现装卸作业的省力化
2. 仓库装卸搬运作业的组织过程包括掌握作业信息和（　　）。
   A. 编制作业计划　　B. 制定作业方案
   C. 分配作业班组　　D. 检查统计分析
3. 盘点作业的目的通常包括（　　）。
   A. 确定货物的优先级别　　B. 查清实际库存数量
   C. 帮助企业计算资产损益　　D. 发现仓库管理中存在的问题
4. 盘点作业的内容包括（　　）。
   A. 查数量　　B. 查质量　　C. 查保管条件　　D. 查安全
5. 盘点时间应该确定在（　　）。
   A. 生产经营淡季　　B. 生产经营旺季
   C. 财务决算以后　　D. 财务决算前夕
6. 库存损耗的形式分为（　　）。
   A. 人为损耗　　B. 自然损耗　　C. 异常损耗　　D. 物理损耗
7. 适用于 DRP 的企业类型为（　　）。
   A. 流通企业　　B. 生产企业
   C. 自己具有销售网络和储运设施的生产企业　　D. 销售部门
8. DRP 原理包含的三个输入文件是（　　）。

A. 社会需求文件　B. 库存文件
C. 市场预测文件　D. 生产企业资源文件

9. DRP 系统的输出包括（　　）。
A. 提货单　B. 订货进货计划　C. 库存文件　D. 送货计划

三、简答题

1. 简述库存的内涵、分类、作用和功能。
2. 简述库存管理的内涵、方式和功能。
3. 简述库存控制的内涵、过程和目标。
4. MRP 的工作逻辑是什么？需要确定哪些参数？
5. 企业资源计划的实施要点是什么？
6. 什么是“零库存”？在实际运作过程中，“零库存”有哪些经营形式？

项目七 仓储安全管理

思维导图

- 仓储安全管理
  - 仓库消防管理
    - 燃烧及仓库火灾知识
  - 仓库安全生产
    - 仓库治安保卫的概念与工作内容、仓库安全生产、库区安全管理、仓库的其他安全管理
  - 仓库火灾保险
    - 火灾保险的概念、特征和类型，企业投保火灾保险的注意事项

学习目标

知识目标

- 掌握燃烧及仓库火灾知识；
- 掌握主要灭火方法、灭火器的种类、灭火器的使用方法、灭火器的适用范围；
- 掌握仓库治安保卫的概念与工作内容、仓库安全生产、库区安全管理，熟悉仓库的其他安全管理；
- 掌握火灾保险的概念和类型，熟悉企业投保火灾保险的注意事项。

技能目标

- 能够根据火灾的具体情况，正确选择与使用灭火器进行灭火；
- 能够根据仓库生产情况，编制基本的仓库生产安全制度。

价值目标

- 通过编制基本的仓库生产安全制度和消防应急预案，培养安全意识、应急处理能力和安全管理能力。

案例导入

"8 · 12"瑞海公司危险品仓库特别重大火灾爆炸事故

2015 年 8 月 12 日 22 时 51 分 46 秒，位于天津市滨海新区天津港的瑞海公司危险品仓库发生火灾爆炸事故，本次事故中爆炸总能量约为 450 吨 TNT 当量。造成 165 人遇难（其中参与救援处置的公安现役消防人员 24 人、天津港消防人员 75 人、公安民警 11 人，事故企业、周边企业员工和居民 55 人）、8 人失踪（其中天津消防人员 5 人，周边企业员工、天津港消防人员家属 3 人）、798 人受伤（伤情重及较重的伤员 58 人、轻伤员 740 人），304 幢建筑物、12 428 辆商品汽车、7 533 个集装箱受损。

截至 2015 年 12 月 10 日，依据《企业职工伤亡事故经济损失统计标准》等标准和规定统计，事故已核定的直接经济损失 68.66 亿元。经国务院调查组认定，"8 · 12"瑞海公司危险品仓库特别重大火灾爆炸事故是一起特别重大生产安全责任事故。

2016 年 11 月 7 日至 9 日，"8 · 12"瑞海公司危险品仓库特别重大火灾爆炸事故所涉 27 件刑事案件一审分别由天津市第二中级人民法院和 9 家基层法院公开开庭进行了审理，并于 9 日对上述案件涉及的被告单位及 24 名直接责任人员和 25 名相关职务犯罪被告人进行了公开宣判。宣判后，各案被告人均表示认罪、悔罪。天津市交通运输委员会主任武岱等 25 名国家机关工作人员分别被以玩忽职守罪或滥用职权罪判处三年到七年不等的有期徒刑，其中李志刚等 8 人同时犯受贿罪，予以数罪并罚。

问题：请谈一谈安全事故的危害。

任务1　仓库消防管理

一、燃烧

（一）燃烧的概念

燃烧是指可燃物与氧化剂作用发生的放热反应，通常伴有火焰、发光和发烟的现象。燃烧具有化学反应、放热和发光三个特征。

（二）燃烧的条件

物质燃烧过程的发生和发展必须具备三个必要条件，即可燃物、氧化剂和温度。只有这三个条件同时具备，才可能发生燃烧现象，无论缺少哪一个条件，燃烧都不能发生。但是，并不是上述三个条件同时存在，就一定会发生燃烧现象，还必须这三个因素相互作用才能发生燃烧。

1. 可燃物

可燃物是指能与空气中的氧或其他氧化剂起燃烧化学反应的物质。可燃物按其物理状态分为气体可燃物、液体可燃物和固体可燃物三种类别。可燃烧物质大多是含碳和氢的化合物，某些金属（如镁、铝、钙等）在某些条件下也可以燃烧，还有许多物质（如臭氧等）在高温下可以通过自己的分解而放出光和热。

2. 氧化剂

氧化剂是指帮助和支持可燃物燃烧的物质，即能与可燃物发生氧化反应的物质。燃烧过程中的氧化剂主要是空气中游离的氧，另外，氟、氯等也可以作为燃烧反应的氧化剂。

3. 温度

温度是指供给可燃物与氧或助燃剂发生燃烧反应的能量来源。常见的是热能，另外还有化学能、电能、机械能等转变的热能。

4. 链式反应

有焰燃烧都存在链式反应。当某种可燃物受热时，它不仅会汽化，而且该可燃物的分子会发生热烈解作用从而产生自由基。自由基是一种高度活泼的化学形态，能与其他的自由基和分子反应，而使燃烧持续进行下去，这就是燃烧的链式反应。

（三）燃烧的类型

燃烧按其形成的条件和瞬间发生的特点一般分为闪燃、着火、自燃和爆炸四种类型。

1. 闪燃

闪燃是物质遇火产生的一闪既灭的燃烧现象。

2. 着火

着火是可燃物质在空气中与火源接触，达到某一温度时，开始产生有火焰的燃烧，并在火源移去后仍能继续燃烧的现象。

3. 自燃

自燃是可燃物质在没有外部火花、火焰等火源的作用下，由受热或自身发热积热不散引起的燃烧。

4. 爆炸

爆炸是指物质发生急剧氧化或分解反应，使温度、压力增加或两者同时增加的现象。爆炸可分为物理爆炸、化学爆炸和核爆炸。

物理爆炸是由于液体变成蒸气或者气体迅速膨胀，压力急速增加，并大大超过容器的极限压力而发生的爆炸，如蒸气锅炉、液化气钢瓶等的爆炸。化学爆炸是因物质本身起化学反应、产生大量气体和高温而发生的爆炸，如炸药的爆炸，可燃气体、液体蒸气和粉尘与空气混合物的爆炸等。化学爆炸是消防工作中防止爆炸的重点。核爆炸是指核武器或核装置在几微秒的时间内释放出大量能量的过程。为了便于和普通炸药比较，核武器的爆炸威力（即爆炸释放的能量）用释放相当能量的 TNT 炸药的质量表示，称为 TNT 当量。核爆炸是通过冲击波、光辐射、早期核辐射、核电磁脉冲和放射性污染等效应对人体和物体起杀伤和破坏作用的。前四者都只在爆炸后几十秒钟的短时间内起作用，放射性污染能持续几十天甚至更长时间。

二、仓库火灾知识

（一）火灾的概念

火灾是指在时间或空间上失去控制的燃烧所造成的灾害。仓库发生火灾的主要原因可归纳为四个方面。

一是仓库人员管理不善。一些仓库存在乱搭、乱建、乱堆，擅自改变防火分区、防火间距等现象，甚至一些仓库没有安排指定人员进行轮岗巡查，工作人员吃住在库区，这些现象都极易引发火灾。

二是仓库照明管理不善。一些仓库存在照明灯具选用不当、未按规定要求安装、施工质量差导致脱落、使用高温照明、灯位设置不当、用后未切断电源等现象，从而造成火灾的发生。

三是仓库火种控制不严。一些仓库的管理员不严格执行动火规定，违章切割、无证动火等违反规定的操作都会在仓库内埋下隐患。

四是危险物品、化学品仓库没有分类存放。由于通风散热条件不良，防火防潮、降温措施不力，堆放不规范，缺乏专业知识等，库存物品发生化学反应引起自燃或爆炸。

仓库的主要防火措施有以下四种。

一是防火的基本原则是严格遵守各项安全操作规程和安全保卫制度，加强防火教育，普及消防技术知识，加强责任感，克服麻痹思想，消除火灾隐患，杜绝火灾的发生。

二是仓库应严格管理火种、火源、电源。库区内禁止带入易燃品，并严禁吸烟。库区作业必须用火时，应严格按用火管理制度进行申报审批，落实安全防范措施，并派专人负责监督。

三是各种电器设备均须符合安全要求。

四是库区应与生活区隔离。

（二）火灾的分类

火灾依据物质燃烧特性，可划分为 A、B、C、D、E 五类。

A 类火灾：指固体物质火灾。这种物质往往具有有机物质性质，一般在燃烧时产生灼热的余烬。如木材、棉、毛、煤、麻、纸张等造成的火灾。

B 类火灾：指液体火灾和可熔化的固体物质火灾。如汽油、煤油、柴油、原油、沥青、甲醇、乙醇、石蜡等造成的火灾。

C 类火灾：指气体火灾。如煤气、天然气、甲烷、氢气、乙烷、丙烷等造成的火灾。

D 类火灾：指金属火灾。如钾、钠、镁、铝镁合金等造成的火灾。

E 类火灾：指带电物体和精密仪器等物质燃烧造成的火灾。

（三）火灾的级别

按照国家《火灾统计管理规定》，火灾可划分为特大火灾、重大火灾、一般火灾。

1. 特大火灾

具有下列情形之一的，为特大火灾：死亡 10 人以上（含本数，下同）；重伤 20 人以上；死亡、重伤 20 人以上；受灾 50 户以上；直接财产损失 100 万元以上。

2. 重大火灾

具有下列情形之一的，为重大火灾：死亡 3 人以上（含本数，下同）：重伤 10 人以上；死亡、重伤 10 人以上；受灾 30 户以上；直接财产损失 30 万元以上。

3. 一般火灾

不具有前列两项情形的火灾为一般火灾。

（四）主要的灭火方法

1. 隔离灭火

将可燃物与引火源或氧气隔离开来，燃烧反应就会自动中止。火灾时，关闭有关阀门，切断流向着火区的可燃气体和液体的通道；打开有关阀门，使已经发生燃烧的容器或受到火势威胁的容器中的液体可燃物通过管道导至安全区域；开辟隔离带，都是隔离灭火的措施。

2. 窒息灭火

所有可燃物的燃烧都必须在其最低氧气浓度以上进行，否则燃烧不能持续进行。因此，降低燃烧物周围的氧气浓度可以起到灭火的作用。通常使用二氧化碳、氮气、水蒸气等的窒息作用实现灭火的目的。

3. 冷却灭火

对一般可燃物来说，能够持续燃烧的条件之一就是它们在火焰或温度的作用下达到了各自的燃点。因此，对一般可燃物造成的火灾，将可燃物冷却到其燃点或闪点以下，燃烧反应就会中止。用水灭火的机理就是冷却作用。

（五）灭火器的种类

灭火器的种类很多，按其移动方式可分为手提式和推车式；按驱动灭火剂的动力来源可分为储气瓶式、储压式、化学反应式；按所充装的灭火剂又可分为泡沫、干粉、二氧化碳、卤代烷、酸碱、清水等。

（六）灭火器使用方法

1. 二氧化碳灭火器的使用方法

灭火时只要将灭火器提到或扛到火场，在距燃烧物 5 米左右的地方，放下灭火器，拔出保险销，一手握住喇叭筒根部的手柄，另一只手紧握启闭阀的压把。对于没有喷射软管的二氧化碳灭火器，应把喇叭筒往上扳 70° ～ 90°。使用时，不能直接用手抓住喇叭筒外壁或金属连线管，防止手被冻伤。灭火时，当可燃液体呈流淌状燃烧时，使用者将二氧化碳灭火剂的喷流由近而远向火焰喷射。当可燃液体在容器内燃烧时，使用者应将喇叭筒提起，从容器的一侧上部向燃烧的容器中喷射。但不能将二氧化碳射流直接冲击可燃液面，以防止将可燃液体冲出容器而扩大火势，造成灭火困难。

使用二氧化碳灭火器，在室外使用时，应选择在上风方向喷射；在室内窄小空间使用时，灭火后操作者应迅速离开，以防窒息。

2. 手提式 1211 灭火器的使用方法

使用时可提着手提灭火器的提把或肩扛灭火器带到火场。在距燃烧处 5 米左右，放下灭火器，先拔出保险销，一手握住开启压把，另一手握在喷射软管前端的喷嘴处。如灭火器无喷射软管，可一手握住开启压把，另一手扶住灭火器底部的底圈部分。先将喷嘴对准燃烧处，用力握紧开启压把，使灭火器喷射。当被扑救可燃液体呈现流淌状燃烧时，使用者应对准火焰根部由近而远并左右扫射，向前快速推进，直至火焰全部扑灭。如果可燃液体在容器中燃烧，应对准火焰左右晃动扫射，当火焰被赶出容器时，喷射流跟着火焰扫射，直至把火焰全部扑灭。但应注意不能将喷射流直接喷射在燃烧液面上，防止灭火剂的冲力将可燃液体冲出容器而扩大火势，造成灭火困难。如果是扑救可燃性固体物质的初起火灾，则将喷流对准燃烧最猛烈处喷射，当火焰被扑灭后，及时采取措施，不让其复燃。

3. 推车式 1211 灭火器的使用方法

灭火时一般由两个人操作，先将灭火器推或拉到火场，在距燃烧处 10 米左右停下，一人快速放开喷射软管，紧握喷枪，对准燃烧处，另一个人则快速打开灭火器阀门。灭火方法与手提式 1211 灭火器相同。

4. 手提式干粉灭火器的使用方法

灭火时，可手提或肩扛灭火器快速奔赴火场，在距燃烧处 5 米左右，放下灭火器。如在室外，应选择站在上风方向喷射。

使用的干粉灭火器若是储气瓶式，操作者应一手紧握喷枪，另一手提起储气瓶上的开启提环。如果储气瓶的开启是手轮式的，则向逆时针方向旋开，并旋到最高位置，随即提起灭火器。当干粉喷出后，迅速对准火焰的根部扫射灭火。使用的干粉灭火器若是储压式，操作者应先将开启压把上的保险销拔下，然后握住喷射软管前端喷嘴部，另一只手将开启压把压下，打开灭火器进行灭火。灭火器在使用时，一手应始终压下压把，不能放开，否则会中断喷射。

5. 推车式干粉灭火器的使用方法

推车式干粉灭火器的使用方法与手提式干粉灭火器的使用方法相同。

初起火灾范围小、火势弱，是用灭火器灭火的最佳时机。因此，正确合理地配置灭火器显得非常重要。

阅读材料

灭火器在运输和存放中，应避免倒放、雨淋、曝晒、强辐射和接触腐蚀性物质。

灭火器的存放环境温度应在−10 ～ 45 ℃范围内。

灭火器放置处应保持干燥通风，防止筒体受潮腐蚀；应避免日光曝晒和强辐射热，以免影响灭火器正常使用。

灭火器喷嘴不得有变形、开裂、损伤等缺陷，否则应予以更换。

灭火器的压把、阀体等金属件不得有严重损伤、变形、锈蚀等影响使用的缺陷，否则必须更换。

灭火器一经开启，即使喷出不多，也必须按规定要求进行再充装。再充装应由专业维修部门按制造厂规定的要求和方法进行，不得随便更改灭火剂的品种、重量和驱动气体压力。

灭火器无论是使用过还是未经使用过，从生产日期（每具灭火器的筒体上都有生产日期）算起，达到规定的维修年限后必须送维修单位进行维修，达到报废年限的必须报废，维修中筒体经水压试验不合格的灭火器也必须报废。

管理处必须加强对灭火器的日常管理和维护。要建立灭火器台账，登记类型、配置数量、设置部位和维护管理的责任人，明确维护管理责任人的职责。

（七）灭火器的适用范围

扑救 A 类火灾可选择水型灭火器、泡沫灭火器、磷酸铵盐干粉灭火器、卤代烷灭火器。

扑救 B 类火灾可选择泡沫灭火器（化学泡沫灭火器只限于扑灭非极性溶剂）、干粉灭火器、卤代烷灭火器、二氧化碳灭火器。

扑救 C 类火灾可选择干粉灭火器、卤代烷灭火器、二氧化碳灭火器等。

扑救 D 类火灾可选择粉状石墨灭火器、专用干粉灭火器，也可用干砂或铸铁屑末代替。

扑救带电火灾可选择干粉灭火器、卤代烷灭火器、二氧化碳灭火器等。带电火灾包括家用电器、电子元件、电气设备（计算机、复印机、电动机、变压器、打印机、传真机、发电机等）以及电线电缆等燃烧时仍带电的火灾，而顶挂、壁挂的日常照明灯具及起火后可自行切断电源的设备所发生的火灾则不应列入带电火灾范围。

任务2　仓库安全生产

一、仓库治安保卫的概念

仓库的治安保卫管理是仓库为了防范和制止恶性侵权行为、意外事故对仓库及仓储财产的侵害和破坏，并维护仓储环境的稳定，保证仓储生产经营的顺利开展所进行的管理工作。

治安保卫工作的具体内容就是执行国家治安保卫规章制度，做到防盗、防抢、防破坏、防火、防骗、防财产侵害，以及防止交通意外事故等仓库治安灾难事故，协调与外部的治安保卫关系，维持仓库内部安定局面和员工人身安全。治安保卫管理是仓库管理的重要组成部分，也是降低和防止经营风险的手段。

二、治安保卫的工作内容

（一）仓库出入口和要害部位

仓库大门是仓库与外界的连接点，是仓库地域范围的象征，也是仓储承担货物保管责任的分界线。大门守卫是维持仓库治安的第一道防线，大门守卫负责开关大门，限制无关人员、车辆进入，接待入库办事人员并实施身份核实和登记，禁止入库人员携带火源、易燃易爆物品入库，检查入库车辆的防火条件，指挥车辆安全行驶、停放，登记入库车辆，检查出库车辆，核对出库货物和物品放行条和实物，并将放行条留底，查问和登记出库人员携带的物品，特殊情况下查扣物品、封闭大门。

对于危险品仓库、贵重物品仓库、特殊品储存仓库等要害部位，需要安排专职守卫看守，限制人员接近，防止危害、破坏和失窃。

（二）巡逻检查

由专职保安员不定时、不定线、经常性地巡视整个仓库区每一个位置的安全保卫工作。巡逻检查中发现不符合治安保卫制度要求的情况，采取相应的措施处理或者通知相应部门处理。

（三）防盗设施、设备

仓库的防盗设施大至围墙、大门，小到门锁、防盗门、窗，仓库根据法规规定和治安保管的需要设置和安装。仓库使用的防盗设备除了专职保安员的警械外，主要有视频监控设备、自动警报设备、报警设备，仓库应按照规定使用所配置的设备，专人负责操作和管理，确保设备的有效运作。

（四）治安检查

治安责任人应经常检查治安保卫工作，督促照章办事。治安检查实行定期与不定期检查相结合的制度，班组每日检查、部门每周检查、仓库每月检查，及时发现治安保卫漏洞和安全隐患，采取有效措施及时消除。

（五）治安应急处理

治安应急是仓库发生治安事件时，仓库管理方采取紧急措施，防止和减少事件所造成的损失的制度。

三、仓库安全生产

（一）仓库安全生产措施

主要措施有：实行仓库安全操作管理制度化；加强劳动安全保护（仓库操作、管理人员）；重视仓库从业人员的教育与培训。

（二）安全生产基本要求

1. 人力作业的基本要求

人力作业仅限制在轻负荷的作业；尽可能采用人力机械作业；只在适合作业的安全环境进行作业；作业人员按要求穿戴相应的安全防护用具，使用合适的作业工具进行作业；合适安排工间休息；必须有专人在现场指挥并进行安全指导，严格按照安全规范进行作业指挥。

2. 机械作业的基本要求

使用合适的机械、设备进行作业；所使用的设备具有良好的工况；设备作业要有专人进行指挥；汽车装卸时，注意保持安全间距；移动吊车必须在停放稳定后方可作业；载货移动设备不得载人运行。

3. 安全技术的基本要求

保证装卸搬运机械的作业安全；要经常定期地对职工进行安全技术教育，从思想认识上提高其对安全技术的认识。

四、库区安全管理

（一）仓储技术区的安全管理

仓储技术区是库区重地，应严格进行安全管理。技术区周围通常设置高度大于 2 m 的围墙，上置钢丝网，高 1.7 m 以上，并设置电网或其他屏障。技术区内道路、桥梁、隧道等通道应畅通、平整。

技术区出入口设置日夜值班的门卫，对进出人员和车辆进行检查和登记，严禁带入易燃易爆物品和火源。

技术区内严禁危及货物安全的活动（如吸烟、鸣枪、烧荒、爆破等），未经上级部门的批准，不准随意在技术区内进行参观、摄影、录像或测绘。

（二）库房的安全管理

经常检查库房结构情况，对于地面裂缝、地基沉降、结构损坏，以及处在山区的库房周围山体滑坡、塌方，或防水防潮层和排水沟堵塞等情况，应及时维修和排除。此外，库房钥匙应妥善保管，实行多方控制，严格遵守钥匙领取和归还手续，确保仓库安全。对于存放易燃易爆、贵重货物的库房，要严格执行两人分别掌管钥匙和两人同时进库的规定。有条件的库房应安装安全监控装置，并认真使用和管理。

（三）货物装卸与搬运中的安全管理

仓库机械应实行专人专机械设备，建立岗位责任制，防止丢失和损坏，操作手应做到“会操作、会保养、会检查、会排除一般故障”。根据货物尺寸、重量、形状来选用合理的装卸、搬运设备，严禁超高、超宽、超重、超速以及其他不规范操作。不能在库房内检修机械设备，在狭小通道、出入库房或接近货物时应减速鸣号。

阅读材料

检查仓库是否持有《爆炸物品储存许可证》，对照原批准的图纸文件检查库区内、外部安全距离及库房周围环境是否发生变化，有无在安全距离内增加建（构）筑物、临时用房或其他设施。

检查出入库查验、登记制度的建立和执行情况，检查账、卡、物是否一致，有无丢失、被盗和弄虚作假登记账目情况。

检查爆破器材仓库是否有专职保管员并且双人、双锁管理，昼夜是否有人值班守护。

检查库区、库房的防火、防盗、报警、防爆、避雷、消防设施是否完善，有无警示牌，库区是否严禁烟火。

检查库房门口部位是否用标示牌标示清楚核定的危险等级、储存品种、最大允许储量以及负责人，检查库房存量是否超出最大允许储量。

检查是否有将性能相抵触的爆破器材同库存放的现象，有无存放过期产品和非法伪劣产品。

（四）劳动保护制度

劳动保护制度是为了改善劳动条件，提高生产的安全性，保护劳动者的身心健康，减轻劳动强度所采取的相应措施和有关规定。劳动安全保护包括直接和间接施行于员工人身的保护措施。仓储企业要遵守《中华人民共和国劳动法》的劳动时间和休息规定，依法安排工作，保证员工有足够的休息时间。提供合适和足够的劳动防护用品，如安全帽、手套、工作服、高强度工作鞋等，并督促作业人员使用和穿戴。具体要求如下。

1. 要批判“事故难免论”的错误思想

重要的是要提高各级领导干部的安全思想认识和安全技术知识以及各班组安全员的责任心，使其认识到不安全因素是可以被认识的，事故是可以控制的，只要思想重视，实现安全作业是完全可能的。

2. 建立和健全劳动保护机构和规章制度

专业管理与群众管理相结合，把安全工作贯穿到仓库作业的各个环节，对一些有害有毒工种要建立保健制度，实行专人、专事、专责管理，推行安全生产责任制。并要建立群众性的安全生产网，大家管安全，使劳动保护收到良好效果。

3. 结合仓库业务和中心工作，开展劳动保护主题活动

要根据上级指示和仓库具体情况，制定有效的预防措施。做到年度有规划，季度有安排，每月有纲要，使长计划与短安排结合。同时还要经常检查，防止事故的发生。仓库要经常开展安全检查，清查潜在的不安全因素，及时消除事故的隐患，防患于未然。

4. 经常组织仓库职工开展文体活动

丰富职工精神生活，增强体质，改善居住条件等，这些都属于劳动保护的范畴。

除此之外，采用具有较高安全系数的作业设备、作业机械，作业工具应适合作业要求，作业场地必须具有合适的通风、照明、防滑、保暖等适合作业的条件。不进行冒险作业和不安全环境的作业，在大风、雨雪影响作业时暂缓作业，避免人员带伤病作业。

五、仓库的其他安全管理

（一）防台风

台风是热带风暴的最高级形式，是产生在离赤道 5 个纬度以北（南半球在赤道 5 个纬度以南）的热带洋面上的热带气旋，是在热带洋面上强烈发展起来的气旋性涡旋。强风是台风的特征，越接近台风中心，风力越强。对于台风，应做好以下几方面的预备措施。

1. 积极防范

台风并不是每年都在一个地区登陆，防台是一项防患未然、有备无患的工作。企业要对员工，特别是领导干部进行防台宣传和教育，促使其保持警惕，不能麻痹。

2. 全员参与

台风不仅会对仓库中的货物造成损害，还会危害仓库建筑、设备、设施、场地、树木

以及物料备料、办公设施等一切财产和生命安全，还会造成环境污染危害。防台抗台工作是所有员工的工作，需要全员参与。

3. 不断改善仓库条件

为了使防台抗台取得胜利，需要有较好的硬件设施和条件，提高仓库设施设备的抗风、防雨、排水、防水浸的能力；减少使用简易建筑，及时拆除危房危建，及时维修加固老旧建筑、围墙；提高仓库、货场的排水能力，注意协调仓库外围，避免阻碍排水；购置和妥善维修水泵等排水设备，备置堵水物料；牢固设置仓库、场地的绑扎固定绳桩。

（二）防汛

洪水和雨水虽然是自然现象，但时常会对货物的存储安全带来不利影响。因此应认真做好仓库防汛工作。

1. 建立组织

汛期到来之前，要成立临时性的短期工作机构，在仓库管理者的领导下，具体组织防汛工作。

2. 积极防范

平时要加强宣传教育，提高职工对自然灾害的认识。在汛期，职工轮流守库，职能机构定员驻库值班，领导现场坐镇，以便在必要时，统一指挥，积极组织抢救。

3. 加强联系

仓库防汛组织要主动争取上级主管部门的领导，并与气象单位联系了解汛情动态，预见汛情发展，克服盲目性，增强主动性。

除此之外，还要注意对陈旧的仓库改造排水设施，提高货位。新建仓库应考虑历年汛情的影响，使库场设施能抵御雨汛的影响。

（三）防雷

注重做好以下工作：检查建筑物维修或改造后是否改变了避雷装置的保护情况；检查有无因挖土方、铺设管线或种植树木而挖断接地装置；检查各处明装导体有无开焊、锈蚀后截面过小而导致损坏、折断等情况；检查接闪器有无因接受雷击而熔化或折断；检查避雷器磁套有无裂缝、碰伤、污染、烧伤等；检查引下线距地 2 m 一段的绝缘保护处理有无破坏；检查支持物是否牢固，有无歪斜、松动；检查引下线与支持物的固定是否可靠；检查断接卡子有无接触不良；检查木结构接闪器支柱或支架有无腐蚀；检查接地装置周围土壤有无塌陷；测量全部接地装置的流散电流。

（四）防震

为做好仓库防震，首先在仓库建筑上，要根据储存物资的价值大小检查建筑物的结构、质量状况，从保存物资的实际需要出发，合理使用物力财力，进行相应的加固。新建的仓库，特别是多层建筑、现代化立体仓库，更要结合当地地质结构类型，预测地震的可能性，在设计时对相关可能予以考虑，做到有所准备。其次，在情报信息上，要密切注视毗邻地区及地震部门的预测和预报资料。再次，在组织抢救上，要做充分的准备，在接到有关部门的地震预报后要建立必要的值班制度和相应的组织机构，当进入临震时，仓库领导要通盘考虑，全面安排，合理分工，各负其责，做好宣传教育工作，动员职工全力以赴，做好防震工作。

（五）防静电

爆炸物和油品应采取防静电措施，静电的安全应由懂有关技术的专人管理，并配备必要的检测仪器，发现问题及时采取措施。所有防静电设施都应保持干净，防止化学腐蚀、油垢玷污和机械碰撞损坏。每年应对防静电设施进行 1 ～ 2 次的全面检查，测试应当在干燥的气候条件下进行。

任务3　仓库火灾保险

一、火灾保险概述

（一）火灾保险的概念

火灾保险简称火险，是指以存放在固定场所并处于相对静止状态的财产物资为保险标的，由保险人承担保险财产遭受保险事故损失的经济赔偿责任的一种财产保险。

（二）火灾保险的特征

1. 火灾保险标的存在于陆地，相对静止。

2. 保险标的存放地址不得随意变动，随便变动则影响保险合同效力。

3. 可保风险非常广泛，包括各种自然灾害和多种意外事故。存在多种附加险，如附加利润损失保险和附加盗窃风险保险等，覆盖了大部分可保风险。

阅读材料

保险标的：指保险所要保障的对象。如财产保险中的保险标的是各种财产本身或其有关利益或责任，人身保险中的保险标的是人的身体、生命等。保险标的也叫保险标的物，是指保险人对其承担保险责任的各类危险载体。

保险标的具有重要的意义：决定保险业务的种类；判断投保人是否对其具有可保利益；根据保险标的的实际价值或者存在状况确定保险金额；根据保险标的的危

险程度厘定保险费率；根据保险标的的损失程度计算赔付数额；根据保险标的所在地确定诉讼管辖范围等。

二、火灾保险类型

（一）财产保险基本险

财产保险基本险是指以企事业单位、机关团体等的财产物资为保险标的，由保险人承担被保险人财产所面临的基本风险责任的财产保险，它是团体火灾保险的主要险种之一。

根据我国财产保险基本险条款，该险种承担的保险责任包括：① 火灾；② 雷击；③ 爆炸；④ 飞行物体和空中运行物体的坠落；⑤ 被保险人拥有财产所有权的自用的供电、供水、供气设备因保险事故遭受破坏，引起停电、停水、停气以及造成保险标的的直接损失，保险人亦予以负责；⑥ 必要且合理的施救费用。

（二）财产保险综合险

财产保险综合险也是团体火灾保险业务的主要险种之一，它在适用范围、保险对象、保险金额的确定和保险赔偿处理等内容上，与财产保险基本险相同，不同的只是保险责任较财产保险基本险有所扩展。

根据财产保险综合险条款规定，保险人承保该种业务时所承担的责任包括：① 火灾、爆炸、雷击；② 暴雨；③ 洪水；④ 台风；⑤ 暴风；⑥ 龙卷风；⑦ 雪灾；⑧ 雹灾；⑨ 冰凌；⑩ 泥石流；⑪ 崖崩；⑫ 突发性滑坡；⑬ 地面突然塌陷；⑭ 飞行物体及其他空中运行物体坠落。

（三）家庭财产保险

家庭财产保险是指面向城乡居民家庭或个人的火灾保险。家财险的特点在于投保人是以家庭或个人为单位，业务分散，额小量大，风险结构以火灾、盗窃等风险为主。

三、企业投保火灾保险的注意事项

（一）知晓火灾保险承保的保险范围及责任

保险范围含火灾及相关危险、各种自然灾害、有关意外事故和施救费用。保险人在经营火灾保险时，有如下除外不保风险：① 战争、军事行动或暴力行为、政治恐怖活动；② 核子污染；③ 被保险人的故意行为；④ 各种间接损失；⑤ 保险标的本身缺陷、保管不善导致的损失，以及变质、霉烂、受潮及自然磨损等。

（二）火灾保险的赔付问题

发生火灾保险赔案时，保险人需依循财产保险一般理赔程序和赔偿原则开展赔偿工作。同时注意下列事项：

1. 对固定资产分项计赔，每项固定资产仅适用于自身的赔偿限额。
2. 注意扣除残值和免赔额。
3. 对企业火灾保险一般采用比例赔偿方式处理赔案，对家庭财产保险一般采取第一危险赔偿方式处理赔案。但在某些业务中亦交互使用。

实训任务

仓库安全作业管理

实训操作

根据物流实训中心或物流实训室的布局、设施设备、商品及保管条件等编制仓库安全作业管理手册，含人员出入库区安全管理、库内作业安全管理基本要求、叉车作业安全管理、托盘使用及堆码安全管理等。

实训目的

使学生能运用仓储安全管理知识编制与实施仓库安全作业管理手册，掌握仓库安全管理技能，培养学生解决仓库安全管理问题和团队合作协调的能力。

实训要求

1. 每十人为一小组，获取所需资料；
2. 从实训布置日期起，三天内完成；
3. 撰写实训报告。

巩固练习

一、单选题

1. 仓储安全管理的重要措施是（　　）。
   A. 建立、健全安全生产责任制和各项安全保卫制度
   B. 保证仓储安全生产的投入
   C. 加强对有关安全生产的法律、法规和安全知识的宣传
   D. 提高警惕，严防不法分子破坏

2. 警卫组织的任务是（　　）。
   A. 定期或不定期地举行安全操作表演
   B. 核对出库货物
   C. 劝阻和制止违反治安管理法规的行为
   D. 对员工进行安全方面的讲座和业务技术训练
3. 常见的着火源是（　　）。
   A. 酒精　　B. 氯酸钾　　C. 火星　　D. 过氧化钠
4. D 类火灾指的是（　　）。
   A. 固体货物火灾　　B. 液体火灾和可熔化的固体物质火灾
   C. 气体火灾　　D. 金属火灾
5. 下列着火源中属于仓库中的明火的是（　　）。
   A. 施工中的电弧　　B. 雷电波　　C. 静电　　D. 电气超负荷
6. 用水扑灭一般固体货物的火灾，通过水大量吸收热量，使燃烧物的温度迅速降低，最后使燃烧终止的灭火方法称为（　　）。
   A. 窒息法　　B. 冷却法　　C. 隔离法　　D. 化学抑制法
7. 扑救油类火灾有效的灭火剂是（　　）。
   A. 水　　B. 泡沫　　C. 二氧化碳　　D. 干粉灭火剂
8. 储存易燃和可燃物品的库房、露天货场附近，不准进行的作业包括（　　）。
   A. 试验、分装和维修　　B. 试验、分装、封焊、维修和出入库
   C. 试验、封焊和维修　　D. 试验、分装、封焊、维修和动用明火

二、多选题

1. 货物安全储存的决定性因素包括（　　）。
   A. 温度　　B. 湿度　　C. 商品所含水分
   D. 日光　　E. 微生物
2. 仓库害虫对环境的适应能力较强，有一定的抗药能力，同时能（　　）。
   A. 耐热　　B. 耐冻　　C. 耐干
   D. 耐饥　　E. 耐湿

三、简答题

1. 简述燃烧的概念、条件和类型。
2. 简述火灾的概念、分类和级别。
3. 主要的灭火方法和灭火器的种类有哪些？
4. 简述火灾保险的概念和特征。
5. 简述库区安全管理的内容。

项目八 仓库生产绩效管理

思维导图

- 仓库生产绩效管理
  - 仓库生产绩效评价
    - 绩效评价的概念、仓库生产绩效管理的意义、仓库生产绩效考核指标制定的原则、仓库生产绩效考核指标体系
  - 仓库生产绩效管理
    - 绩效管理的过程、仓库绩效管理的基本工具与突破点、绩效指标评价方法

学习目标

知识目标

- 掌握绩效评价的概念、仓库生产绩效考核指标制定的原则、考核指标体系，熟悉仓库生产绩效管理的意义；
- 掌握绩效管理的过程、仓库绩效管理的基本工具与突破点以及绩效指标评价方法。

技能目标

- 能够根据仓库生产管理情况运用绩效指标进行绩效考核，科学地运用绩效管理工具进行管理。

价值目标

- 通过绩效管理工具进行管理，培养公平公正的职业素养和激励员工的管理能力。

案例导入

某仓库绩效考核方案

为调动仓库人员的工作积极性，提高仓库的工作效率，特制定本方案。鉴于仓库部门的工作多为事务性工作，对仓库人员的考核主要依据其基本职责的履行及工作目标的达成情况。

本方案主要由仓库主管负责监督执行。仓库主管根据每个员工每天的工作完成情况，依据本方案的相应标准予以打分。以一个月为一个考核期，每一个考核期内，各个员工的初始考核分数均为100分，每月底根据每位员工不同工作表现进行汇总，结果汇总出来后，按照本方案的相应标准对各个员工给予相应的绩效奖金，绩效奖金与其工资一同发放。

一、入库流程考核细则

1. 货物入库前，仓管员必须核对送货单上的信息是否有效，有效方可签收入库，否则追究当事仓管员的责任，考核分数扣3分。

2. 入库过程中，如发现来货存在质量、数量与送货单上不相符等问题的，要及时通知上级主管，否则追究当事仓管员的责任，考核分数扣3分。

3. 签收货物后，仓管员必须及时把货物摆放到相应位置，并在相应的库存卡上做好增减记录，新进货物没有库存卡的，必须及时建立库存卡并在库存卡上做好相应的增减记录，否则追究当事仓管员的责任，考核分数扣3分。

4. 仓库主管定期组织仓管员与统计员核对某段时间有关货物的入库记录，发现不符，及时安排相关人员盘点并落实具体的责任人。因仓管员忘记在库存卡上及时做增减记录而造成误差的，追究当事仓管员的责任，考核分数扣3分。

5. 入库过程中，叉车司机人为疏忽导致货物残损的，追究当事叉车司机的责任，考核分数扣3分。

二、出库流程考核细则

1. 仓管员没有接到统计员打出的出库单或签名确认的提货单，直接发货出库的，无论是否造成不良后果（特殊情况须报仓库经理批准），均追究仓管员的责任，考核分数扣3分。

2. 货物出库前仓管员必须核对提货单上的信息是否有效，有效方可发货出库，否则追究当事仓管员的责任，考核分数扣3分。

3. 仓管员发出相应的货物后，必须及时在相应货物对应的库存卡上做好增减记录，否则追究仓管员的责任，考核分数扣3分。

4. 仓库主管定期组织仓管员与统计员核对某段时间有关货物的出库记录，若发现不符，及时安排相关人员盘点并落实具体的责任人。因仓管员忘记在库存卡上及时做增减记录造成误差的，追究当事仓管员的责任，考核分数扣3分。

5. 出库过程中，叉车司机人为疏忽导致货物残损的，追究当事叉车司机的责任，考核分数扣3分。

三、其他考核细则

1. 所有进出库单据必须明确、清晰并及时交到统计员处，如仓管员所出具的单据有不清晰明确或丢失单据的，考核分数扣3分。

2. 仓管员进出库操作有误或忘记在库存卡上及时做增减记录导致库存数量不准确出现误差的，追究仓管员的责任，考核分数扣10分。

3. 每周最少进行一次仓库卫生清洁及货物和卡板的整理整顿工作，如相应仓库责任人一周没进行清洁整理整顿工作，考核分数扣5分。

4. 一周内有两次以上迟到超过10分钟的，考核分数扣3分；一月累计超过三次（含三次）的扣5分，累计超过五次（含五次）的扣10分。

5. 对于仓库主管安排的有关工作，在仓库主管的多次（超过两次）催促之下完成，不论完成结果如何，相关责任人的考核分数扣3分。

四、考核方案执行的有关细则

1. 仓库主管必须根据每天仓库的实际出入库情况，有针对性地对出入库流程的关键点进行重点检查并做好记录，发现问题，直接追究具体责任人的责任，按相应标准扣分。

2. 仓库主管对仓库所属人员进行的每次考核打分，必须随时通知所有被考核人员，让其知道扣分的原因或加分的原因。

五、绩效奖金计算的有关细则

1. 被考核者每月的考核分数低于60分的，不予发放当月的绩效奖金。

2. 考核分数为60～89分的，则发放相应比例的绩效奖金。例如，当月考核分数为89分的，绩效奖金则为89÷100×2 000 ＝ 1 780元。

3. 考核分数为90～100分的，则发放全额绩效奖金2 000元。

问题：该仓库生产绩效管理的目的是什么？又是如何保证公平公正的？

任务1　仓库生产绩效评价

一、绩效评价的概念

从语言学的角度来说，绩效是指成绩和效益。从管理学的角度看，绩效是组织期望的结果，是组织为实现其目标而展现在不同层面上的有效输出，绩效包括个人绩效和组织绩效。

绩效评价是指运用数理统计和运筹学等方法，采用特定的指标体系，对照统一的评价标准，按照一定的程序，通过定量、定性分析，对特定主体在一定的期间内做出的效益和成绩做出客观、公正和准确的综合评判。

仓储绩效评价即指运用数理统计和运筹学等方法，采用特定的指标体系，对照统一的评价标准，按照一定的程序，通过定量、定性分析，对仓储运作在一定的期间内做出的效益和成绩做出客观、公正和准确的综合评判。

二、仓库生产绩效管理的意义

（一）有利于提高仓储管理水平

仓库生产绩效考核指标体系中的每一项指标都反映某部分工作或全部工作的一个侧面。通过对指标的分析，能发现工作中存在的问题。例如，通过对几个指标的综合分析，能找到彼此之间的联系和关键问题之所在，从而为计划的制定、修改以及仓库生产过程的控制提供依据。

（二）有利于落实岗位责任制

指标是衡量每一个工作环节作业量、作业质量以及作业效率和效益的尺度，是仓库掌握各岗位计划执行情况、实行按劳分配和进行各种奖励的依据。

（三）有利于仓库设施设备的现代化改造

一定数量和水平的设施和设备是保证仓储生产活动高效运行的必要条件，通过对比作业量系数、设备利用等指标，可以及时发现仓库作业流程的薄弱环节，以便仓库有计划、有步骤地进行技术改造和设备更新。

三、仓库生产绩效考核指标制定的原则

要保证仓库生产绩效考核真正发挥作用，指标体系的科学制定和严格实施及管理非常重要。

（一）科学性原则

所设计的指标体系能够客观如实地反映仓库生产的所有环节和活动要素。

（二）可行性原则

所设计的指标便于工作人员掌握和运用，数据容易获得，便于统计计算和分析比较。

（三）协调性原则

各项指标之间相互联系互相制约，但是不能相互矛盾和重复。

（四）可比性原则

在对指标的分析过程中，很重要的是对指标进行比较，如实际完成与计划相比、现在与过去相比、与同行相比等，所以可比性原则要求指标在期间、内容等方面要一致，使指标具有可比性。

（五）稳定性原则

指标一旦确定之后，应在一定时期内保持相对稳定，不宜经常变动、频繁修改。在执行一段时间后，经过总结再进行改进和完善。

四、仓库生产绩效考核指标体系

仓库生产绩效考核指标分为以下几类，每类别具体公式量化评定如下。

（一）反映仓库生产成果的数量指标

1. 吞吐量

$$\text{吞吐量} = \text{入库量} + \text{出库量} + \text{直拨量}$$

2. 月平均库存

$$\text{月平均库存} = \frac{\text{月初库存量} + \text{月末库存量}}{2}$$

3. 库存周转率

$$\text{库存周转率} = \frac{\text{年销售金额}}{\text{平均库存金额}} \times 100\%$$

（二）反映仓库生产作业质量的指标

1. 收发差错率

$$\text{收发差错率} = \frac{\text{收发差错累计笔数}}{\text{收发物品总笔数}} \times 100\%$$

2. 物品赔偿费率

$$物品赔偿费率=\frac{某种物品损耗量}{某种物品入库总量}\times 100\%$$

3. 账实相符率

$$账实相符率=\frac{账实相符笔数}{储存物品总笔数}\times 100\%$$

4. 缺货率

$$缺货率=\frac{缺货次数}{用户要求次数}\times 100\%$$

（三）反映仓库生产物化劳动和活劳动消耗的指标

1. 作业量系数

$$作业量系数=\frac{装卸作业总量}{进出库物品总量}\times 100\%$$

2. 单位进出库成本

$$单位进出库成本=\frac{进出库总费用}{进出库物品总量}（元/吨）$$

3. 单位仓储成本

$$单位仓储成本=\frac{仓储总费用}{各月平均库存量之和}（元/吨）$$

（四）反映仓库生产作业物化劳动占用的指标

1. 仓库面积利用率

$$仓库面积利用率=\frac{库房、货棚、货场占地面积之和}{仓库总占地面积}\times 100\%$$

2. 仓容利用率

$$仓容利用率=\frac{仓库平均库存量}{最大库容量}\times 100\%$$

3. 设备利用率

$$\text{设备利用率}=\frac{\text{设备作业总台数}}{\text{设备应作业总台数}}\times 100\%$$

4. 全员劳动生产率

$$\text{全员劳动生产率}=\frac{\text{全年物品出入库总量}}{\text{全员年工日总数}}\text{（吨/天）}$$

（五）仓储经营管理综合评价指标

仓储经营管理综合评价是指通过综合性指标分析仓储绩效，从比较系统的方面对仓储进行评价。综合性指标主要包括平均储存费用、资金使用效率、仓库生产率、产出与投入平衡率、仓库安全指标。

1. 平均储存费用

平均储存费用是指保管每吨货物一个月平均所需要的费用开支。货物保管过程中消耗的一定数量的活劳动和物化劳动的货币形式即为各项仓储费用。这些费用包括在货物入库、验收、储存和搬运过程中所消耗的材料、燃料、人工工资和福利费、固定资产折旧费、修理费、照明费、租赁费以及应分摊的管理费用等。

$$\text{平均储存费用}=\frac{\text{每月储存费用总额}}{\text{月平均储存量}}$$

2. 资金使用效率

这类指标主要用于考核仓库资金的使用情况，反映资金利用水平、资金的周转以及资金使用的经济效果。资金使用效率包括单位货物固定资产平均占用量、单位货物流动资金平均占用量、流动资金周转次数和周转天数等。

$$\text{单位货物固定资产平均占用量}=\frac{\text{报告期固定资产占用量}}{\text{报告期平均货物储存量}}$$

$$\text{单位货物流动资金平均占用量}=\frac{\text{报告期流动资金占用量}}{\text{报告期平均货物储存量}}$$

3. 仓库生产率

仓库生产率是仓库实际产出与实际投入的比率，以此可以测定仓库生产过程满足需求的效率。

$$\text{仓库生产率}=\frac{\text{某时期装运的订单数}}{\text{每时期装运的平均订单数}}\times 100\%=\frac{\text{同时期装运的订单数}}{\text{某时期接受的订单数}}\times 100\%$$

4. 产出与投入平衡率

产出与投入平衡率衡量是否维持低库存量，与零库存的差距有多大。

$$产出与投入平衡率=\frac{出货量}{进货量}\times 100\%$$

5. 仓库安全指标

仓库安全指标用来衡量、反映仓库的安全程度，它主要可以用发生的各种事故的大小和数量来表示，如人身伤亡事故、仓库失火、爆炸、被盗事故、机械破损事故等。

任务2 仓库生产绩效管理

一、绩效管理的过程

绩效管理包含四个主要环节，也是绩效管理的四个基本组成要素，分别为绩效计划、绩效监控与辅导、绩效考核、绩效反馈与结果应用。

（一）绩效计划环节

绩效计划是绩效管理的第一个环节，也是绩效管理过程的起点。绩效计划是一个确定企业对员工的绩效期望并得到员工认可的过程，其不但要包括企业对员工工作成果的期望，还要包括企业希望员工表现的行为和使用的技能。绩效计划还是管理人员与员工就绩效目标进行反复沟通的过程，要求企业与员工对于绩效目标有清晰、明确的认识且达成共识，并将这种共识落实为绩效计划书。在绩效计划开始执行前，管理者需要和员工针对员工的工作绩效目标达成共识，这种共识包括了：员工的工作目标及各工作目标的权重；完成目标的结果及其表示方式；结果的衡量方式和判别标准；员工工作信息的获取方式；员工的权限和需要利用的资源；员工可能遇到的困难和管理者的支持；管理者与员工的沟通方式。绩效计划顺利进行的关键在于管理者和员工之间沟通的有效性。

（二）绩效监控与辅导环节

绩效计划是绩效管理的起点，绩效监控与辅导作为连接绩效计划与绩效考核的桥梁，对于绩效计划的顺利执行和绩效考核的公正客观执行有着极其重要的作用。在绩效监控与辅导的过程中，管理者需要和员工进行持续不断的沟通，确保绩效目标的顺利完成。

绩效监控指的是在绩效考核期间内，管理者为了掌握下属的工作绩效情况而进行的一系列活动。绩效监控通过管理者和员工持续的沟通，观测、预防或解决绩效周期内可能存在的问题，不断调整偏差，尽可能地确保员工的工作符合预期，更好地完成绩效计划。绩效监控的优点在于，可以随时发现员工工作中出现的问题并及时加以调整，从而保证绩效管理的顺利进行。绩效监控和绩效辅导是两个目的完全不同却又紧密相关的绩效实施环节。

绩效辅导指的是管理者在掌握了下属工作绩效的前提下，为了提高员工绩效水平和自我效能感而进行的一系列活动。从某种意义上看，绩效监控和绩效辅导带有因果关系：通过绩效监控，管理者才能掌握下属的工作绩效情况；在掌握了下属的工作绩效情况后，管理者才能对下属进行有效的绩效辅导。绩效辅导贯穿于绩效管理实施的整个过程中，是一种经常性的管理行为，它帮助员工解决当前绩效管理实施过程中出现的问题。良好的绩效辅导从员工的绩效目标和发展目标出发，帮助员工找到实现绩效目标、提高绩效水平的途径和方法，排除绩效实现过程中的障碍。

有效的绩效监控和良好的绩效辅导是绩效管理有效实施的保障。

（三）绩效考核环节

绩效考核是绩效管理有效实施的关键阶段。绩效管理的目的在于改进员工的工作绩效，而改进绩效的前提是对员工绩效进行有效的考核，通过考核才能评判员工的实际工作绩效与标准绩效之间是怎样的一种关系。如果这种关系表现为实际绩效与标准绩效存在负差距，则需要探讨产生这种差距的原因，从而找寻出改进绩效的正确途径。绩效考核的有效实施需要做好几项关键性的工作。

1. 绩效信息的有效收集

绩效信息收集是绩效考核开展的前提。在绩效考核中最容易出现的问题就是管理者和员工对于员工实际工作绩效的认知出现了差异，这种差异往往体现为管理者和员工对于员工绩效的有效信息量的认知差异。所以，对于绩效信息的规范性界定能够保证绩效信息的有效收集。

2. 考核指标和标准的科学制定

考核指标和标准是绩效考核的基础。指标涵盖了哪些工作领域、标准制定到什么样的程度都直接决定着绩效考核的结果。绩效考核的有效实施需要采用科学的方法来制定考核指标和标准，使指标和标准能够得到管理者和员工的认同并符合企业的实际情况，从而保证绩效考核的有效实施。

3. 考核方法的科学合理

考核方法应根据企业的实际情况来选择。每种考核方法都有其优点与不足，所以最常见的情况是多种方法相结合来进行绩效考核。考核方法也应适合于工作或岗位的特殊情况，保证其能够将某个特定岗位的工作关键点完整、客观地反映出来，从而保证考核结果的有效性。

阅读材料

绩效考核本质上是一种过程管理，而不仅仅是对结果的考核。它是将中长期的目标分解成年度、季度、月度指标，不断督促员工实现、完成的过程，有效的绩效考核能帮助企业达成目标。

绩效考核是一个不断制定计划、执行、改正的 PDCA 循环过程，体现在整个绩效管理环节，包括绩效目标设定、绩效要求达成、绩效实施修正、绩效面谈、绩效改进、再制定目标的循环，这也是一个不断发现问题、改进问题的过程。

与利益不挂钩的考核是没有意义的，员工的工资一般分为两个部分：固定工资和绩效工资。绩效工资的分配与员工的绩效考核得分息息相关，所以一说起考核，员工的第一反应往往是绩效工资的发放。

绩效考核的最终目的并不是单纯地进行利益分配，而是促进企业与员工的共同成长。通过考核发现问题、改进问题，找到差距进行提升，最后达到双赢。绩效考核的应用重点在薪酬和绩效的结合上。薪酬与绩效在人力资源管理中是两个密不可分的环节。在设定薪酬时，一般已将薪酬分解为固定工资和绩效工资，绩效工资正是通过绩效予以体现，而对员工进行绩效考核也必须要表现在薪酬上，否则绩效和薪酬都失去了激励的作用。

（四）绩效反馈与结果应用环节

绩效反馈是指管理者通过面谈等形式将绩效考核的结果告知员工，并与员工一起分析形成绩效以及与绩效标准产生差距的原因，探讨解决绩效问题的办法，从而促进员工对绩效有更清晰的认识并主动改进绩效。要做好绩效反馈工作，除了要建立起管理者与员工之间的信任关系和开诚布公外，绩效信息，特别是原因方面的信息是十分必要的。这些信息不仅要得到管理者的基本认可，也要得到员工的基本认可，才能具备绩效反馈的基础。绩效结果的应用是指绩效考核的结果能够反映到员工的具体利益方面，使员工切身感受到绩效好坏与自身利益的相关性，从而努力改进绩效。绩效反馈本身就是管理者与员工就相关的绩效信息进行沟通，所以，绩效信息的完整、准确是绩效反馈有效实施的基础。

二、仓库绩效管理的基本工具与突破点

（一）仓库绩效管理的基本工具

1. 指标分析

指标分析主要运用反映仓库生产成果的数量指标、反映仓库生产作业质量的指标、反映仓库生产物化劳动和活劳动消耗的指标、反映仓库生产作业物化劳动占用的指标等进行考核管理。利用指标作为管理标准，当仓库管理过程中相关数据与标准指标数值出现偏差时，应及时发现并纠正。库存操作和管理人员应严格按照相关指标进行合理化管理，以提高仓库绩效管理水平。

2. 成本分析

仓库绩效管理水平如何，还需要从仓库经营成本这方面进行分析。一般来说，仓库经营成本占物流成本的总成本比重不断下降，说明仓库绩效管理水平较好。

（二）仓库绩效管理的突破点

1. 提高物流服务质量

要提高仓库绩效管理，提高物流服务质量是一个关键方面。仓库服务质量提高可以有效提高仓储客户满意度，从而使仓库拥有更多客户资源，仓库经营效益就会有所上升。

2. 提高仓库生产效率

仓库绩效管理水平在很大产程度上取决于仓库生产效率，生产效率提高可以加快仓库货物进出仓库速度，减少库存资金占用，加快资金周转。

三、绩效指标评价方法

（一）指标分析法

1. 对比分析法

对比分析法是指将两个或两个以上有内在联系的、可比的指标或数量关系进行对比分析，从而认识仓库或配送企业的现状及其规律性。主要有以下几种对比方法。

（1）计划完成情况的对比分析：将同类有关指标的实际完成数与计划数进行对比分析，反映计划完成的绝对数和程度。

（2）纵向动态对比分析：将不同时间的同类有关指标进行对比，如本期与上期对比、与历史平均水平对比等，反映实物发展的方向和速度。

（3）横向类比分析：将有关指标在同一时期相同类型的不同空间条件下进行对比分析，如与同类企业中的先进企业等进行对比分析。

（4）结构对比分析：将总体分为不同性质的各个部分，以部分数值与总体数值之比来反映实物内部构成的情况，一般用百分数表示。结构对比分析方法可以研究各组成部分的比重及变化情况。

2. 因素分析法

因素分析法是指分析影响指标变化的各个因素，以及它们对指标的影响程度。基本做法为：在分析某因素变动对总指标变动的影响时，假定影响指标变化的各个因素中只有这个因素在变动，而其余因素都必须是同度量（固定因素），从而得到单项因素对该指标的影响程度。因素分析法主要有两种：差额分析法和连环替代法。

（1）差额分析法：当某项因素与某项指标为加或减的关系时，可使用差额分析法。如：

$$利润总额 = 营业利润 + 投资损益 + 营业外收支$$

（2）连环替代法：当各项因素与某项指标为乘或除的关系时，可使用连环替代法。

3. 平衡分析法

平衡分析法是利用各项具有平衡关系的经济指标之间的依存情况，来测定各项指标对经济指标变动的影响程度的一种分析方法。

（二）关键绩效指标分析法

关键绩效指标分析法是通过对组织内部流程的输入端、输出端的关键参数进行设置、取样、计算、分析，从而衡量流程绩效的一种目标式量化管理指标，是把组织的战略目标分解为可操作的工作目标的工具，是组织绩效管理的基础。

1. 关键绩效指标的特征

关键绩效指标的主要特征来自对组织战略目标的分解、对绩效构成中可控部分的衡量、对重点经营活动的衡量和企业上下认同等四个方面。

2. 关键绩效指标的选择原则（SMART 原则）

S：Specific，明确性。必须是能指导特定工作的具体指标，不能笼统表示。

M：Measurable，可衡量性。绩效指标是数量化或行为化的，必须具有可衡量性，有助于指标的实施。

A：Attainable，可实现性。指标在员工付出努力的情况下是可以实现的，避免设立过高或过低的目标，使员工产生挫折感或没有成就感。

R：Relevant，相关性。指标之间互相制约和影响，才有利于系统地进行绩效衡量。

T：Time-based，时限性。指标必须具有一定的时间导向特征，要求员工在特定的时限内完成绩效指标目标。

3. 关键绩效指标评价的步骤

第一步，明确企业的整体战略目标，找出确保战略得以实现的关键成功因素目标值。

第二步，根据企业的战略目标制定企业级的关键绩效指标，把企业级的战略目标分解到各个业务部门，由各部门的主管和关键绩效指标人员进行进一步细分，分解为更细的关键绩效指标及各岗位的业绩衡量指标。

第三步，确立评价标准。指标反映的是从哪些方面衡量或评价工作，解决“评价什么”的问题；标准反映的是指标应分别达到什么样的水平，解决“被评价者怎样做、做多少”的问题。

指标分为定性和定量两种。三种常用的定性关键绩效指标评价方法如下。

（1）分级描述法。对关键绩效指标的完成情况进行分级描述，如优秀、良好、一般、及格、不及格。

（2）等级评判法。对关键绩效指标的完成情况设立不同的等级，考核完成情况，如远远低于预期、达到预期、远远超出预期。

（3）关键事件法。针对关键绩效指标执行过程中出现的关键事件，制定相应的扣分和加分标准，如出现安全事故，重大扣 20 分，一般扣 5 分。

实训任务

仓库生产绩效管理

实训操作

根据校企合作的仓储企业或本地区某一仓储企业的生产管理现状和企业经营战略等资料，编制仓库员工绩效考核表，考核项目包含设备及工具、收发料、单据处理、积极性、卫生环境等，制定仓库员工绩效考核内容。

实训目的

使学生能运用仓库生产绩效管理知识编制仓库员工绩效考核内容，掌握仓库生产绩效管理技能，培养学生解决仓库生产绩效管理问题和公平公正处理问题的能力。

实训要求

1. 每十人为一小组，获取所需资料；
2. 从实训布置日期起，三天内完成；
3. 撰写实训报告。

巩固练习

一、单选题

1. 在车站、码头、机场、供货单位等提货点办理完提货手续后，直接将物品从提货点分拨转运给用户的货物数量称为（　　）。
   A. 吞吐量　　B. 入库量　　C. 出库量　　D. 直拨量
2. 在反映仓库生产成果数量的指标中，（　　）更能体现仓库空间的利用程度和流动资金的周转速度。
   A. 存货周转率　　B. 吞吐量　　C. 库存量　　D. 库存品种
3. （　　）反映了仓库实际发生作业与任务之间的关系，其理想数值为 1。
   A. 仓容利用率　　B. 作业量系数　　C. 账实相符率　　D. 收发正确率
4. 绩效管理指标分析法中使用最普遍、最简单、最有效的方法是（　　）。
   A. 因素分析法　　B. 平衡分析法　　C. 对比分析法　　D. 帕累托图法
5. 改进程序框架（PDCA）中需要投入人员对三个关键问题（变化的实行与计划相符吗？预期目标达到了吗？应实行什么补救行动？）进行检查的阶段是（　　）。

A. 计划阶段　B. 实施阶段　C. 检查阶段　D. 改进阶段

6. 将总体分为不同性质的各部分，而后以部分数值与总体数值之比来反映事务内部构成情况的方法是（　）。

A. 计划完成情况的对比分析　B. 结构对比分析

C. 横向对比分析　D. 纵向对比分析

7. 仓库绩效管理的突破点主要包括服务质量、仓库生产率和（　）。

A. 程序效率　B. 仓库利用率　C. 吞吐量　D. 收发正确率

8. 主要反映仓库保管和维护质量水平的指标是（　）。

A. 收发正确率　B. 业务赔偿费率　C. 物品损耗率　D. 账实相符率

9. 主要反映仓库组织出库时的作业管理水平以及当期的交通运输状况的指标是（　）。

A. 平均验收时间　B. 库用物资消耗指标　C. 作业量系数　D. 发运天数

10. 主要反映仓库仓储生产的经济效益的指标是（　）。

A. 业务赔偿费率　B. 全员劳动生产率　C. 人均利税率　D. 仓容利用率

二、多选题

1. 仓库生产绩效考核有利于仓库内部（　）。

A. 提高仓库管理水平　B. 落实岗位责任制

C. 设施设备的现代化改造　D. 提高仓储经济效益

2. 仓库生产绩效考核有利于仓库外部（　）。

A. 提高仓库管理水平　B. 说服客户和扩大市场占有率

C. 设施设备的现代化改造　D. 稳定客户关系

3. 仓库生产绩效考核指标制定应遵循的原则包括（　）。

A. 科学性　B. 可行性　C. 协调性

D. 可比性　E. 稳定性

4. 仓库生产绩效考核指标的管理包括（　）。

A. 编制业务计划　B. 实行指标的归口管理

C. 分解指标、落实到人　D. 开展指标分析、实施奖惩

5. 反映仓库生产成果数量的指标主要是（　）。

A. 吞吐量　B. 库存量　C. 存货周转率　D. 库存品种

6. 反映仓库生产成果质量的指标主要是（　）。

A. 收发差错率　B. 业务赔偿费率　C. 物品损耗率

D. 账实相符率　E. 缺货率

7. 反映仓库生产物化劳动和活化劳动的指标主要是（　）。

A. 库用物资消耗指标　B. 平均验收时间　C. 发运天数

D. 作业量系数　E. 单位进出库成本和单位仓储成本

8. 反映仓库生产物化劳动占用的指标主要是（　）。

A. 仓库面积利用率　　B. 全员劳动生产率　　C. 仓容利用率　　D. 设备利用率

9. 绩效管理工具中经常采用的对比分析法包括（　　）。

A. 计划完成情况的对比分析　　B. 纵向动态对比分析

C. 结构对比分析　　D. 横向类比分析

三、简答题

1. 仓库生产绩效考核指标制定的原则有哪些?
2. 仓库生产绩效考核指标体系包括哪些指标?
3. 简述绩效管理的过程。
4. 简述仓库绩效管理的基本工具与突破点。
5. 绩效指标评价方法有哪些?

项目九 配送管理概述

思维导图

- 配送管理概述
  - 配送认知
    - 配送的概念、特点、意义、作用、基本功能及与物流的关系，现代配送发展现状及未来趋势
  - 配送分类
    - 按配送实施节点、配送时间及数量、配送商品种类及数量、供应主体、配送主体所处行业、加工程度、配送企业专业化程度等不同标准的分类

学习目标

知识目标

- 掌握配送的概念、特点、意义、作用、基本功能及与物流的关系，现代配送发展现状及未来趋势；
- 掌握配送不同标准的分类及其要点。

技能目标

- 能够根据配送管理基础知识，了解配送的不同定义；
- 能够根据实际配送场景，完成不同类型配送活动的优缺点分析。

价值目标

- 通过对配送管理基础知识的学习，培养学生热爱劳动的价值素养；
- 通过对配送相关知识的熟悉，树立技能报国情怀。

案例导入

零售店经营的尴尬局面

在一家街头的零售店里，某饮料企业的一位理货员来给店里送货，以下是他和零售店老板之间的对话。

企业理货员："张老板，我来给您送货。"

零售店店主："你们公司送货怎么这么慢呢？我订的货应该在昨天就送到了！可你现在才来，你看，我的客户都跑掉了！"

企业理货员："对不起，我们公司那边有点问题。"

零售店店主："怎么你们送来的货与我的订单内容不一样啊？"

企业理货员："是吗？"

零售店店主："这个产品规格不对，我要的是150毫升的饮料，你送的是500毫升的；这个产品数量也不对，我要30瓶，你们只拿了20瓶！真是乱七八糟的！像你们这样送货，客户全都得跑光了。产品不对！时间也不对！我要退货，真是受不了你们，我不会再和你们打交道了！"

问题：饮料企业经营中存在什么问题？你认为应该怎样解决问题？

任务1　配送认知

一、配送的概念

在现代商品经济中，"生产"是商品形态效用的产出机制，消费是满足众多需求、维护与提高生活质素的效用产出机制，而"流通"则是商品转移过程中时间、空间及所有权效用的产出机制。流通过程既包括以商品所有权的转移为中心的商流活动，也包括以商品的运输、保管、装卸、包装、流通加工、配送等为中心的商品的物理属性转移或时空性转移的各种物流活动。配送既是物流的一个重要环节，也是一项综合性的物流活动。配送的产生和发展既是社会化分工进一步细化的结果，也是社会化生产发展的客观要求。

配送是一种特殊的综合性物流活动，它集"匹配"和"交付"于一体，集中、分类、组装货物，并以各种方式将其运送到指定地点或用户。它是资源配置的重要手段，是商流和物流整合的产物。

中华人民共和国国家标准《物流术语》(GB/T 18354-2021)中将配送定义为：根据客户要求，对物品进行分类、拣选、集货、包装、组配等作业，并按时送达指定地点的物流活动。一般来说，配送在整个物流过程中既是一种包含集货、储存、拣货、配货、装货等的狭义的物流活动，也是一种包括输送、运达、验货等的以送货上门为目的的商业活动。它是商流与物流紧密结合的一个综合性、特殊的供应链环节，也是物流过程中的关键环节。由于配送直接面对消费者，最直观地反映了供应链的服务水平，所以，它在恰当的时间、地点，将恰当的商品提供给恰当的消费者的同时，也将优质的服务传递给客户。

配送几乎涵盖了所有的物流功能要素，是整个物流活动的一个缩影，也是所有物流活动在一定小范围内的体现。在当今市场竞争日益激烈的情况下，配送作为供应链的末端环节和市场营销的辅助手段，日益受到重视。提高配送效率对于改善和提供物流服务、完善物流体系、提高物流效率、进而增强市场竞争力具有重要的作用。

二、配送的特点

配送是按照用户的订货要求和实践计划，在仓库、商店、货运站、物流中心等物流据点进行分拣、加工和配货等作业后，将配好的货物送交收货人的物流过程。配送是货物位移的一种形式，它与运输既有区别又有联系。通常，配送是近距离、小批量、多品种、按用户需要搭配品种与数量的物流服务体系。目前，配送已形成了自身的特点。

（一）配送是从物流据点到用户之间的一种特殊送货形式

中华人民共和国国家标准《物流术语》（GB/T 18354-2021）中“根据客户要求”着重明确了客户的主导地位，因此配送企业必须首先树立“客户第一”的经营理念，从客户的实际利益出发，根据客户的具体要求寻求企业自身的利益，并充分满足客户的利益，从而实现双赢。由于配送企业通常服务的客户数量庞大，不同客户对交货时间、地点、批量、包装、服务和产品性质的要求各不相同，这无疑给配送企业带来了巨大的困难。此外，配送企业的能力也是有限的。因此，在强调客户利益的同时，还必须充分考虑自身的局限性。这就要求配送企业在经济合理的区域范围内进行运营，保障企业自身的利益。

从配送的功能看，从事配送的是专职流通企业，而不是生产企业，配送是“中转”型送货。传统意义上的送货，尤其是从工厂到用户的送货往往是直达型，生产企业生产什么就送什么，有什么就送什么。而配送则不同，配送是需要什么就送什么。因此，通常人们把面向一定区域范围内需求者的运输称为配送，它实质上仍是一种特殊的送货形式。

（二）配送是多种活动的有机结合体

除了配送功能外，配送企业还承担拣选、分拣、包装、分割、组装和配货等任务。由于这些活动之间存在“效益背反”的现象，前一个过程的质量对下一个过程有重大影响。因此，在配送过程中，有必要结合客户的具体要求，将这些经营活动作为一个有机整体对待，加强流程之间的协调，以实现良好的经济效益。

配送虽然离不开运输，但在整个运输过程中，它处于“二次运输”“支线运输”“末端运输”的位置，是最接近客户的行为，是物流据点至用户终端的运输。因此，配送是运输与其他活动共同构成的组合体。

（三）配送是供给者送货到户的服务型供应

配送是一种“门到门”的服务，它可以将货物从物流节点一直送到用户的仓库、营业现场、车间乃至生产线的起点。

（四）配送是一项积极且有计划的发货活动

配送是一项有详细计划的活动。在实践中，“根据客户要求”，客户提前告知配送企业所需的服务项目和要求，配送企业根据客户的要求和自身的能力决定是否接受订单。如果收到订单，配送企业要有效地结合分销和交付，根据客户所需的数量、类型和时间对产品进行分类和分配，并根据自己的情况制定详细的计划，以实现双赢的目标。因此，配送是一项积极且有计划的发货活动，是“配”和“送”的有机结合形式。

（五）配送必须有高科技现代化技术和数字化设备的支撑

由于配送是多种活动的有机结合，各项活动间的协调工作比较困难，不同客户的要求和产品特性往往差异也很大，这就需要高科技现代化技术和数字化设备的支撑。高科技现代化技术和数字化设备的使用也是配送区别于传统货运的重要特征。

在实际企业运营中，配送企业大多会在自身能力范围内尽量使用高科技现代化技术和数字化设备，如电子配送平台，北斗卫星导航，传输、条码、拣选、包装和加工等智能设备，以提高配送的规模、水平、效率、速度和质量，从而增强企业的服务能力和市场竞争力。

三、配送的意义和作用

配送是企业经营活动的重要组成部分，健全完备的配送体系对提升整个物流系统、促进生产企业和流通企业的发展以及整体经济和社会效益的提高都起着重要作用，其作用具体表现在以下方面。

（一）完善了运输及整个物流系统，有利于物流运动合理化

第二次世界大战之后，大吨位、高效率运输力量的出现，使干线运输在铁路、海运和公路方面都达到了较高水平，长距离、大批量的运输实现了低成本化。但是，在所有的干线运输之后，往往都要辅以支线运输或小搬运，这种支线运输及小搬运环节有和干线运输不同的许多特点，如要求灵活性、适应性、服务性，致使运力往往利用不合理、成本过高等问题难以解决，成了物流过程中的一个薄弱环节。配送的方式，可以从范围上将支线运输及小搬运统一起来，利用干线运输的既有优势，使运输过程得以优化和完善。

从资源配置上看，配送是以专业组织的集中库存代替社会上的零散库存，在一定程度上衔接了产需关系，打破了流通分割和封锁的格局，很好地满足了社会化大生产的发展需要，有利于实现物流社会化和合理化。

（二）提高了末端物流的效益，有利于供应链的保证性

采用配送方式，通过增大经济批量来达到经济地进货，又通过将各种商品用户集中到一起后进行一次发货，实施共同配送，代替分别向不同用户小批量发货来达到经济地发货，使末端物流经济效益提高。同时，为了维持库存和生产，生产企业很难再次提高供应保证程度。通过采用配送方式，配送中心可以实现比任何生产企业自身储备更大的储备量。因此，对于每个企业来说，由于供应终端而影响生产的风险已经相对降低，这在某种程度上增强了生产企业供应链的保证性。

（三）通过集中库存使企业实现了低库存或零库存，有利于增强企业竞争力

在实现高水平配送后，特别是采用准时配送方式之后，生产企业可以完全依赖配送中心的准时交货，而无需维持自己的库存。或者，生产企业可以维持少量的保险库存，而不必维持定期的经常性储备，实现生产企业多年来一直追求的“零库存”，使企业摆脱库存负担，节省出大量储备资金，从而改善企业的财务状况，提高企业的盈利能力。

实施集中库存时，集中库存总量远低于不采用集中库存时每个企业的分散库存总量之和，增加了企业自身的调节能力，提高了社会经济效益。此外，使用集中库存可以充分利用规模经济优势，降低单位库存成本，降低配送和管理总成本，从而提高企业盈利能力，进一步提升企业的市场竞争力。

（四）简化事务，方便用户，有利于促进电子商务的发展

配送中心通常可提供全面的物流服务，用户从配送中心这一处订购就能实现从多个地点采购的目的。因此，只须组织好配送中心一个交付单元的接货流程就可以取代现有的高频次接货流程，从而提供全流程、全功能的物流服务，大大减轻用户的工作量和负担，节省订购和接收货物等一系列的费用。从这个角度看，配送给电子商务带来了方便快捷的服务，使网上购物更加方便快捷。无论如何减少流通环节，唯一不能减少的是货物的交付。如果配送服务不能与之匹配，网上购物就无法发挥其方便快捷的优势，因此健全完备的配送体系有利于电子商务的发展。

四、配送的基本功能

一般来说，配送的基本功能由备货、储存、理货、送货四个方面实现，但在具体配送过程中，还包括其他业务环节。

（一）备货功能

备货是指为准备货物配送而进行的一系列活动，它是配送的准备工作和基本环节，包括组织资源、订购、进货、检验、仓储，以及相关的质量检验、结算和其他业务活动。备货是决定配送效率的关键步骤，对整个配送活动有着长远的影响。

（二）储存功能

储存是进货的延续工作，配送中的储存对整个配送有巨大的影响。储存主要包括暂存和储备两种形态。

暂存形态的储存是指根据分拣和配送过程的要求，在交付过程中在理货现场储存少量货物。这种储存形式是随着对“日常配送”和“即时配送”的需求增加而发展起来的。其储存量仅影响到下一个过程步骤的便利性，而不会影响整体效益。此外，其储存效益的好坏取决于总储存容量的大小，因此对数量没有严格的控制。

储备形态的储存是根据配送业务要求和货物资源在一定时间内的到达情况而设置的，是配送持续运营的资源保障。这种形式的储备数量庞大，结构相对完整，可以根据货物的供应和到达情况，有计划地确定周转储备和保险储备的结构和数量。

（三）理货功能

理货是配送活动的重要组成部分，在整体配送效率中起着重要作用。科学合理的理货有助于提高整个配送过程的效率，从而提高配送的经济效益。理货活动包括分拣、拣选、加工、包装、配送和出库操作。分拣是指按名称、规格和出入库顺序对产品进行分类的过程。这是一项辅助活动，随着交付活动的不断发展而持续改进，并且极大地提高了服务水平。拣选是指使用各种拣选和运输设备，根据客户要求，将储存物品拣起，完成必要的组装和合并，并将其运送到指定区域。拣选过程是分拣的延伸，与分拣活动密不可分。理货活动的好坏直接影响配送水平。

在配送活动中，经常出现单个用户的配送量无法满足配送车辆的有效负载的情况，此时，配送车辆没有得到有效利用，导致配送效率低、配送成本高。要提高车辆的有效装载率，配送企业必须做好配装工作。配装是交付的前奏，是配送系统的重要组成部分。配装活动不仅是装货的过程，还包括附加货物相关信息、登记、填写送货单、装货、覆盖、捆绑和固定等相关任务。合理的配装可以有效地提高交付水平，降低配送成本，增加企业利润。

（四）送货功能

送货是配送的最后阶段，也是配送活动的核心功能。送货的最终目标是确保以正确的数量、正确的成本、正确的市场价格将正确的货物交付给正确的用户。送货一般包括选择运输路线、方法和工具，确定卸货地点和方法，以及交付、接收和结算等活动。其主要包括配送运输和配送服务两个方面。

配送运输属于运输中的末端运输和支线运输，与一般运输有很大的不同。配送运输是一种短距离、小规模、多批次的运输形式。配送运输与干线运输的区别在于，由于用户数量众多，城市交通道路复杂，配送运输必须提前做好规划。因此，配送运输的难度大小对整体配送效率有着较大影响。

当配送的货物运送到客户手中时，配送工作并没有结束，因为货物交付与客户收货之间经常存在不一致的情况。为了专业有效地处理相关程序并达成良好解决方案，配送企业还必须做好配送服务。由于需要向众多客户交付货物以及运输具有多方向性，有必要在这个过程中对运输方式、运输路线和选择交付的模式、车辆等进行规划选择。选择时应该贯彻"经济合理、追求最佳"的原则。在综合规划的基础上，发展科学、短途的货运路线，选择经济、快速、安全的运输方式，采用合适的运输工具。一般来说，对于城市区域内的交付，由于距离短、规模小、频率高，汽车或特种车辆等小型车辆经常会被用作运输工具。

五、配送与物流的关系

配送是商业流通企业大型化、规模化的产物，是在配送中心进行的商品集中、出货、保管、包装、加工、分类、配货、送货、信息处理等活动的总称。物流通常是在综合性的物流场所从事的与物品流动有关的各种活动，包括运输、仓储、配送等基本功能和装卸搬运、包装等辅助功能。由此可以看出，配送是物流系统中的重要功能要素之一。发展配送有利于促进物流的社会化和合理化，促进物流设施和设备的技术进步，提高物流的整体经济效益。

配送与物流的区别主要表现在以下方面。

1. 辐射范围方面

物流的辐射范围更大，配送的辐射范围小，配送其实属于物流的一部分，而且是物流中比较靠后的环节，也是最困难和最重要的环节。

2. 功能方面

物流的核心功能以运输和仓储为主，而配送的核心功能以拣选和配货为主。两者都包含了运输作业，但物流更强调大宗和中远距离运输，配送则更关注小批量和近距离运输。

3. 与商流的关系方面

物流与商流更多的情况是分离的，而配送则与商流更多的是密切结合在一起的，配送甚至可以说是商流的重要支撑和有效辅助。

4. 行业发展方面

物流要依靠国家和地方政府层面的基础设施建设、先进技术运用和灵活政策制定等促进物流业的发展，靠企业或个人的力量无法实现。配送则主要是商业模式的创新和物流资源合理利用的问题，需要企业和个人通过自己的战略眼光和行业政策支持加以发展。

5. 服务的对象方面

物流所服务的对象更加广泛，包括政府、企业和个人，几乎囊括了所有的组织和个人，提供全面的第三方物流服务。配送的服务对象虽然也在进一步扩展，但就目前来讲以个体消费者为主，需要更多的灵活性和多样性。

六、现代配送发展现状及未来趋势

（一）发展现状

20 世纪 70 年代以前，物流这一术语在中国经济研究中几乎从未使用过，但各种物流环节的运作早已存在于国民经济的各个领域。自 20 世纪 80 年代初以来，当《物资经济研究通讯》发表了北京物资学院王之泰教授题为《物流浅谈》的论文后，物流在中国逐渐受到关注和重视。20 世纪 90 年代以来的流通实践证明，配送是一种更好的物流模式。中国很多城市的物资部门都建立了配送中心，配送业得到了很大的发展，完全改变了传统的流通模式和方法。制造业企业急需产品门到门配送的实施，通过建立代理、配送和连锁相结合的新流通模式，提高了流通效率，为用户提供更快捷方便的服务。

随着物流热度的逐渐增加，城市物流配送行业也受到了更多的关注，有了更好的发展。近年来，我国许多大中城市开始建设物流中心和配送中心，物流基础设施逐步完善，物流技术整体水平也开始提高。深圳市是一个典型的实践证明。目前深圳市重点建设六个物流产业园区，其中，以城市配送服务为主的有笋岗–清水河物流园区；服务区域物流的有平湖物流园区、前海湾物流园区；能为国际物流提供服务的有机场航空物流园区、龙华物流园区、盐田港区物流园区。虽然配送业已在我国蓬勃发展，但还需要创新发展，当前存在一定的问题，主要表现在两个方面。

1. 配送的服务核心作用难以发挥

配送的核心功能是服务。目前，配送模式基本上是以分散配送、个体经营为基础的，配送调度中心尚未发挥其应有的组织、协调、平衡、管理和其他综合职能。由于物流和配送主要由专业公司独立开展，现有物流企业的业务范围相对狭窄，可用的物流和配送服务很少，无法满足用户的各种服务需求。

2. 配送操作过程现代化程度低

目前，计算机在我国配送业务中的应用水平较低，仅限于日常管理，而物流中的许多重要决策问题，如配送中心的位置、货物组配方案、最优运输路线、最优库存控制等，仍处于半人工决策状态，适应具体运营的物流信息系统发展滞后。

（二）未来趋势

1. 现代配送的多功能化趋势

在电子商务时代，物流发展已进入集约化发展阶段。一个综合物流配送中心不仅提供仓储和运输服务，还必须开展包括配送、交付和各种流通加工服务在内的物流项目以增加附加值。此外，物流还可以根据客户需求提供其他服务。

2. 现代配送的信息化趋势

配送信息化是直接利用计算机网络技术重新设计配送系统。例如，建立 EDI 系统，快速、准确、高效地传输和处理大量配送信息；利用计算机技术，建立计算机辅助采购系统、辅助配送系统、辅助分拣系统、辅助调度系统和辅助选址系统。

信息化是其他先进物流技术在配送领域应用的基础。

3. 现代配送的智能化趋势

配送业务突破了传统的人工劳动和体力劳动模式，建立了大量智能立体仓库，使用自动装卸机、自动分拣机、无人缺货系统、搬运系统等智能物流设备设施，为高效、快速、高质量的配送服务提供了技术基础。

4. 现代配送的区域化趋势

配送的区域化趋势突破了一个城市的范围，发展为省间、跨国甚至是跨洲的更大范围的配送，即配送范围向周边地区、全国乃至全世界辐射。配送的区域化趋势将进一步带动国际物流，使配送业务向国际化方向发展。

5. 现代配送的产地直送化趋势

从生产地直接发货将有效缩短流通渠道，优化物流流程，大幅降低物流成本。特别是对于批量大、需求稳定的货物，从生产区直接发货的优势将更加明显。

6. 现代配送的条码化、数字化以及组合化趋势

为了满足配送信息化和自动化的要求，条码技术已被广泛应用于配送业务中，所有配送货物都标有标准条码，并被整合成易于由自动化机械装卸的模块化货物单元。这些技术可以显著提高分拣和配送的速度。

7. 现代配送的多种配送方式组合最优化趋势

各种分配方法和手段的最佳组合将有效解决分配过程、分配对象和分配手段的复杂问题，从而寻求分配的最大效益和效率。小批量快递配送、准时配送、分包配送、托盘配送、分销配送、柔性配送、往返配送、巡回服务式配送、每日（每小时）配送、定时定路线配送、门到门配送、从生产现场直接配送的配送方式正随着现代物流业的发展在实践中不断优化。

任务2 配 送 分 类

为满足不同产品、不同企业、不同流通环境的要求，可以采用各种不同形式的配送。配送的种类主要有以下划分方式。

一、按配送实施节点不同分类

（一）配送中心配送

配送中心配送是配送的重要形式，其配送活动的组织者是专职配送中心。配送中心是专注于物流和配送活动的商业组织，它们通常拥有大规模的储存、分拣及运输系统和设施，需要建立大量库存货物储备，风险和投资相对较高，设施和流程通常根据配送活动的特点和需求进行专门设计和构建。

因此，配送中心配送的优点是：① 规模大，专业性强，与用户有固定的配送关系。一般来说，配送中心实行计划配送，要求有一定数量的货物库存，很少超出其经营范围。② 强大的配送能力，长距离配送，覆盖面广，配送产品种类多、数量大，可以承接工业生产主要材料的配送，与配送商店形成互补配送等。

配送中心配送的缺点是投资较高，灵活性和机动性较差。配送中心配送是大型配送形式，配送中心必须拥有一套大型配送的配套设施，如建筑、车辆、路线以及配送活动所需的其他设备。配送中心一旦建成，就很难改变。因此，配送中心配送的投资很大，灵活性和机动性差，在实施配送的早期阶段很难建立大量的配送中心。

（二）仓库配送

仓库配送以普通仓库为基础进行配送，它可以是把仓库完全转变为配送中心，也可以是在保持仓库原有功能的同时增加一些配送功能。

仓库配送的优点是：中小型规模配送可以选择仓库配送，这种形式需要投资较小并且能够快速启动。仓库配送可以很容易地利用现有条件，因为原始仓库中存在存储设施、收发货场地、运输路线等，因此不需要大量投资，可以快速启动。

仓库配送的缺点是：由于没有根据配送中心的要求进行专门设计和建设，一般来说，仓库配送的规模会相对较小，配送的专业化水平相对也较低。

（三）商店配送

商店配送的责任者是商业或物资企业的零售网点。这些网点通常经营商品的零售业务，在经营过程中，它们可以将经营的商品类型与用户的需求相匹配，甚至代表用户从其他商店订购商品，将订购的商品与本商店的商品一起交付给用户。

商店配送的优点是灵活机动，适合小批量、零星货物配送。这是由于商业或物资企业一般具有较多的经营网点，可以灵活地配送非生产物资和非生产企业的产品，以满足企业或消费者的需求。

但是，商业或物资企业的经营网点一般是中小规模，配送实力有限，所以商店配送方式的缺点是无法承担大批量的商品配送。

依照商店的性质和其进行配送的程度，商店配送分为专营配送形式和兼营配送形式。

专营配送形式是指商店不具有销售功能，只是专门进行配送活动；兼营配送形式是指商店具有销售功能，在进行一般销售的同时也进行商品配送活动。

（四）生产企业配送

生产企业配送的责任者是生产企业，特别是生产多种产品的企业。这种配送方式绕过配送中心，由生产企业直接进行配送。

由于其直接和避免中转的特点，生产企业配送方式在节省成本方面具有一定的优势。但是，这种配送方式更适合大规模、单一产品的配送，不适合针对多种产品的“化零为整”的配送方式，因此具有一定的局限性。事实上，将生产企业视为配送主体是不恰当的，只有那些具有独特生产技术和独特产品类型的企业才适用这种配送方式。

二、按配送时间及数量不同分类

（一）定时配送

定时配送是指按照预先约定的周期进行配送，例如每隔几天或几小时配送一次。每次配送的品种和数量可以根据客户的需求进行预先计划或调整，配送的品种和数量也可以通过约定的联系方式（如电话、邮件、传真等）进行通知。

定时配送方式的优点是时间固定，便于安排工作计划以及设备使用、安排人员和运输作业等计划。缺点是应用领域有限，不是一种可普遍采用的方式。

定时配送有以下两种常见形式。

1. 日配

日配是定时配送中广泛使用的方法，特别是在城市配送中，日配占绝大多数。日配的时间要求一般是上午下单的订单下午送达，下午下单的订单第二天送达，配送时间在订单下单后 24 小时内。

以下一些情况比较适合采用日配方式进行配送：① 新鲜食品配送，如蔬菜、点心、水果、肉类等的配送；② 小规模店铺配送，店铺要求货物随买随卖，需要每日配送，实现快速周转；③ 无法维持长期库存的用户配送，例如要求实现零库存的企业或缺乏冷冻设备设施的用户。

2. 准时–看板方式

准时–看板方式是一种新型配送方法，使配送和供应能够与生产企业的生产保持同步。与日配方式和一般定时方式相比，这种方法更加精细和准确。其配送频率为每天至少一次，甚至多次，以确保企业不间断的生产。这种配送方式的目的是实现与用户生产时间相吻合的供货时间，从而确保货物不需要在用户的仓库中存放，而可以直接运送到生产现场。这样，与日配方式相比，即使是“临时储存”也可以消除，可以实现绝对零库存。

准时–看板方式需要依赖高度发达的配送系统。由于快速响应的要求，很难为多个用户实施全面的共同配送计划，因此这种方式更适用于需要重复批量生产的装配型用户。此类用户配送所需的材料往往具有重复性、大规模性和无重大变化的特点，因此通常也采用一对一的配送方式。

（二）定量配送

定量配送是指产品在指定时间范围内以约定的批量进行配送。由于数量和品种相对固定，备货工作相对简单，时间要求不太严格，这为将不同用户所需的物品整合到整车运输中以充分利用产能提供了机会，并有利于优化配送路线，实现节约产能和降低成本的目标。

另外，定量配送也有利于对集装化包装和运输优势的充分利用，例如使用托盘或集装箱来提高运输效率。

（三）定时、定量配送

定时、定量配送是在规定时间内配送指定品种和数量的货物。它结合定时配送和定量配送两种方式的特点，要求配送企业具有较强的计划性和准确性，因此更适用于生产和销售稳定、产品批量大的生产企业和大型连锁店中部分商品的配送。这种配送方式对配送企业有相对严格的要求，使得管理和运营作业都更加困难。

（四）定时、定量、定点配送

定时、定量、定点配送是根据确定的周期、确定的货物品种和数量，将货物配送给确定的用户。这种方式通常要求配送中心提前与用户签订配送协议，双方严格遵守协议，并依此进行配送业务。

定时、定量、定点配送方式一般适用于重点企业或重点项目，配送中心通常与用户建立长期稳定的业务关系，有利于确保材料供应和减少企业库存。

（五）定时、定路线配送

定时、定路线配送是通过分析客户的分布情况，设计合理的运输路线，并根据运输路线安排到达目的地的行程。根据行程表，沿指定的作业路线进行配送。用户可以根据指定的路线、站点和时间提货或提出送货要求。

定时、定路线配送方式便于配送中心安排车辆和司机，以及接收货物和运输货物。对于用户来说，他们可以选择特定的路线和时间，也可以计划安排接货人员，因此比较适合消费群体相对集中的地区。

（六）即时配送

即时配送是完全按照用户在时间和数量方面的配送要求，将货物立即运送到指定地点的配送方式。

即时配送可以灵活有效地满足用户的临时需求，但对配送中心的要求较高，特别是在配送速度和配送时间上，要求比较严格。因此，只有具备完善的配送设施、较高的管理服务水平、较高的组织适应能力的专业配送中心，才能开展大规模的即时配送服务。只有即时配送方式才能使用户真正实现保险储备的零库存，因此这种方式比较适合于采用“准时”生产方式的企业。

（七）快递配送

快递配送是面向社会的一种快速的配送方式。与即时配送方式相比，这种配送方式更加灵活和可操作，其服务对象多是广泛的企业和终端用户，覆盖范围较广，服务时间因地理位置的变化而变化，配送的物品主要是小件物品。

这种方式方便快捷，可以快速将货物交付给所需的用户，因此受到市场的广泛欢迎，发展迅速，如美国的联邦快递、德国的敦豪快递、中国的特快专递等。

阅读材料

社区 O2O 服务的竞争日益激烈，众多电子商务和互联网巨头进入市场抢占市场份额，市场竞争也极其残酷。国际知名的电子商务公司亚马逊与其子公司 Amazon Fresh 联手进入英国，为英国伦敦部分地区的黄金级客户提供一小时生鲜配送服务，可以说，社区服务的电子商务是未来的主要趋势。然而，与美国亚马逊相对缓慢的城市扩张相比，成立仅 8 个月的中国社区电子商务的领导者闪电购，便率先完成了在中国六大城市的布局：北京、上海、广州、深圳、苏州和杭州，在大多数城市地区实现了一小时送货服务，每日订单量超过 10 万，合作商户数千家，有效用户超过 100 万。在 O2O 第一批倒闭大潮中，闪电购交出了如此亮眼的成绩单，不仅让投资者充满信心，也为市场注入了一支“兴奋剂”。

实现一小时送达有三个基本点在整个产业链中尤为重要：商品端、运营端和配送端。在商品端方面，快速消费品单价不高，毛利低，而新鲜水果和冷链成本高，容易腐败；在运营端方面，多城市运营给整个公司带来了很大的压力，如何采购成为一大痛点；在配送端方面，低利润率和易腐货物的特性也使得物流外包难以盈利。为此，闪电购将源头直采的控制策略、以加盟商为主的“未来便利店”模式、专业物流配送三者有机结合起来，利用商品、运营、配送等切入点，帮助升级当地电子商务。

闪电购自建物流“闪电侠”是闪电购“最后一公里”的保障。闪电购搭建了一个闪电订单平台，利用 LBS 技术将用户订单提供的信息（如地址、产品类别数量、订单时间等）与后端店铺提供的信息（如配送范围、营业时间、产品库存、当前配送状态等）进行匹配。这使得离用户最近的闪电侠与社区便利店连接在一起，闪电侠前往便利店接收订单，完成配送的“最后一公里”，从而尽快满足客户“一小时送达”的需求。

闪电购 CEO 王永森曾说：“我们希望通过闪电购的服务，‘宠坏’我们的用户。”闪电购在产业链上下功夫，用创新服务从根本上解决用户痛点，使隐藏在居民区的当地便利店在互联网时代焕发新活力。这是闪电购的责任，也是闪电购致力于成为互联网行业下一个独角兽的动力所在。

三、按配送商品种类及数量不同分类

（一）单（少）品种、大批量配送

一般来说，工业企业对于某些货物的需求量较大，单个品种或几个品种就可以实现较大的配送量，因此可以使用大吨位的车辆实施整车运输。在这种情况下，高度专业化的配送中心可以实现配送，通常不需要与其他货物相匹配。同时，由于配送中心的内部设置、组织和规划相对简单，配送成本相对较低。然而，如果货物可以直接从生产企业运送到用户，且不会降低用户的库存效率，那么采用直送方式通常会带来更好的效果。

（二）多品种、小批量配送

在现代企业生产中，除了少数主要材料外，大多数材料都是种类繁多的次要材料。由于每种产品的需求量都很小，如果采用直接运输或大批量配送的方式，　次性大量采购必然会导致用户库存增加等问题。在向零售店配送一般消费品时也存在类似的情况。这些情况则多适合于多品种、小批量配送方式。

多品种、小批量配送是指根据用户的要求准备所有需要的物品（每种物品需要少量），并将其组装成完整的包装，然后由配送点交付给用户的配送方式。这种配送方式业务要求标准高，配送中心设备要求复杂，配送和交付规划难度大。因此，它需要高水平的组织工作来确保和协调整个配送环节。此外，在实践中，多品种、小批量配送往往伴随着多用户、多批次的特征，配送频率往往很高。

配送的特殊作用主要体现在多品种、小批量的配送上。因此，这种配送方式在所有配送方式中是最具有高科技、高技术的一种方式，它可以满足各类物资的多样化需求，满足市场环境的主流需求，也是最典型的配送形式。

（三）配套成套配送

配套成套配送是指根据企业需求，特别是装配型企业的生产需要，配送中心将生产每件产品所需的所有组件按生产节奏组装并按时交付给生产企业，然后由生产企业将整套组件发送到生产线进行产品组装。

在这种配送方式中，配送企业承担了生产企业的大部分供应工作，使生产企业能够专注于生产。它具有与多品种、小批量配送方式相同的配送效果。

四、按供应主体不同分类

（一）供应商直接配送

供应商直接配送是指用户为满足自己的供货需求而采取的配送形式。这种配送形式一般是由用户或用户组建立配送点，集中组织批量购买（以获得批量折扣），然后分发给企业或企业集团内的几个企业。在大型企业、企业集团或联合企业中，这种配送形式通常用于组织对本企业的供应，例如商业领域的连锁店。

用供应商直接配送方式进行配送，是保证企业供应水平、提高供应能力、降低供应成本的重要途径。

（二）企业自营配送

企业自营配送是商业贸易企业广泛采用的一种配送方式。商贸企业可自主建立配送中心，实现向内部各零售店的供货配送。作为一种物流组织，配送中心已经成为企业不可或缺的一部分，其最大的优势在于灵活性，因为企业可以随时调整政策和操作程序以满足自身的需求。

与其他模式相比，企业自营配送模式可以为商贸企业提供更多的控制权。由于企业对所有活动拥有绝对决策权，这种控制使企业能够将配送活动与其他内部物流流程整合在一起。

企业自营配送模式在满足大型商业贸易企业的供应需求方面发挥了重要作用。许多超市通过建立自己的配送中心，以实现内部门店的统一采购、配送和结算。例如，家乐福旗下的自用配送中心就是由该公司独立建立的，为其连锁店提供配送服务。

同时，企业自营配送模式的使用也会让企业获得一定的无形利益，特别是在市场形象方面。配送车辆上印有企业名称，给客户一种响应性和稳定性的感觉，这种感觉会给企业带来比其他企业更好的营销优势。

（三）社会化配送

社会化配送是指商贸企业的物流活动交于专业的第三方配送公司来承担的配送方式。商贸企业可以将全部或部分物流活动委托给专业配送公司来承担。

社会化配送的优势在于，专业配送公司能够通过大规模运营更好地获取经济效益，从而降低成本。此外，专业配送公司可以通过提供更专业的物流运营和物流管理知识来降低商贸企业的经营风险。在运营中，专业配送公司统一处理信息，然后根据客户订单的要求将其配送到各个零售店。这种配送模式也体现在用户之间的供应信息交换中，从而在调剂余缺以及合理利用资源方面发挥重要作用。

（四）共同配送

共同配送又称协同配送，是指在城市中，为了使物流更加合理化，在几个有定期运输需求的托运人的合作下，承运人使用同一个运输系统来配送货物。共同配送本质上是一种组织形式，这种组织由许多企业在同一地区的物流活动中共同合作和运营，共同开展理货和送货等活动。

共同配送模式在实际操作时有两种具体做法：一是共同投资建立“联合配送中心”，使装载、存储和交付等功能能够充分协作，以便更有效地完成货物分类、理货和发货等任务。二是联合配送和运输，共同交付。后者有两种类型：一种是物流运营商作为主体组织的共同配送；另一种是由需要提供运输服务的厂商和批发商牵头的共同配送。

共同配送的目的是增加企业有限的物流量，是提高配送量最有效的途径。由于对共同化对象的互补使用，共同配送可以提高商品配送量并缩短配送距离，有效提高物流效率，降低成本，并通过大规模存储、运输和加工，使单位物流成本有可能大幅降低。共同配送对社会也有益处：首先，它节省了社会运输能力，减轻了交通道路的压力；其次，它减少了空气和噪声污染。

共同配送具有以下特征：① 具有先进的技术设备。共同配送服务要求较高的技术支持，而且配送规模较大，资金流动充足。② 是多个网络的有机结合。共同配送是多家企业、多个配送网络的有机整合，可以产生增量规模效益。③ 存在长距离、高密度的聚集和发散。共同配送的服务范围一般较大，涉及的领域也较广。④ 工作人员相对较少、素质较高。由于共同配送的技术含量较高，涉及工作人员较少，但工作人员需要具备较高的文化水平和工作技能。

根据主体不同，共同配送可分为以下两种类型。

一是以货物所有者为主体的共同配送。以货物所有者为主体的共同配送是由制造商、批发商、零售商及其有配送需求的合作机构共同进行的，避免了单个配送的低效率。这种配送方式使托运人能够实现小批量、多批次的配送，而不会增加自身物流成本。

二是以物流运营商为主体的共同配送。以物流运营商为主要参与者的共同配送是由物流运营商或由其组成的新公司、合作组织配送货物，避免了单个配送的低效率。对于物流运营商来说，这种配送方式可以提高配送效率，改善服务质量，增强市场竞争力。

根据配送形态不同，共同配送还可以分为以下两种类型。

一是横向共同配送，是在批发商店和代理商店之间的一种配送形式。

二是纵向共同配送，是由制造商主导，汇总各批发商的配送，或由连锁店总部主导，汇总各供货厂商的配送。

为促进共同配送的健康发展，实施共同配送时还应注意以下几点：① 参与共同配送的双方应签署正式的合同或协议。② 负责配送的主体或物流实体应具有相对完整的信息系统作为技术支持，并应具有一定的物流信息管理基础。③ 在分销、产品特性、经营方式、业务体系等方面应有相似性和趋同性，以方便组织管理和相互协调。④ 货主或物流主体应为了共同利益在物流和配送方面相互合作和协调，即使他们在其他方面可能是竞争对手。⑤ 配送收入的分配应在合同或协议中明确规定，以避免将来不必要的纠纷。

五、按配送主体所处行业不同分类

（一）制造业配送

制造业配送是指为制造企业提供原材料、零部件和生产过程的供应和配送，以及为销售目的向客户销售和配送产品。制造业配送包括供应配送、生产配送和销售配送。每个部分都由客户需求驱动，并通过各自的职能和分工进行整合，贯穿整个制造业配送过程之中。

（二）农业配送

农业配送是基于农业生产资料和农产品的交付而发展起来的特殊而全面的农业物流活动。农业配送是指在与农业相关的合理范围区域内，根据客户需求，对农业生产资料和农产品进行分类、加工、包装、分割、组配，并按时运送到指定地点的农业物流活动。

（三）商业配送

商业企业包括批发企业和零售企业两类主体，二者对配送的理解、要求、管理等都不相同。批发企业的客户不是流通过程中的最终消费者，而是零售企业。因此，批发企业不可避免地要求配送系统能够持续满足零售企业对多批次、小批量订购和流通加工的需求。对于零售企业来说，其客户是流通链末端的各类消费者。一方面，由于经营场所面积有限，零售企业希望上游供应商能够为他们提供小批量商品配送。另一方面，为了满足不同客户的需求，零售企业也希望提供尽可能多的商品类型。

（四）物流企业配送

物流企业是专门从事物流活动的企业。因此，物流企业不像前三类配送主体那样拥有所配送货物的所有权，而是根据客户需求为客户提供配送支持服务。如今，物流企业更常见的配送形式是快递行业提供的门到门物流服务。

六、按加工程度不同分类

（一）加工配送

加工配送是指将流通加工与配送服务相结合的配送模式，即在配送场所设置流通加工环节，并与配送中心一起建立流通加工中心。当社会上现有的产品不能满足客户的需求，客户需要根据自己的工艺要求使用某些初级加工产品时，他们可以在加工后对产品进行分类、分配，然后配送给客户。

（二）集疏配送

集疏配送是指只改变货物的组成和形式，而不改变货物本身的物理和化学性质，并与主线运输协调配合的一种配送方式。例如，在购买大量货物后，小批量和多批次的货物被运送，零星货物收集后，以一定批量统一配送。

阅读材料

生鲜食品加工产品是连锁超市吸引顾客、增加顾客光顾的重要品类，但也是物料损耗最大、人工消耗最多、销售成本最高的商品品类。因此，许多大型连锁超市都通过建立加工配送中心来增强未来竞争力。生鲜食品加工配送中心根据生鲜产品的不同类型，一般具有以下特点：一是直接配送，这是所有有条件进行常温配送的生鲜产品所采用的方法。二是转配。由于对新鲜度的要求很高，新鲜商品和一些半成品需要快速配送。因此，此类产品在配送过程中通常没有储存程序，在收到货物后立即进行分拣和配货。三是新鲜加工，涉及初级产品的初级加工、成品的加工以及前道工序的加工，包括原材料、半成品和成品的储存工序。四是果蔬配送，涉及多种水果和蔬菜项目的系统化配送，包括清洁、检验、分类、包装和加工，以减少合理性损耗并减少商店的包装工作量。由于生鲜食品加工的上述特点，生鲜食品的加工和配送一直是难以解决的问题。大多数生鲜食品需要冷藏，因此必须缩短其周转期。生鲜食品的保质期较短，消费者对生鲜食品的颜色和外观有很高的要求，因此，它必须周转迅速。同时，生鲜食品加工涉及配料、加工和成本等问题。因此，生鲜经营既是超市经营的重点，也是难点。它可以体现超市差异化、个性化的经营特点，是超市发展壮大的支柱，也是超市未来的核心竞争力。

七、按配送企业专业化程度分类

（一）综合配送

综合配送是指多种不同类型商品的配送，其中来自不同专业领域的商品被组织在一个配送网络中，以交付给客户。这种配送方式因其较强的综合性而被称为综合配送。

综合配送可以减轻客户组织购买全部所需商品的负担，并且可以通过联系少数配送公司来解决多种需求。因此，这是一种具有强烈客户服务意识的配送形式。然而，综合配送也有一定的局限性。由于产品性能和形状的显著差异，在技术上很难组织。因此，通常对形状相同或相似的不同类型货物进行综合配送，差异太大的货物很难整合。

（二）专业配送

专业配送是指根据货物形状的不同，适当划分专业领域的配送方式。专业配送越详细越好，但事实上，形状相同但类别不同的商品的配送也有一定的综合性。

专业配送的主要优势是可以依照专业共同要求优化配送设施，根据不同行业的共同要求选择配送机械和车辆，开发高度适用的工艺流程，从而大大提高每个配送步骤的效率。目前已形成的专业配送形式主要有以下十种：

1. 包括各种百货商品、中小型零件的中小件杂货配送。中小件杂货配送的对象大多是根据标准规格包装的不同类型的中小型货物，由于它们涉及的领域很广，中小件杂货配送也可以被视为一种综合配送，它是一种目前被广泛使用的配送方式。中小件杂货包括各种百货商品、小型机电产品、轴承、工具、标准件、中小型零件、中小型包装化工产品、中小型包装建筑材料产品、土特产品、书籍、仪器、电气设备等。
2. 包括原木及各种加工木材的木材配送。
3. 包括各种金属材料和金属制品的金属材料配送。
4. 包括各种包装形式的水泥的水泥配送。
5. 包括各种燃油成品的燃料油配送。
6. 包括各种煤炭和煤炭制品的燃料煤配送。
7. 包括各种家具及家用大件用具的家具及家庭用具配送。
8. 包括各种保质期较短的食品的生鲜食品配送。
9. 包括各种规格的平板玻璃及制品的平板玻璃配送。
10. 包括各种液体及固体化工产品的化工产品配送。

实训任务

通过实地调查掌握配送分类及各自的特点

实训操作

实地调查本地区大型配送中心，数量不少于2家，行业类别不少于2种，通过实地调查、资料查询、专家询问等方式，了解配送中心的类型和特点，并根据所学知识，为所调研的配送中心提供一些合理化建议，形成调查报告。

实训目的

使学生能运用所学知识对本地区配送中心行业现状进行调研，掌握配送的种类及各自的特点，同时培养学生的项目规划与管理、人际沟通、团队协作及逻辑思维能力。

实训要求

1. 每十人为一小组，小组内进行分工，获取所需资料；

2. 从实训布置日期起，在一周内完成；
3. 撰写并提交实训报告。

巩固练习

一、单选题

1. （　　）的主体是专门从事配送业务的配送中心。
   A. 配送中心配送　B. 生产企业配送　C. 商店配送　D. 仓库配送
2. 商店配送一般采用（　　）的配送形式。
   A. 单品种、大批量配送　B. 多品种、小批量配送
   C. 成套配套配送　D. 定时、定量配送
3. （　　）可以实现"零库存"管理。
   A. 定时配送　B. 即时配送
   C. 定量配送　D. 定时、定量配送
4. 胜华公司是一家专门为连锁便利店服务的第三方物流公司。该公司每天 9 点、10 点、11 点、14 点、16 点分别对胶州市的 5 家连锁门店进行配送，胜华公司采用的是（　　）。
   A. 定量配送　B. 即时配送
   C. 定时配送　D. 定时、定量配送
5. 以下关于配送的说法错误的是（　　）。
   A. 配送可以是中转型送货，也可以是直达型送货
   B. 分拣、配货是配送的独特要求
   C. 一般的配送集装卸、包装、保管、运输于一身
   D. 配送与一般送货有区别

二、多选题

1. 配送具有（　　）的基本功能。
   A. 采购　B. 备货　C. 送货　D. 理货
2. 按配送商品的种类和数量分类，配送可分为（　　）。
   A. 少品种、大批量配送　B. 多品种、小批量、多批次配送
   C. 配套成套配送　D. 公路、铁路、水运、航空配送
3. 定时配送中的日配形式适合的商品包括（　　）。

A. 蔬菜　　B. 水果　　C. 肉类　　D. 鲜花

4. 即时配送不预先确定不变的配送数量，也不预先确定（　　），而是按用户要求的时间、数量进行配送。

A. 配送时间　　B. 配送价格　　C. 配送软件　　D. 配送路线

5. 在送货过程中，常常会进行（　　）的选择。

A. 运输方式　　B. 理货　　C. 运输路线　　D. 运输工具

三、简答题

1. 如何理解配送的概念？
2. 配送有哪些特点？
3. 配送和物流的区别有哪些？
4. 配送的主要分类有哪些？
5. 共同配送有哪些特征？

项目十 配送作业管理

思维导图

- 配送作业管理
  - 配送服务模式
    - 配送模式的种类、配送服务合同洽谈与订立、配送服务要素及质量监控
  - 配送作业管理
    - 配送计划的制定与实施、送货作业管理、退货作业管理

学习目标

知识目标

- 熟悉配送模式的种类；
- 熟悉配送服务合同的洽谈及订立原则；
- 熟悉配送服务的要素及质量监控；
- 熟悉配送计划的制定与实施；
- 掌握送货作业管理；
- 掌握退货作业管理。

技能目标

- 能够正确选择符合企业实际业务情况的配送模式；
- 能够独立拟定及审查配送服务合同；
- 能够针对配送服务的常见问题提出解决方案；
- 能够根据某一订单制定配送计划并确保配送计划的顺利实施；
- 能够根据某一订单制定送货作业计划；
- 能够正确判断退货原因；
- 能够妥善制定退货处理方案。

价值目标

- 通过对配送计划的学习和理解，树立全局意识；
- 通过对送货作业和退货作业流程的学习，培养逻辑思维和推理意识；
- 树立良好的服务意识，培养面对客户时积极乐观的心态；
- 通过对配送服务合同的学习，培养法治意识。

案例导入

百胜物流公司送货作业管理

百胜物流公司是肯德基、必胜客等国际连锁餐饮企业的物流配送提供商。对于连锁餐饮配送来说，由于原料特征及客户要求基本稳定，因此送货成本始终是企业降本增效的焦点。

据百胜物流公司统计，对于连锁餐饮企业来说，在配送业务中，送货运输成本占据了整体配送成本的60%左右。然而，其中55%～60%的成本有进一步下降的空间。基于此，该公司的管理层决定将降低成本的核心锁定在送货运输环节。他们采取了系列策略，包括精确规划送货路径、减少不必要的送货作业、提升车辆利用率、尝试歇业时间送货等来控制运输成本。

精确规划送货路径包括最大限度地装载每辆车，并制定最佳的送货线路，以便能够缩短整个行程距离或是节省人力及车辆班次；减少不必要的送货作业，通过努力加强与客户之间的联系，减少送货次数，提高送货效率；提升车辆利用率，包括充分运用大容量货车、科学安排作业班次和增加每周运行天数等；尝试歇业时间送货，许多连锁餐馆都位于繁忙的地带，在非营业时间进行送货可以确保送货作业有较充裕的时间，提高车辆的利用率。

问题：案例中百胜物流公司送货作业管理采取的措施有哪些?

任务1　配送服务模式

一、配送模式的种类

配送模式大致可以分为以下六类：配销模式、代理配送模式、自营配送模式、共同配送模式、第三方物流配送模式、互用配送模式。

（一）配销模式

此种配送模式是商流、物流一体化的配送模式，配送作为营销手段与商流融合在一起，配送的主体通常是销售企业或生产企业，因此商品的销售是其主要经营行为。配送作为一种附属性的促销手段，其作用在于通过高水平的配送服务来促进产品销售。

配销模式能全面发挥专业流通企业的功能，但由于该模式下经营主要围绕销售活动进行，因而具有一定的局限性，需要一定的政策和资金支持，容易造成企业的资源配置负担，从而阻碍物流配送运营规模的扩大。尤其是在单品种、大批量的制造环境下，采用此种物流配送模式的企业往往无法获取竞争优势。

（二）代理配送模式

在代理配送模式下，负责配送的主体只为客户承担货品的入库、保管、加工、分拣、运输等物流服务，不直接参与商品交易过程，属于商流、物流相分离的配送模式。其优点在于商流主体不需要投资建设自己的物流配送系统，可以通过横向比较选择专业化的物流配送企业，且更换配送方成本较低，灵活性大。缺点在于商流主体难以实现对物流过程的有效控制，一旦出现问题，会产生难以估量的损失。

（三）自营配送模式

自营配送模式是指企业建立并运营自身的物流配送网络以实现自身产品制造与市场营销的需求。从企业管理的角度来看，这一方式具有双重效用，分别是企业的分销配送和内部供应配送。

1. 企业的分销配送

根据服务对象不同，企业的分销配送可分为企业对企业的分销配送和企业对消费者的分销配送两种形式。

（1）企业对企业的分销配送。工商企业普遍为配送服务的供给方，生产企业和中间商普遍为配送服务的需求方。工商企业分销配送的运行管理一般由销售部门来运作。随着社会分工的专业化，部分企业会由专职的部门负责分销配送的运作，以使物流系统化管理的优势实现最大化。

企业对企业的分销配送直接由生产企业作为配送活动的起点，对于大批量、单品种生产类型的生产企业而言，没有产品凑整运输的优势，因此配送会存在一定的局限性。相对地，由于减少了物流流转次数，对于多品种生产类型的企业而言，采用企业对企业的分销配送具有一定优势。

（2）企业对消费者的分销配送。主要是指零售企业对消费者的配送，这种配送方式是电子商务 B2C 模式发展的支持与保证。由于消费者人群的不确定性、消费需求的随机性以及配送服务水平的高要求，企业对消费者的分销配送容易计划性差，且大多数消费者地点分布较为分散、消费数额较小，导致零售企业自营配送的成本相对较高。一般零售企业的配送有两种形式：兼营配送、专营配送。

① 兼营配送。该形式指零售企业在进行零售的同时兼行配送的职能，其配送主体普遍为承担商品零售的门市网点，这些网点具备一定场地条件且经营品种齐全。由于该类门市网点数量较多、配送半径较短，因此更具备灵活性的特征，可承担消费者个人的配送。

② 专营配送。通常情况下，专营配送的零售企业不以直接出售商品为主要业务模式，而是专注于配送环节。这主要是由于它们的地理位置限制了其销售功能，但拥有了其他方面的商业优势以及渠道优势，因此，它们选择通过集中化的配送服务来实现盈利目标。

2. 企业的内部供应配送

为确保企业的产品制造与市场营销以及资源供给等环节顺利运行，企业需要构建一套有效的内部供应配送机制，该机制本质上是企业集团、大资本集团、零售商集团内部的共同配送。企业的内部供应配送一般有两种情况：大型连锁商业企业内部供应配送和巨型生产企业内部供应配送。

大型企业内部可以建立比较完善的供应配送管理系统，该体系能够迅速调度企业的各种资源以满足企业的实际需要。这种方式使得企业内部的供给和需求得以实现同步，具有高度的计划性和科学性。

（四）共同配送模式

共同配送是为了提高物流效率，由两个或两个以上的有配送业务能力的企业在一定区域内相互合作，对多个客户共同开展配送活动的一种物流形式。其目标是实现配送的合理化，是目前采用较为广泛的一种配送模式。

1. 共同配送具体方式

为了实现合理利用物流资源的目标，共同配送根据物流资源利用程度可以细分为系统优化型共同配送、接货场地共享型共同配送、车辆利用型共同配送和设施设备共用型共同配送四种形式。

（1）系统优化型共同配送。该配送形式在共同配送中水平较高，配送过程由专业物流配送企业进行协调管理，会根据各方需求制定最佳的配送计划，涵盖了货物量、交货日期以及路径选择等方面。这种方式旨在确保所有的配送任务都能够以最高效的方式满足顾客的基本诉求。

（2）接货场地共享型共同配送。是指以接货场地共享为目的，多个客户联合将多处接收站点整合为一个统一的交货区域或是物品处理中心的配送方式。此举既有效地解决了货物场地问题，又提高了运输车辆的运转效率。同时，由于所有交付点的位置都相对集中，有助于优化资源利用率，降低人工接货成本以及处理废弃包装物的费用。

（3）车辆利用型共同配送。这种配送模式包括三种实现方式，一是车辆混载运送型共同配送，即在送货时实行多品种货物混载，尽可能安排同一配送车辆；二是利用客户车辆型共同配送，即利用客户采购原材料或者零部件的车进行货物的配送；三是返程车辆利用型共同配送，涉及物流配送部门与其行业伙伴协作，装载回程货品或与其他公司合作进行往返运输，减少空车率，从而降低配送成本。

（4）设施设备共用型共同配送。如果一个地区存在多个配送企业，这些企业可以考虑联合起来共享资源，以创建新的配送枢纽或是充分利用现有的设施来实现协同配送任务。这种共同配送方式不仅有助于提升整体运营效益，还能有效减少各企业的投资费用。

2. 共同配送易出现的问题

（1）由于多个配送企业共同承担了货物运输任务，配送人员多而复杂，因而可能面临信息泄漏的风险，从而给企业的运营带来安全隐患。

（2）由于货物种类繁多，客户的服务要求不一致，货品管理具有很大难度；且由于配送主体是多家企业，当配送的货物出现污染、破损、丢失等问题时，容易出现互相推脱责任的情况，降低配送服务质量。

（3）配送主体的多元化导致在经营管理、协同运作上存在困难，导致管理效率低下，进而导致管理成本的增加。

（五）第三方物流配送模式

第三方物流配送是由非发货方和收货方的第三方物流企业来承担物流活动的一种物流形式。这种运作模式依赖于合同制约以及联盟架构，提供的是一种定制化且数字化程度高的物流代理服务。第三方物流配送的运作模式主要有以下三种。

1. 企业营销配送第三方物流配送模式

该模式是企业选择将其产品的市场营销任务委托给一个独立核算的第三方物流公司的方式。然而，此模式下采购物流仍然保留了其内部采购管理的职责。

2. 企业供应配送第三方物流配送模式

与企业营销配送第三方物流配送模式相反，该模式是第三方物流公司对企业的采购供应需求实行统一的订货、集中库存、准时配送或采用代存代供等其他配送服务的方式。

3. 供应–销售物流一体化的第三方物流配送模式

随着企业供应管理战略的实施，企业的销售配送和供应配送都倾向于由第三方物流公司来完成，即第三方物流既是企业产品销售的物流提供者，又是企业所需产品的供应代理人。这种模式有助于建立稳定且持久的物流供需关系，同时也有助于企业将注意力集中在其关键的核心业务上。对于中小型企业而言，该模式能够有效降低成本并提升企业的市场竞争能力。

（六）互用配送模式

互用配送模式是指几个企业之间为了各自的利益，以契约的方式达成某种协议，互用对方配送系统资源进行配送的模式。互用配送模式的优点在于企业不需要投入较大的资金和人力就可以扩大自身的配送规模和范围。但是，互用配送模式需要企业有较高的管理水平以及相关企业的组织协调能力。与共同配送模式相比，两者的区别主要体现在目的差异、稳定性差异和合作对象差异三方面。

1. 目的差异

共同配送模式的目的在于企业之间建立配送联合体，以强化配送功能为核心。互用配送模式的目的在于提高企业自身的配送能力，以提升企业自身配送服务能力为核心。

2. 稳定性差异

共同配送模式的稳定性较强，互用配送模式的稳定性较差。

3. 合作对象差异

共同配送模式的合作对象是需要经营配送业务的企业，互用配送模式的合作对象可以是也可以不是经营配送业务的企业。

二、配送服务合同洽谈与订立

（一）配送服务合同的概念

配送服务合同是配送委托方与配送服务方确定配送服务的权利和义务的协议。即配送服务方收取服务费用，将委托方委托的配送物品在约定的时间和地点交付给收货人而订立的合同。配送委托方可以是发货人、收货人、贸易经营人、商品出售人、商品购买人、物流经营人、生产企业等货物的所有人或占有人，也可以是企业、组织或者个人。

（二）配送服务合同的特征

1. 配送服务合同为诺成合同

诺成合同又称不要物合同，指不以一方交付标的物为合同的成立要件，自配送双方当事人对配送关系意向一致时合同即可成立，当事人交付标的物与合同的成立无关，属于履行合同。由于配送服务方在配送前需要进行配送计划的制定、车辆的调配等准备工作，因此，只有配送服务合同为诺成合同，才能避免配送委托方在合作意愿达成后随意反悔或不履行义务而给配送服务方造成损失。双方当事人可以在合同中确认合同履行时间或条件，合同签署后意味着合同已经生效。

2. 配送服务合同为非要式合同

非要式合同又称不要式合同，即配送服务合同不需要采用特定的方式，合同可以采用书面形式、口头形式或其他形式，只要配送双方当事人依法就配送服务合同的主要条款协商一致，合同即可成立。鉴于配送活动具有长期性、持续性等特点，为了便于双方履行合同、利用合同解决争议，配送服务合同采用完整的书面合同更为合适。

3. 配送服务合同为有偿合同

配送服务合同的双方在合同法律关系中均享有权利、承担义务。配送服务方需要投入相应的成本才能实现配送服务，并在配送经营中获得利益回报。配送委托方需要为接受配送服务支付等价的报酬。

（三）配送服务合同的类型

1. 按配送的方式划分

按配送的方式划分，配送服务合同可分为独立配送服务合同和附属配送服务合同。

（1）独立配送服务合同。该合同类型是配送双方当事人签订的、仅涉及配送服务的独立合同，配送行为作为交付标的，包含了合同双方在配送过程中的权利和义务关系。

（2）附属配送服务合同。该合同类型是指在加工、贸易、运输、仓储或者其他经营活动的合同中，以条款或附带协议的方式订立配送活动的权利和义务关系。

二者的区别在于配送服务关系是否为合同调整的主要权利和义务关系。

2. 按配送委托方的身份划分

按配送委托方的身份划分，配送服务合同可以分为批发配送、零售配送、工厂配送等配送服务合同。

3. 按合同履行的期限划分

按合同履行的期限划分，配送服务合同可以分为定期配送服务合同和定量配送服务合同。

（1）定期配送服务合同。合同双方约定在某一时期内由配送服务方完成配送委托方的某配送业务而订立的合同。

（2）定量配送服务合同。合同双方约定由配送服务方完成配送委托方的一定量的货物配送业务而订立的合同。

4. 按配送地区的范围划分

按配送地区的范围划分，配送服务合同可以分为市内配送、地区配送、全国配送、跨国配送等配送服务合同。

（四）配送服务合同的主要条款

1. 合同当事人

当事人是合同法律关系的主体，是每一个合同都必须具备的条款。配送服务合同的当事人双方分别为配送服务方和配送委托方。

2. 配送服务合同的标的和标的物

标的是合同当事人双方权利和义务所共同指向的对象，是一切合同的必备条款。配送服务合同的标的是配送行为，即将配送物品按照约定在确定的时间和地点交付收货人。

标的物是标的的载体和表现。配送服务合同的标的物是指被配送的物品，既可以是生产资料，也可以是生活资料。但是配送的标的物必须是有形的实物动产，不动产不能成为被配送物，知识产权、数据等无形资产也不能成为被配送物。配送物的种类、名称、单重、体积、包装、性质等需要在合同中有所体现。

3. 配送服务方式

配送服务方式是合同双方协商同意配送所要达到的标准，是合同标的完整细致的表述。配送服务有定时配送、定量配送、即时配送、配套成套配送等多种配送方式，应根据配送委托方的需要和配送服务方的能力协商确定，对于送达时间、发货地点、收货地点等相关细节均应在合同中予以确认。

4. 当事人的权利与义务

配送服务合同一旦成立，当事双方都要严格依照合同内容执行，不得擅自改变合同的约定。有时为了减少纠纷，可以将双方的权利和义务以条款的形式列出来。

（1）配送委托方的权利和义务

作为配送委托方，其权利包括可以对配送服务方的服务质量进行指导与监督。此外，也有权要求供应商定期汇报库存状况及提供相关配送报告等。

配送委托方的义务在于确保准时支付配送服务费以及交付符合要求的运输物品。此外，委托方还需向服务方提供与送货业务相关的必要单据文件材料，包括产品种类、型号、数量、收件人地址以及电话号码、联系人等详细信息。

（2）配送服务方的权利和义务

配送服务方的权利主要包括能够从配送委托方获取相应的配送费用，同时要求配送委托方所提供的商品适合于配送作业。此外，如果出现无法找到收货方或是收货方选择拒收货物的情况，配送服务方需要在合同规定期限内妥善保管货物，并且有权向配送委托方收取相关的存储费用。

配送服务方的义务主要有以下五项：

① 为了有效地完成配送作业，配送服务方需要采用适当的方式，例如挑选最优的配送路径、采用匹配的装载设备以及使用公认的测量标准等履行配送义务。

② 配送服务方应向收货方提供详细的配送相关文件，包括发货凭证、货物清单明细，并在其中明确标注产品的种类、具体数量等相关细节。

③ 为确保配送服务的有效执行，配送服务方应将各种单据材料定期提交给配送委托方，如配送清单、接收货物记录以及损坏物品等，并随时应对委托方对于存货情况的查询。

④ 配送服务方有责任对委托方提交的配送物品承担及时查验、清点以及仓储和保管的义务。

⑤ 配送期满或者配送服务合同履行完毕，配送服务方应将剩余的物品归还给委托方，不得无偿占有或擅自处置这些货物。

5. 配送服务费用

为了确保配送服务的公平性和透明度，在合同中应明确规定配送服务的收费标准以及费用结算方法。特别是在涉及长期的服务合同时，考虑到物流成本可能会随着时间的推移而变动，为保障各方的权益，可以将价格调整条件和调整幅度纳入合同内容。

6. 合同期限和合同延续条款

针对需要按照时间约定履行的配送服务合同，应在条款中写明合同的起止时间。通常情况下，一旦配送关系建立，合同双方将会保持长期的配送合作关系，因而大部分情况下会出现合同的续约。为了简化续签流程，双方会在合同中确定续约的方法和基本条件要求。

7. 违约责任和免责

（1）违约责任

当其中一方的履约行为未能符合合同规定时，需要向另一方当事人承担违约责任。具体的承担方式包括继续执行合同内容、补偿因违约导致的损失、采取补救措施、缴纳违约金以及退回或加倍归还预付款项等。

在制定违约责任细则时，应明确构成违约的具体行为、违约金额及其计算准则、违约后的赔付责任与相应的处理策略、违约方继续履行合同的条件等。

此外，考虑到配送服务合同违约可能会导致严重后果，为了避免潜在的风险，减少损失，应在签订合同时明确规定一系列应对违约情况的补救措施，例如紧急送货、就地采购等。

（2）免责

根据法律法规的规定以及合同条款中的约定，存在一些可以免责的情况。然而，对于导致对方人身伤害或是严重过失导致对方当事人财物损失的情况无法免责。配送服务合同的免责事由主要有以下三项：

① 不可抗力。不可抗力是《中华人民共和国民法典》（以下简称“民法典”）规定的免责条件，包括风暴、雨雪、地震、山崩、洪水等自然灾害和战争、罢工、政府限制等社会现象。

② 委托方的过失。由委托方的原因导致的配送物品损坏问题，例如缺乏合适的产品标签、包装不符合约定以及来自委托方的不当指示等因素。

③ 合同约定的免责。尽管法律规定了免除责任的情况，但在实际操作过程中，如果合同双方当事人需要额外的免责条款，可以将其纳入到合同之中加以详细说明。举例来说，虽然我国的民法典并未对“不可抗力”的具体表现形式做出限制，但是关于配送服务过程中例如交通堵塞等潜在情况是否构成不可抗力的问题，仍存在一定的分歧。为了防止未来的纠纷争议，双方当事人在签订合同时可以就此问题达成共识并明确定义各自的责任范围。

8. 配送服务合同的变更和解除

一旦合法签订了合同，其便具备了法律约束力，双方当事人均无权单方面地修改或是终止该合同。尽管如此，受各种内外因素影响，为避免较为长期的配送服务合同造成双方权益遭受损失，可以考虑在合同条款中加入一项约定，即双方可以变更或解除已生效的不利合同，在合同中约定变更或解除合同的条件、变更或解除合同的程序等。

9. 争议处理

为了确保有效解决潜在纠纷，应在签订合同时明确约定应对此类情况的具体措施，主要是约定仲裁机构或者管辖的法院。

（五）配送服务合同的订立原则

1. 自愿原则

自愿原则强调的是合同双方能够协商选择并调整彼此间的权利义务关系，且该过程不允许受到外部力量的非法干涉。同时，合同双方都应当享有同等的法律地位，任何一方不得将自己的意愿强制施加于对方。当一个合同基于自愿和商议达成时，它才能有效成立。

2. 平等原则

根据民法典的规定，双方当事人具有同等的法律地位，任何一方的意愿都不能强制施加于对方。这种情况下，无论是哪一方，其享有的权利和需要履行的义务都是对等且对应的。当签订配送服务合同时，各方必须秉持公正且平等的态度，确保双方当事人的权益得到尊重。

3. 诚实守信原则

诚信的合作精神是合同双方在执行权利和承担义务时应秉持的核心价值观。无论在签订合同、履行合同还是合同终止后的任一阶段，双方都应坚守道德准则，杜绝任何形式的欺骗行为。此外，双方也应依据交易习惯来履行及时通知、协助、保密、防止损失扩大等义务，尽量减小潜在风险。

4. 等价有偿原则

配送服务合同是一种双向协议，当事双方均需履行其应尽的义务并享有相对应的利益。合同义务和合同利益应该体现对等原则。

5. 守法和不损害社会公共利益原则

双方当事人签订合同的过程必须遵循相关法律法规的规定。无论是企业还是个人都不得参与或进行被法律法规明确禁止从事的行为，例如，不能发生超越经营权、侵害所有权、侵犯国家主权、危害环境等违法行径。此外，基于不损害社会公共利益的原则，合同双方也不能进行可能会有损社会安定、干扰市场经济运行秩序、妨碍人民生活的不良行为。

三、配送服务要素及质量监控

（一）配送服务的要素

服务是指为满足顾客需要，从而达到预期的效果，在同顾客的接触过程中向用户提供有价值的活动。

配送服务就是对客户商品的物流保证，主要围绕备货保证（拥有客户所期望的商品）、品质保证（符合客户所期望的质量）、输送保证（在客户希望的时间内配送商品）三要素开展。

（二）配送服务质量

1. 服务质量的概念

质量通常指的是有形物品具备特定功能并能达到其预期目的，能满足社会的期望以及人们需要的一种特质或特征。服务作为一种无形商品，其质量是它所具有的独特性质，即能否有效地满足顾客及其他相关的需求。

服务无法如实体产品一样在其被提供前就对其质量加以管控，这是由于客户享受服务与服务的生产同时进行。作为一项过程活动，高质量服务的标准往往很难统一界定，即使是同一服务方提供同一种服务，其服务质量也可能会有所不同。再者，消费者在享受服务时是动态参与的过程，他们的知识背景、个人素养、过往经历、兴趣偏好等多重因素都会影响到他们在接受服务时的体验感。因此，对于同样一位客户来说，在不同的时间点享受到相同类型的服务，他的感受也可能是不同的。

服务质量涵盖了两个关键的方面：技术质量和功能质量。前者关注的是服务结果，即消费者从服务中得到了什么；而后者则是观察消费者如何消费这项服务，即关注服务过程。对于配送服务来说，其主要任务就是将客户的货物从指定起点运送至指定终点，以及向客户提供与货物位移相关的服务功能。配送服务质量是配送主体向客户提供配送服务所能满足客户要求的功能和特性的总和。因此，我们可以把货物运送的数量、路线选择等方面视为技术质量，将便利性、响应速度、应急处理能力以及服务的态度、信息沟通等都归属于功能质量，这些因素都是影响用户满意度的决定性因素。需要注意的是，技术质量是客观存在的，而功能质量是客户对整个服务流程的主观感受和评估，带有主观性，同时这也是客户评判服务效果的主要标准。

2. 配送服务质量的要素

配送服务质量的最基本要素包括时间、便利性、可靠性和信息沟通，这些要素也是制定配送服务质量标准的基础，影响配送服务质量的因素包括产品的可得性、备货时间、配送系统的灵活性、配送系统信息反应的及时性和准确性、配送系统的纠错能力以及配送服务后的支持。

如今，人们更为注重的是消费者视角下的配送服务体验。当配送服务方仅依赖于传统的评价标准去审视他们的配送服务质量，可能会导致客户的不满。因此，更多企业开始转向一种新的方式，即注重消费者的度量方法来评估其配送服务质量水平。同时，由于供应链管理中的“零库存”采购日益流行，未来的配送服务将面临更大的时效性方面的压力。

（三）配送服务的常见问题及对策

1. 送货速度不能达到客户要求

对于物流系统来说，配送效率的重要性不容忽视。配送效率直接关系着顾客体验的好坏。通常情况下，顾客会设定一个到货期限。若企业未能按时完成配送，可能会导致客户遭受经济上的损失，引发抱怨。

导致货物交付延迟且耗时较长的关键因素包括：低效的运输工具、烦琐的物流与配送流程、承诺送货时间过短、送货路线规划不合理等。配送服务方可以通过重新设计配送路径、优化配送流程、重新测算配送所需时间、加强配送人员培训等方式提升送货速度。

2. 缺乏与客户的有效沟通

有效且及时地与客户交流对于提升配送服务质量至关重要。尤其在电子商务环境下的配送服务过程中，客户通常期待能获取订单配送详细信息的实时更新，并在遇到任何问题时能够了解如何有效反馈。导致与客户沟通不足的原因包括缺失追踪物流信息的系统、配送系统岗位责任划分不清等。配送服务方可以通过加强网页、小程序等信息系统的建设，向客户公开服务电话、投诉处理程序等，加强物流信息系统建设，对配送系统岗位责任进行明确划分等方式提高客户满意度。

3. 配送物品问题

在配送服务过程中有可能出现货物污染、损坏等情况，可能是由于在保管或配送过程中出现的品质劣化、物理性损伤及数量短少，发货错误导致的物品种类或数量不对等。配送服务方可以通过严格执行配送作业规范并加强对配送人员的培训、对配送物品进行严格检查等方式尽量避免配送物品问题的出现。

任务2 配送作业管理

一、配送计划的制定与实施

（一）配送计划的类型

配送计划是针对配送过程中的各个环节制定的详细计划。其主要目标在于优化配送管理流程，提升各类资源（包括设备、交通工具以及人力资源）的使用效率，进而降低整体的物流成本。配送计划一般包括配送主计划、每日配送计划和特殊配送计划。

1. 配送主计划

配送主计划是指为了满足未来一定时期内的已知顾客需求而进行的前期准备工作，以便于更好地管理车辆、人员以及支出等，确保能够充分满足顾客的需求。举例来说，假设一家电器制造商预计在夏季迎来家用空调产品的销售高峰，企业会在年初时依据过去几年的销售记录加上相应系数来预测出配送需求总量，之后提前安排车辆与人员等，制定配送主计划，以便达成销售目标。配送主计划示例见表 10-1。

表 10-1　配送主计划

制表人：　　　　部门：　　　　日期：　年　月　日

序号	客户名称	预计订购商品	商品编号	预计订购量			累计销量	累计销售额	备注
				5月	6月	7月			
合计									

2. 每日配送计划

针对上述配送主计划逐日进行实际配送作业的调度计划即为每日配送计划，包括订单调整、配送任务细分、时间安排及车辆调度等内容，旨在确保配送过程能够按照既定规则执行，从而形成一种常规模式，实现忙中有序，责任到人。每日配送计划示例见表 10-2。

表 10-2 每日配送计划

仓库： 制表人： 配送日期： 制表日期：

序号	客户及订购产品基本信息							配送数量	金额合计	配送时间	运输工具及数量	备注
	订单号	客户名称	产品编号	产品名称	规格	单位	单价					

3. 特殊配送计划

特殊配送计划主要用于应对突发事件或者不在主计划和每日计划规划范围内的配送业务，为不影响正常每日配送业务所做的计划。特殊配送计划是主计划和每日计划的重要补充。例如，当某商超举办一场大型的家电促销活动时，销量可能突然增加，导致配送需求瞬间激增，需要制定特殊配送计划以增强配送的灵活性，提升服务质量。

（二）制定配送计划的主要依据

1. 客户订单

一般客户订单对配送商品的品种、规格、数量、送货时间、送达地点、收货方式等都有要求。因此，客户订单是制定配送计划最基本的依据。

2. 客户分布、运输距离

客户分布是指客户的地理位置分布。客户位置离配送据点的距离影响配送的路径选择，直接影响到输送成本。

3. 配送货物的体积、形状、重量、性能、运输要求

配送货物的体积、形状、重量、性能、运输要求是决定运输方式、车辆种类、载重、容积及装卸设备的制约因素。

4. 运输、装卸条件

运输道路的交通状况、运达地点及其作业地理环境、装卸货时间、天气气候等对输送

作业的效率也起相当大的约束作用。

（三）配送计划的内容

1. 配送地点、数量与配送任务安排

配送作业的关键环节之一是有效地规划并执行配送计划。这涉及多个因素间的平衡，包括配送的起点与终点、数量与配送任务安排间的平衡等。每个地点的具体情况不同，包括配送量、周围环境及其自身拥有的资源情况，因此，我们需要有针对性地综合统筹车辆数量和配送路径，以实现配送路线最短、所需车辆最少、总体费用最低、服务水平最高的目标，在客户指定的时间内，准确无误地按客户需求将货物送达指定地点。

2. 时间范围的确定

顾客通常会根据自身需要指定配送时间，而这些特定的时间段可能会与某个路段的通勤高峰期重合。所以，在制定配送计划时，必须全面评估各种潜在的影响因素，通过与顾客沟通来尽可能地寻求最优的解决方案，以达到更好的服务效果。

3. 确定车辆数量及车队组建

车辆数量是影响配送效率的重要因素。当拥有足够的配送车辆时，能够实现多条线路的同时配送，从而提升整体的配送效率。然而，大规模的车队也会带来大额支出，如购置费用、维护费用、人工费用及管理费用。为了确保能在客户规定的时间内送达，需要综合考量订单量、产品特性、运输路径以及运营成本等多方面因素，以优化自有车辆分配策略，合理安排车辆资源至关重要。此外，必要时也可以选择引入外部车辆组建配送车队。

4. 车辆容积、载重限制

选择配送车辆时应充分考虑其容积以及载重限制，同时也要兼顾货物的体积与重量，以确保车辆的有限空间得到最有效的利用，减少空间损失，降低配送成本。

5. 控制车辆最长行驶里程

为了避免司机疲劳驾驶造成的交通隐患，在制定人员配置计划时要全面考虑各方面因素，以保证人员及货物安全。通过司机的行驶里程以及行驶时间来核算、规划司机的工作，避免超负荷作业。

6. 线路设计

一般而言，物流配送中心的服务范围半径约为 60 km，配送地点间能够形成很多区域网络。因此，所有的配送计划应能同时满足这些不同配送地点的需求。对于线路的设计来说，采用主要考虑路线上车辆流量的直线式往返配送路线相对简单。

7. 与客户作业层面的衔接

为确保有效的配送服务，制定配送计划前必须深入了解并优先考虑客户作业层面的需求。例如，货物的装卸搬运是否容器化、是否托盘标准化、是否有装卸搬运辅助设备、客户方面是否有作业配合、是否提供随到随装条件、是否需要搬运装卸等候、停车地点距货物存放地点远近等。

（四）制定配送计划的步骤

1. 明确配送计划目标

企业的物流运营策略应以满足顾客的需求为导向，并与其内部资源及运作能力相匹配。然而，许多企业因其自身的局限性和资源约束而难以应对复杂多变的客户需求。因此，明确配送计划的目标在制定配送计划时至关重要，例如，配送业务是针对临时性用户还是持续性客户。不同目标需要以不同的配送计划作为支撑。

2. 收集相关数据信息

为了有效地提升配送服务的质量，必须深入洞察并充分掌握顾客的需求，其中的关键在于系统性地收集、整理服务对象的相关数据资料。配送活动的主要标的物是货物，包括原材料、零部件、半成品及产成品等。对于持续稳定的客户群体，配送服务方需要掌握其货物近年来的需求总量以及淡旺季的需求量变化等相关统计数据。此外，还需要深入研究当年的销售计划、生产计划、流通渠道的规模及变化情况，同时也要考虑配送中心的数量、规模、运输费用、仓储费用及管理费用等因素。如果缺乏对于客户在淡季、旺季需求差异变化的了解，面对突发的配送任务时就很难做出迅速且有效的反应，可能会引发车辆调配紧张、未能准时交付货物等问题，甚至出现不能及时配送而导致丧失市场机会的严重后果。因此，为了制定有效的配送计划并提升服务质量，企业必须全面搜集与分析相关的客户信息。

3. 整合配送七要素

配送七要素是指货物、客户、车辆、人员、路线、地点及时间，也称配送的功能要素。对于构建有效的配送计划来说，深度研究与解析这七个关键要素至关重要。配送方需要明确所配送物品的类型、形态、重量、包装、材质及装运要求等方面的信息；确定委托方和收货人的需求；要根据货物的特征、数量、配送地点以及车辆的容积和载重量等选择用于配送的交通工具；考虑司机或配送业务员的指派；设计合理的配送线路；还需要关注起点和终点的位置，了解这些地点的数目、距离、周边环境、停车卸货空间大小及相关设施等；此外，还要考虑到整个行程所需的时间以及装卸操作所需的时间。

阅读材料

罗森便利店的配送时间计划

罗森便利店的物流配送主要采用了“中央配送＋门店直送”的模式。具体来说，罗森便利店的货物一般由各地的中央仓库集中配送到各个门店，再由门店进行上架陈列、销售等工作。

罗森便利店在24小时内至少要配送四次货物，其中常温食品和低温食品均是一天配送一次，鲜食则采用一日二配的方案。目前，国内24小时便利店鲜食的配送分别在凌晨零点之后和下午一点之后，在此时间之后配送的鲜食最为新鲜。以第二次配送为例，鲜食从大仓发货，由物流团队按照固定的线路进行配货，下午一点至五点，货物会陆续到达各家门店。

第二次的配货主要是为了补充第一次的货源，而超过24小时的鲜食都会报废，所以店长必须通过POS系统精确把握便利店的货物销售信息，以此精确采购货物，降低鲜食的报废率。

4. 制定初步配送计划

在完成以上步骤之后，配送方便可以结合自身能力及客户需求，初步确定配送计划。对于初步配送计划，关键要素应包含配送路线的确定原则、配送业务的起止时间、每日最大配送量以及所选用的车辆类型等。此外，可以有针对性地解决客户现存的问题，提供定制化的解决方案，例如精准预测每个配送地点的送达时间、详细设计路径以及应对配送量突发增减情况的紧急措施等。

5. 征求客户意见

制定满足客户需求的配送计划的关键在于如何最大限度地运用现有资源以提升服务质量。为此，在制定了初步的配送计划之后，需要积极征求客户意见并对计划加以调整。在这个过程中，要确保客户能够了解其现有的各项作业环节在未来操作时可能出现的各种变化情况，以免客户的期望与具体操作产生比较大的落差。

6. 确定配送计划

经过与客户几次协调沟通之后，初步配送计划经过反复修改最终确定。已经确定的配送计划应该成为配送合同的重要组成部分，并且应该让执行此配送计划的双方或者多方人员全面了解，确保具体配送业务顺利进行并保证配送服务质量。

（五）配送计划的实施

配送计划的实施主要包括下达配送计划、审核货物库存、组织采购、下达配送指令、配货发运、送达和费用结算等环节，如图10-1所示。

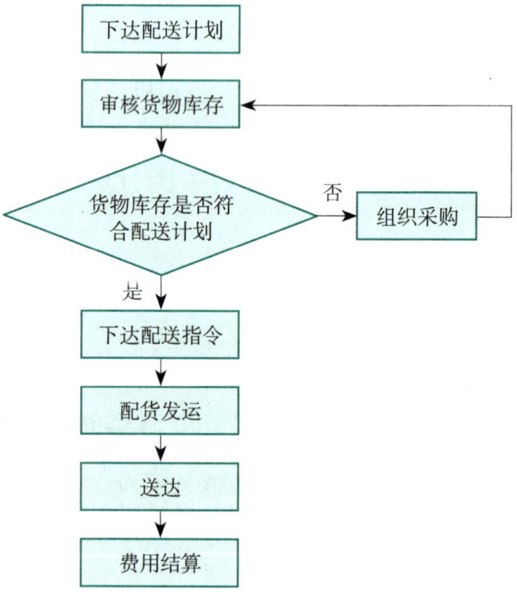

图10-1　配送计划的实施

1. 下达配送计划

确定的配送计划将通过信息化的方式迅

速传递给相关方，包括客户、收货人、配送中心、装卸搬运及运输部门等。收货人需要按照配送计划中既定的方案做好接货准备，包括根据指定的时间段、品种、规格、数量做好理货、分拣、加工、配货、包装等准备，同时配送点还要确保按规定时间做好运力、设备、人员的配置。

2. 审核货物库存与组织采购

一旦收到配送计划通知，各个配送点需要对涉及的货物存量进行审核，以确保能够满足配送计划的需求。如果发现当前的货物存量无法达到预期的需求，应立即根据配送计划组织采购。

3. 下达配送指令

配送中心将配送指令下达给各个相关职能部门（如运输部、仓储管理部、货物拆包与装配部、财务部），各部门根据指令做好配送准备。

4. 配货发运

理货部门遵循配送计划，将客户所需的货物分类、加工、配货、包装。此外，还需明确标注出每个订单的收货人姓名、地址及预计送达时间等相关信息。根据计划把各个订单的产品配载、装车，并按配送计划进行发运。

5. 送达

将客户需要的货物按照配送中心所选择的运输工具和运输路线安全、经济及高效地送达客户处，当货物到达收货地点时，由收货人确认接收情况并在回执单上签字，从而表示一次配送活动的结束。

6. 费用结算

货物出库时，销售团队会根据出库数据制作应收账单并将其提交给财务部门作为收款凭证。一旦货物成功交付，应通知财务部进行结算，具体结算方式及结算时间由双方协议约定。

二、送货作业管理

（一）送货作业的含义

送货作业是利用配送车辆把客户订购的货物从制造厂、生产基地、批发商、经销商或配送中心，送到客户手中的过程。这种方式通常是短距离、小批量、高频次的运输形式。国内配送中心的配送经济里程大约在 30 km 半径范围内。送货主要有两种方式，一种是货物生产厂家直接销售并配送至客户手中，另一种是货物生产厂家将货物销售配送至批发商、零售商，再经由批发商、零售商进行销售并配送至客户处。

送货对于配送作业来说非常关键，是直接面向消费者的最后一道服务环节。有效管理送货作业非常重要，一旦出现疏漏，可能会导致一系列负面影响，例如配送效率低下、司机的工作时间不均以及在运输过程中货物的破损和遗失等问题。因此，为了优化这一流程，不仅要加强对送货人员的工作时间、发生的重要情况的管理，还需要监控运输车辆的使用情况，比如装载率、空驶率等。

（二）送货作业的特点

1. 时效性

时效性是指要确保能在指定的时间内交货。当遇到突发事件导致不能准时送达时，需要立即向公司总部报告并寻求其协助，确保合同的履行。

许多因素都会影响到时效性，例如车辆的临时故障，以及路线规划不当遭遇的交通堵塞等问题。此外，如果中途客户未能按照预期的时间点卸货，也会增加延迟的可能性。为了尽量避免出现这些问题，需深入研究所有潜在问题来源，运用系统思维进行有效协调，包括选择最优的路径、最佳的运输方式及送货人员，从而使得客户能够按计划接收他们订购的货物。

2. 可靠性

确保货物完好无缺地抵达目的地是送货的重要目标。影响可靠性的因素有运送过程中的机械振动和冲击及其他意外事故、作业环境、货物的装卸作业、送货人员的素质等。

3. 便利性

配送的核心使命是向客户提供优质服务，并尽力满足他们的需求。为了达到这一目标，通过采用高弹性的送货系统，例如实施快速响应机制（包括紧急配送）、顺道送货与退货等措施，提升服务的质量和便利性。

4. 沟通性

送货作业是将货物直接送到客户手中，是与客户沟通最直接的桥梁。部分物流公司非常重视这一环节，为了维护和提升公司的公众形象以及增强客户的信任感，需要抓住每一个机会来加强与客户的沟通，从而进一步提升服务质量。

5. 经济性

企业的基本运营目标在于获取一定程度的经济收益。对于合作双方而言，降低配送成本成为构建互利共赢模式以及深化业务协作的关键因素。因此，企业在确保满足客户需求，为他们提供优质配送服务的同时，还要提升配送效率，强化成本管理与控制。

（三）送货作业的流程

送货作业流程如图 10–2 所示。

1. 划分基本配送区域

为了确保配送过程科学高效，首先需要建立一个包括每个客户的具体地址及其所属区域的详细的地理信息数据库，将每一客户划分到不同的基本配送区域。例如，我们可以按照行政区的划定或是基于交通状况来设定配送区域，在此基础上再做弹性调整来安排配送。

2. 确定配送批次

为了提升配送效率并保证货物品质，当收到订单后，需要根据货物的特性来对配送货

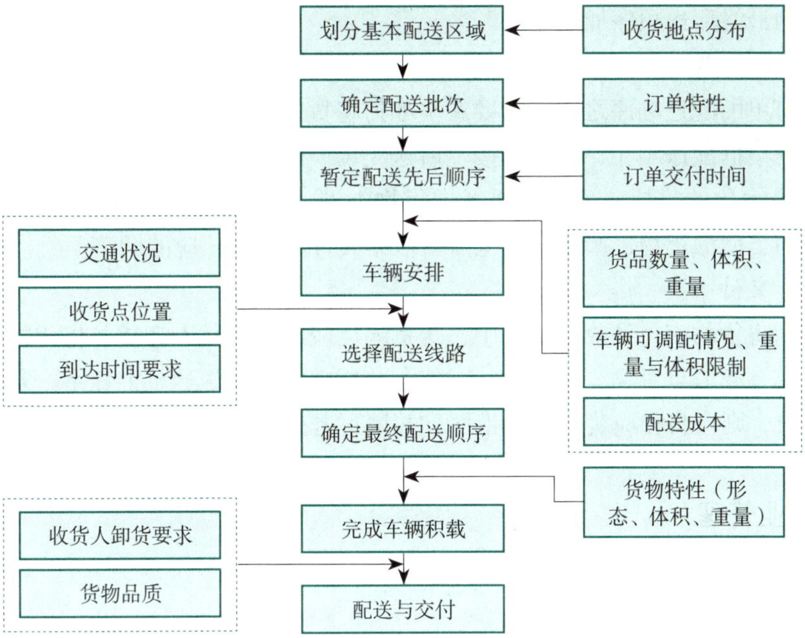

图 10-2　送货作业流程

物进行分类，再采用相应的配送方式和运输工具。例如，我们可以将食物按照其冷藏性质（如冷冻食品）、快速食用性（如速食）、包装状态（如无包装货物或有包装货物）等进行区分处理。此外，配送的货物有轻重缓急之分，需预先决定哪些可以一起放在一辆车上同一批次配送，而哪些不能同一批次配送，从而优化资源利用率。

3. 暂定配送先后顺序

在制定最终的配送方案之前，需要根据客户订单要求的送货时间初步排定配送的作业先后次序。这不仅有助于确保配送计划按期完成，还能提升整体运营效率。

4. 车辆安排

配送过程中车辆调度的，关键在于安排什么类型、吨位的配送车辆进行最后的送货。首先需要了解所有可以被分配且达到配送要求的车辆资源，包括车辆的容量和额定载重。其次针对每一份订单上的货物信息（例如体积、重量、数量及特殊搬运需求）进行逐一分析，以全面评估各种影响因素，从而确定最佳的车辆配置方案。

5. 选择配送线路

安排好每一笔订单的配送车辆后，需要根据客户的位置信息、路线的交通状况以及其他相关条件对配送线路做出选择，要求实现最短的配送距离、最短的配送时间和最低的配送成本。此外，也应考虑到一些特定的情况，比如客户的需求（如客户是否希望在非工作时段接收货物）或是路况的变化（如某个区域的高峰期可能会实施特殊的交通限制措施）。因此，综合分析所有影响因素来选择最优的配送路线至关重要。

6. 确定最终配送顺序

经过考量并选择好最优的配送路线之后，企业可以根据各车负责配送的具体客户的先后，将客户的最终配送顺序加以确定。

7. 完成车辆积载

确定了订单的配送顺序之后，需要解决如何将货物装车、以什么次序装车的问题。一般来说，只需根据配送顺序，将货物按“后送先装”的顺序装车即可。然而，有时候考虑到空间效率最大化的目标，可能需要考虑货物类型、形态、重量及体积等多种因素。同时，针对不同类型的货物，搬运方式也需要依据其特性做出相应的调整。

8. 配送与交付

根据计划将货物交付到收货人手中，送货人员应协助收货人卸货并将货物放至指定位置，与收货人一起清点货物，做好确认工作，并要求客户在送达单上签字。若收货人有退货、换货需求，则应将相应货物随车带回，并填写退换货单。

三、退货作业管理

（一）退货管理的含义

当包裹受损、产品损坏、品质不良、货物临期或已过期等原因导致顾客提出退货请求时，配送方需要考虑如何妥善处理。退货管理是指在进行配送活动时，由于配送方或客户关于配送物品的有关影响因素存在异议，从而进行处理的活动。

一般而言，现代退货管理涵盖三项基本作业任务，分别是尽可能减少或消除退货、退货流程处理、退货的再分配。

（二）退货的处理

退货按照来源可分为来自终端客户或来自分销渠道中的其他成员（如零售商、批发商）的退货。不论最终被如何处置，所有退货必须先回收和分类。

如果一件退货产品来自终端客户，普遍是货物有缺陷，也有可能存在货物完好但客户认为它有缺陷的情况，这类退货被称为“无缺陷的缺陷品”。

如果一件退货来自分销渠道中的其他成员，通常有以下几种原因导致退货：一是生产商过度购买原材料导致生产过量；二是市场对于该货物的需求未能达到销售预期；三是货物已到了生命周期的终点，或是到了销售季度的结束阶段；四是在配送过程中的意外损坏。针对这些不同的情况，需要根据实际情况采取相应的措施来进行处理。

在正向物流中，无论是企业还是个人都能意识到时效的重要性。然而在同样的体系下，逆向物流往往表现出相对滞后的特性。客户期望能够尽快将他们购买的货物返还给供应商并取回已支付的款项，这加大了退货管理的压力。同时，由于电子商务的发展，市场竞争越来越激烈，众多企业不得不调整他们的退货政策，退货更加便捷和灵活，但这也容易导致大量的库存积压，进一步影响整个系统的运转效率，因此，必须通过合理的退货管理来大幅度提高处理退货的效率。

无论采用哪一种策略来应对退货问题，核心目标始终是尽量减少退货的发生。企业应制定有效的退货政策以达到降低退货成本与提升顾客满意度的双重效果。此外，严格执行退货检查流程有助于避免出现错误的、超越权限的退货，这不仅能有效地削减退货总量，还能显著降低其相关处理成本。

通过实施集中的退货管理，企业能够有效地针对不同的货物制定不同的处理方式，从而实现资源的高效利用以及潜在利益的最大化。这种集中管理模式也为退货处理提供了大量的优势，使企业在价格上更有决定权。

退货管理可以使退货中暴露出的货物质量问题通过退货管理信息系统迅速传达到相关管理层，从而帮助生产商尽早识别并解决潜在的问题。这种方式不仅有助于提升货物与服务质量，而且也让经销商能够及早察觉存在问题的供应商，降低了未来引发退货的风险。

（三）退货的一般原因

1. 依照协议退货

这种情况适用于连锁超市与供应商达成协议的代销商品、试销商品、季节性商品等。

阅读材料

退货协议范本

甲方：

乙方：

甲乙经协商一致，现就双方于____年____月____日签订的订货合同（合同金额________元，合同编号________）的退货事宜达成以下协议：

一、退货名称、型号、数量及金额

序　号	退货名称	型　号	数　量	退货金额	备　注
1					
2					
合　计					

二、甲方应在____年____月____日前将以上货物退还乙方。

三、因甲方原因退货而产生的下列损失由甲方承担（因乙方原因退货的除外）：

1. 货物折旧损失按退货金额的________%计算，为________元。

2. 运费损失为________元。

四、发票按以下第 1 项（　　）、第 2 项（　　）处理：

1. 本合同乙方已开增值税发票，甲方应按本协议第一条填写的退货内容在本协议生效后 15 天内向乙方提供《开具红字增值税专用发票通知单》。

2. 本合同乙方未开发票，今后开票时按退货后的实际合同金额________元开具发票。

五、货款确认

甲方退货后在本合同有未付货款________元，在其他合同有未付货款________元，累计未付货款为________元。

六、损失费及未付货款共计________元，按以下时间支付：________________。

七、本协议一式四份，自双方盖章之日起生效。

甲方（盖章）：　　　　　　　　　　　　乙方（盖章）：

甲方代理人（签字）：　　　　　　　　　乙方代理人（签字）：

协议签订日期：____年____月____日

2. 由于质量问题退货

在搬运中产生震动，造成货物损坏、包装破损或货物质量不达要求等。

3. 次品召回

由于货物在设计、制造过程中存在缺陷，在货物销售后，客户或厂商自己发现重大缺陷的，必须立即部分或全部召回。

4. 货物过期退回

对于一些特定产品，如速食食品，其质量保证期限是明确规定的，一旦超过了保质期，通常会根据协议要求更换或退货。随着消费者权益保障及自我维护意识的不断增强，过期的货物绝对不可再销售。过期货物的处置过程耗费大量的人力、时间成本。因此，为了避免此类情况，应适量、多次、及时订货并按照生产的先后顺序进行配货。

5. 货物送错退回

由于货物规格、条码、重量、数量等与订单不符，需要退回或换货。

（四）退货作业流程

1. 受理客户的商品和凭证

接待客户，耐心听取客户需求，询问客户是否有发票或相关单据，审核购买时间、所购货物等信息，查询是否属于不可退换货物。

2. 判断是否符合退货标准

结合国家法律、企业政策等灵活处理，处理方法要与客户达成一致，尽量达成换货处理，减少退货。若客户对处理方法不满意，应请示上一级管理层处理。对于客户指出的质量问题，若不能自行确认，需要找生产部门进行判断。

3. 同意退货

双方同意退货后，要填写退货单，复印客户提供的相关单据证明。

4. 退款结算

在退货现场做退款或其他结算程序，并将交易号码填写在退货单上，其中一联与客户提供的购买单据复印件放在一起备查。

5. 退货商品的处理

将退货商品放在退货产品区，并将退货单的一联贴在产品上。

退货申请表样例见表 10–3。

表 10–3 退货申请表

客户名称				电　话			
地　址				联系人			
产品名称	送货日期	单　位	数　量	总　价	合同号	发票号	退货原因
合　计							
审批意见	质检部			销售经理			
	市场营销部			办事处			

（五）接受退货及退款结算

1. 设立退货与换货处理组

一旦收到客户关于产品退货的通知，无论是运营团队还是客服部门都应立即采取相应措施及时进行处理。首先，需要调配车辆以确保能够及时地将这些被退回的货物取回并送至配送中心的退货区域。其次，工作人员要对货物数量予以清点，根据所退货的状况和退货的原因，按有关退货制度处理。

2. 制定退货政策

由于企业无法避免客户将已购货物退回的情况，企业应设计出能够最大限度地降低退货率的货物及退货制度，实现退货最小化，可以采取加强货物品质检测力度、制定与零售商及分销商的退货协议等方法。退货政策一般包含以下内容。

（1）退货价格设计。退货政策有全额退款和部分退款两种类型。当选择全额退款时，客户可以根据原始购买时的批发价格获得全部退款。然而，如果选择了部分退款，那么将按批发价扣除一定的折扣。这种部分退款的方式为零售商带来了一定的费用负担，可能会影响他们的利润率，进而增强了零售商的风险意识。为了应对这种情况，零售商通常会采取更加积极的营销策略以提高销量，从而降低退货成本。

（2）退货比例约束。货物制造商可以实施“零退货”策略。这并不代表着他们会拒绝所有客户提出的退款请求，而是设定合理的退货比例以及提供相应的退货处理指导，且往往会给予零售商一定的优惠。实际上，此举将退货责任从制造商转向了零售商，这样一来，降低了制造商与分销商的成本负担，但也削弱了制造商对于货物的控制权。

（3）退货中的合同管理。一个普遍存在的问题是，在退货流程中货物的权责界定不清。这种情况的发生往往源于缺乏有效的合同管理机制。例如，供需双方对于退货责任认知上的差异，可能会导致某个专门服务于连锁企业的第三方物流企业出现大量的库存积压，从而给该公司的运营带来困扰。此外，如果遇到大量数额庞大的退货，因无人负责处理，货物只能被滞留在原地，直至过期或是完全损毁。

通常情况下，企业可能会忽略掉退货这一环节的重要性，尤其是在签署合同时，它往往会被简略处理或是完全遗漏。然而，对于企业来说，有效地管理退货流程可以加速其资金周转，同时也能够有效控制客户退货的比例。因此，在签订合同的过程中，应确保包含详尽且明晰的退货规定，以防止日后产生争议。

3. 接受退货

（1）退货程序

① 业务人员提出退货申请，由营销管理部与进货部联系，并确定具体退货时间，由营销部经理批准退回，与仓库保管员交接。

② 仓库保管员检查退货名称、批号、规格、包装等，与退货单对照无误后准予退货，并填写货物退货记录。

退货记录内容应包括品名、批号、规格、数量、退货单位和地址、退货原因、日期、处理意见等。

③ 仓库保管员填写退货清单，责任人签字，供应商清点数量，交质量管理部门检验并签发退货处理意见。

④ 配送中心根据处理意见安排待配送、再加工或销毁。

（2）产品召回

① 建立产品召回管理程序并严格执行。

② 出现以下情况，企业对产品实施收回：留样检验或产品查库发现货物不符合质量标准时；各级监察抽检发现货物不符合质量标准时；销售人员或顾客反映在有效期内货物存在质量问题，经留样和货物所在地取样检验认为是不合格的货物批次时；质量管理部门有充足证据证明货物存在质量隐患时。

4. 退款的结算

财务部门要根据退货原因和退货退库情况，及时将合理退货的款项进行结算。

（六）重新入库

当遇到货物的外包装受损、货物过期或收到的货物不符合订单要求等问题时，会进入退货流程。对于已经退回的货物，需要执行相应的检查程序，验收合格的货物办理入库手续，填写入库单，然后送入指定的货物存放区的库位中。未达到标准的货物则会被标记为“待处理”状态，等待更换或销毁。调换回的货物同样有入库过程。

（七）质量管理部门的追踪管理

对于那些被退回的货物，质检团队需要进行调查分析，以便确定导致货物退回的具体原因，同时依据分析结果来填制相应的货物收回通知单。销售部门根据货物收回通知单及销售记录将货物收集，并填写收回记录。此外，质量管理部门也会追踪问题的根源，责成相关责任部门制定纠正预防措施。

（八）退货的理赔

1. 理赔的概念

（1）理赔与理赔费用

理赔是指配送供货方接到客户或经销商的请求，依据有关条款的规定，对合理退货的货物及造成的货物损失或人身伤害进行一系列调查审核并予以赔偿的行为。理赔费用是指对配送货物因各种不同原因，使客户或经销商造成的货物损失或人身伤害进行赔偿所支付的费用。

（2）理赔条件

① 理赔对象必须是配送中心的客户。

② 由客户提出理赔要求并举证，必须提供有关凭证，举证产生的费用由客户垫付，若举证不成立，最终费用由客户支付。

③ 当理赔双方对货物质量等问题认识不一致发生争议时，可以委托权威机构进行检测鉴定，根据检测鉴定报告，理赔双方根据存在问题的事实协商赔偿金额。当协商未果时，由协会调解确定理赔金额。

（3）理赔程序

① 立案检查。立案检查主要是指对退货货物的有关凭证的核查及对退货货物的查验。

② 责任审核。责任审核是指根据立案检查所获得的有关资料，以确定是否承担赔偿责任。

③ 核算赔付金额。在核算实际损失时，应分清哪些是应承担的损失，哪些不是应承担的损失；哪些是直接损失，哪些是间接损失。对于不属于赔付金额范围内的损失，应予剔除。

④ 给付赔偿金。经核算确定赔付金额后，应按约定或法律规定的时间，及时予以给付。

2. 理赔的原则

退货理赔情况发生后，应秉持诚信为先的精神，要求客户提供有关凭证和证据，积极采取措施，协助客户做好理赔工作。本着“重合同、守信用”的原则，在理赔过程中应做到“主动介入、快速响应、精确评估、公正处理”。

主动介入意味着配送中心需要主动深入现场，自我驱动地投入开展理赔工作；快速响应指根据法律法规，及时赔付，不拖延；精确评估指在确定赔偿金额时应该尽可能做到准确无误，无论是多还是少都应按照实际损失来决定，而非过度赔偿或是赔偿不足；公正处理指需要依据事实做出决策，具体情况具体分析，确保既符合合同条款的规定，又符合实际情况。

（九）对退回货物的处理

1. 退回的货物

（1）对退回的货物应核对其品名、规格、产地、发货日期和批号是否与原发货记录相符。符合发货记录的，应由业务、质量等有关部门在销售退货通知单上签署意见后办理退货；不符合发货记录的，不能办理退换货手续，并向客户做出解释。如遇特殊情况，应及时与业务部门联系，经供应商和经理同意后办理退换货。

（2）对退回的货物，应按采购货物的进货验收、检验的标准和验收操作进行验收，并按照真实的验收情况及时填写“退货处理情况记录”。

其中验收员对退回货物的验收做出合格与不合格的判定情况如下：

① 经判定，如果退回货物有质量问题，则应首先填写不合格货物确认表，并及时报告质量管理部进行确认。后经质量管理部确认为不合格货物的，应及时将货物移入不合格区存放，挂红牌标志，并按“不合格货物管理操作指导书”的规定进行处理。

② 经判定，退回货物无质量问题的，若货物内外包装完好、无污染的，可入库继续销售；若货物内外包装有破损或有污染的，不能入库销售，移入退货区，挂黄牌标志，由销售部门与退货方及时联系，妥善解决。

2. 记录要求

（1）记录应按规定及时、规范地逐项填写清楚，不得用铅笔填写，不得撕毁或任意涂改。确实需要更改的，应划掉后在旁边重写，并在修改处加盖本人印章。

（2）签名、盖章须用全名；记录、签名、盖章均用蓝色笔或黑色笔。

（3）退货记录保存三年。

实训任务

退货作业流程实训

实训操作

学生分组扮演配送中心和客户处理退货情况，讨论退货流程及注意事项。表 10–4 和

表 10-5 是给两家超市送货的实际情况。

表 10-4　A 超市送货单

送货时间：2023 年 5 月 13 日

序　号	商品名称	单价 / 元	订购数量 / 箱	金额 / 元	备　注
1	星座拼图	200	8	1 600	梅林家精制软面包损坏 2 箱
2	梅林家精制软面包	65	10	650	
3	海南鲜榨椰汁	70	15	1 050	
4	味鲜黑椒牛柳味薯片	150	8	1 200	
合　计		—	41	4 500	

表 10-5　B 超市送货单

送货时间：2023 年 5 月 13 日

序　号	商品名称	单价 / 元	订购数量 / 箱	金额 / 元	备　注
1	梅林家精制软面包	65	8	520	海南鲜榨椰汁 3 箱超保质期
2	海南鲜榨椰汁	70	10	700	
3	味鲜黑椒牛柳味薯片	150	4	600	
合　计		—	22	1 820	

实训注意事项

1. 学生应遵守实训基地的各项规章制度，服从指导教师的安排；
2. 学生应带着问题学习，虚心请教，做到应知应会。

实训目的

使学生通过实训应掌握退货作业流程，熟悉退货作业，培养实践技能、解决问题和团队合作协调能力。

实训要求

1. 将学生分成若干个小组，一半小组扮演配送中心，另一半小组扮演客户（即收货的超市），模拟处理退货情况；
2. 模拟完成后两组互换角色；
3. 实训结束后各组撰写书面报告。

巩固练习

一、单选题

1. 在送货作业流程中，车辆安排、选择配送线路后，下一步骤应该是（　　）。
   A. 确定配送批次　　B. 确定最终配送顺序
   C. 完成车辆积载　　D. 划分基本配送区域
2. 定量配送服务合同属于按（　　）划分的配送服务合同的类型。
   A. 合同履行的期限　　B. 配送的方式
   C. 配送委托方的身份　　D. 配送地区的范围
3. “合同双方能够协商选择并调整彼此间的权利义务关系，且该过程不允许受到外部力量的非法干涉”属于配送服务合同订立原则中的（　　）。
   A. 平等原则　　B. 等价有偿原则
   C. 诚实守信原则　　D. 自愿原则
4. 配送服务的要素不包括（　　）。
   A. 品质保证　　B. 备货保证　　C. 人员保证　　D. 输送保证
5. 由于货物规格、条码、重量、数量等与订单不符，需要退回或换货属于（　　）退货。
   A. 质量问题　　B. 次品召回　　C. 货物过期　　D. 货物送错

二、多选题

1. 共同配送的具体方式包括（　　）。
   A. 系统优化型共同配送　　B. 接货场地共享型共同配送
   C. 车辆利用型共同配送　　D. 设施设备共用型共同配送
2. 配送服务合同的特征包括（　　）。
   A. 配送服务合同为诺成合同　　B. 配送服务合同为要物合同
   C. 配送服务合同为非要式合同　　D. 配送服务合同为有偿合同
3. 配送服务合同的免责事由主要包括（　　）。
   A. 不可抗力　　B. 委托方的过失
   C. 合同约定的免责　　D. 配送方的过失
4. 制定配送计划的主要依据包括（　　）。
   A. 客户订单　　B. 客户分布、运输距离
   C. 配送货物的特性　　D. 运输、装卸条件
5. 退货的一般原因包括（　　）。
   A. 质量问题　　B. 次品召回
   C. 货物过期　　D. 货物送错

三、简答题

1. 简述配送模式的六大类型。
2. 简述配送服务合同的主要条款。
3. 简述配送计划的内容。
4. 简述配送七要素。
5. 退回的货物应如何处理?

项目十一 配送中心运作管理

思维导图

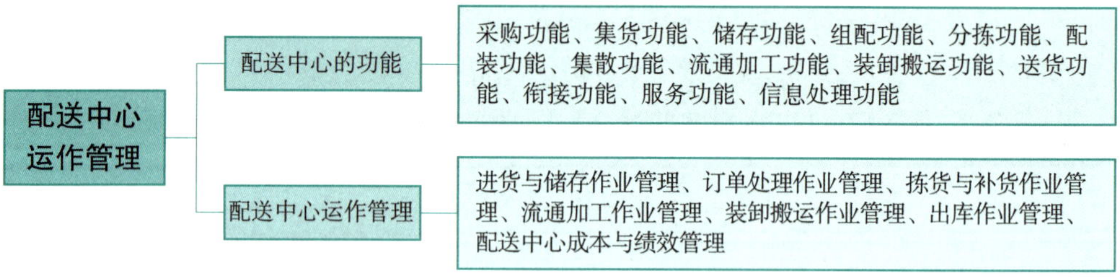

学习目标

知识目标

- 掌握配送中心的定义与功能；
- 掌握配送中心运作的基本流程与步骤；
- 熟悉配送中心绩效评价指标体系。

技能目标

- 能够识别配送中心运作过程中各环节的主要功能；
- 能够管理配送中心运作过程中的各个流程，包括进货与储存作业、订单处理作业、拣货与补货作业、流通加工作业、装卸搬运作业、出库作业；
- 能够选择配送中心作业绩效评价指标。

价值目标

- 培养学生坚守岗位、兢兢业业、严谨踏实的工作态度；
- 树立学生从事专业创新工作的决心，培养具有改革创新精神和使命担当的物流新青年。

案例导入

金立公司的配送现状

金立公司是一家第三方物流公司，于2020年底承包了一个大型配送中心。配送中心主要负责向当地及周边地区的多家家电经销商配送产品。配送中心长180 m，宽70 m，建筑面积11 000 m^2。该中心的收发货平台可同时容纳近42辆车进行装载。该中心的管理采用无线终端扫描技术，并与仓库管理系统协同运行。该配送中心的装卸搬运设备包括前移叉车、电动托盘分拣车、电动托盘车等。货物的储存采用托盘（0.8 m×1.2 m），目前该配送中心日均出入库量约9 000箱（台）。

该公司的业务量已经开始增加，目前另一家电脑经销商也有意向将配送业务交给金立公司。但现在出现的一些现象引起了该公司的注意，例如，进出配送中心的车辆越来越多，但中心仓库外的区域却有限；供应商反馈配送中心的配送时间长且效率低；各环节的操作中存在错误率增加的趋势。公司管理层已经意识到需要优化和细化配送中心的运营流程并充分利用配送中心的资源，进一步降低成本，为满足业务量的增长做好充分准备。

问题：1. 该配送中心目前存在哪些问题？

2. 结合案例，请描述一个配送中心完整的运作流程应包括哪些环节。

3. 如何充分利用配送中心的现有资源，进一步降低成本？

任务1　配送中心的功能

配送是一种将商流与物流紧密结合在一起的特殊而全面的物流活动形式。配送既包括商流活动和物流活动，也包括物流中的若干功能要素。因此，配送中心是一个多功能、集约型的物流节点。配送中心作为一种现代物流方式和优化销售系统的手段，是专门为从事货物物流活动中配送环节的经营组织行为而设立的。因此，配送中心又是集采购、储存、分拣、流通加工、送货、信息处理等多种职能于一体的物流据点。具体而言，配送中心的功能如图11-1所示。

一、采购功能

配送中心需要根据市场供需关系的变化，制定统一的采购计划并安排专门的采购部门及人员实施采购，以满足供应配送原材料或商品的需求，保证及时、准确地为其客户（即

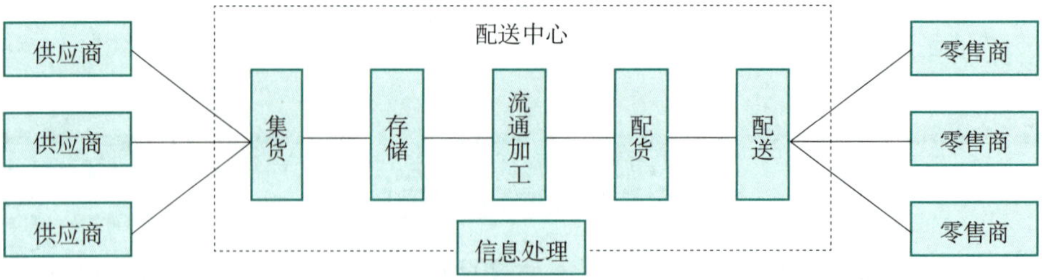

图 11-1　配送中心的功能

生产企业、零售企业及消费者）供应货物和产成品。

二、集货功能

配送中心根据客户的需求从众多供应商处采购大量货物，以准备客户所需的货物，这项工作叫作集货。集货功能是配送中心的基本职能，是配送中心实现规模优势的基础。一般来说，集货批量应大于配货批量。

三、储存功能

配送中心依靠集货来服务于多个客户，因此储存功能至关重要。配送中心的服务对象是大量的企业和商业网点（如超市和连锁门店）。配送中心的功能和作用是根据客户的需求及时将各种配装好的货物交付给客户，以满足生产和消费需求。为了顺利有序地完成货物向客户的配送过程，更好地发挥保障生产和消费需求的作用，配送中心通常需要建造现代化的仓库，并配备一定数量的仓储设备来储存一定数量的货物。一些区域性的大型配送中心不仅需要在配送过程中储存货物，还需要长期储存更大数量和种类的货物。上述配送中心所具有的储存能力和储存货物的事实表明了储存功能是物流组织的重要功能之一。

四、组配功能

由于每个客户（企业）对货物的品种、规格、型号、数量、质量、交货时间和地点的要求不同，配送中心必须根据客户的要求对货物进行分拣和组配。配送中心的这种功能是与传统仓储企业的明显区别之一。可以说，没有组配功能，就没有配送中心。

五、分拣功能

为了将多种货物向多个客户进行按不同要求的种类、规格、数量的配送，配送中心必须能够有效地分拣，并在分拣的基础上，按配送计划进行理货。这是配送中心的核心职能。

六、配装功能

不同尺寸的货物款式应在配送中心进行有效分解和组合，根据客户需求形成新的组合或装运形态。每个客户需要的各种货物在配送中心被有效地组合在一起，以形成便于发送给客户的货物款式。

七、集散功能

在物流运作过程中，配送中心凭借其特殊的地位和先进的设施设备，能够将分散在各个生产企业中的货物聚集起来，然后通过分拣、配装等过程运送给多个客户。同时，配送中心还可以有效地组合（或配装）各种客户所需的各种货物，以形成经济合理的货运量。配送中心在流通实践中表现出的这种功能被称为集散功能。

集散功能是配送中心所具有的基本功能。实践证明，利用配送中心进行货物集散，可以提高卡车的满载率，从而降低物流成本。此外，配送中心在选址时也需考虑其集散功能，将地址选择在货物流通发达、交通便利的中心城市或地区，以方便其集散功能。

八、流通加工功能

为了扩大业务范围，提高配送水平，国内外许多配送中心都配备了各种加工设备，形成了一定程度的加工（初加工）能力。这些配送中心能够根据客户需求和合理配送货物的原则，将入库的货物加工成一定的规格、尺寸和形状。在某些配送中心，加工货物是一项重要活动。配送中心积极开展加工业务，不仅极大地方便了客户，节省了客户大量烦琐的劳动力，而且有助于提高货物资源的利用和配送效率。此外，对于配送活动本身，它在客观上起到了加强其整体功能的作用。

大多数配送中心都需要不同程度的加工处理能力，在一些配送中心，加工活动至关重要，加工功能可以有效地提高交付水平。

九、装卸搬运功能

配送中心的采购、理货、装货和加工等环节都需要通过装载、卸载和搬运来进行辅助。有效的装卸搬运活动将大大提高配送中心的运作效率。装卸搬运是一项基本功能。

十、送货功能

送货的起点是配送中心，尽管送货的整个过程已经超出了配送中心的范围，但配送中心的工作可以说对送货的效率起到了决定性的作用。送货是配送中心的最终功能。

十一、衔接功能

配送中心通过开展货物配送活动，可以将各种货物直接运送给客户，客观上在媒介生产和消费过程中发挥作用，这是配送中心衔接功能的重要体现。此外，配送中心通过集货和储存货物，起到平衡供需的作用，可以有效解决季节性货物的生产与需求衔接问题，这是配送中心衔接功能的另一种呈现。

在人类社会中，生产和消费并不总是平等增长。有许多工业产品（如煤炭和水泥产品）是有计划地分批均衡生产的，而其消费具有很强的季节性（即有淡季和旺季）；有些产品（主要是农产品）则恰恰相反，它们的消费是持续性的，而它们的生产却是季节性的。这种现象表明，某些产品的生产和消费之间存在一定的时间差。由于配送中心具有吞吐货物和储存货物的能力，它可以调整货物的供需关系，从而解决生产和消费之间的时间差和矛盾。从这个意义上说，配送中心是衔接生产和消费的中介组织。

十二、服务功能

企业以客户需求为导向，提供配送服务，满足客户需求。此外，配送中心还具有采购、加工、运输、传递信息和管理等功能。配送中心通常都具有这些功能，配送中心的性质取决于对其中一个功能的重视程度。此外，配送中心的位置、内部构造、规模和设施也均会随其功能发生相应的变化。

十三、信息处理功能

配送中心集多种功能于一体，是连接生产和消费的纽带，直接面向货物的供需双方。这不仅涉及实物的连接，还涉及货物流通过程中信息的传递和处理。因此，在衔接各种物流运作环节的过程中，有必要具体采集、分析和传输运营过程中所产生的实时信息。

物流信息系统在配送中心起着中枢神经的作用，为自身和供应链上下游节点企业提供实时信息交换和共享，为物流过程管理、决策和控制的整体实施提供参考依据。配送中心作为物流信息的集散中心，也使物流信息具有综合性、系统性和流通性强的特点。

现代配送中心与传统型仓库的区别见表 11-1。

表 11-1 现代配送中心与传统型仓库的区别

区　别	传统型仓库	现代配送中心
规模	较小	较大

（续表）

区　别	传统型仓库	现代配送中心
功能	以物资保管为主要功能	入库、验收、保管、备货、分拣、流通加工、检验、出库等均为配送中心的功能
空间	保管空间	保管空间占一半，其他功能空间占一半
设计	以保管为主体，平面摆放，通路少，未进行严格的场所管理	按配送中心功能的流转顺序设计，利用货架实行立体存放，有严格的场所管理
信息特征	货物的状况和信息不一致	货物的状况和信息一致
事务处理、信息传递的系统化	大部分使用人工完成事务处理和信息传递	利用信息系统工具和物流信息系统完成事务处理和信息传递
作业的自动化和省力化	大部分是人工作业	在信息系统的支持下实现作业的自动化和省力化
对多样化物流需求的适应力	基本上不能适应	可以适应

任务2　配送中心运作管理

一、进货与储存作业管理

（一）制定进货作业计划

制定进货作业计划是配送中心进货作业的第一步，有利于确保整个进货流程的顺利进行，提高作业效率、降低成本。

在制定进货作业计划前，需要先对影响进货作业的因素进行分析，影响因素详见表 11–2。

表 11–2　影响进货作业的因素

影响因素	具体内容
供应商及送货信息	供应商送货的高峰时间；每天送货的供应商数量；送货车型及数量；送货车辆平均卸货时间
货物种类、数量与特性	入库货物的种类及数量；入库货物的尺寸及重量；入库货物的形状和特性（如是否为危险品）；入库货物的保存期限
进货作业人员的合理配置	保证及时卸货的同时避免人力浪费
与储存作业的配合	对入库货物进行拆箱、整合

进货作业人员根据采购计划、采购文件、供应商送货规则和送货方式制定进货作业计划。具体而言，进货作业计划的内容包括以下四个方面：① 根据进货详细信息进行储位准备；② 检验设备、装卸搬运工具、堆码工具、度量衡等器材的准备；③ 装卸、搬运、检验等环节作业人员的安排；④ 相关文件、单证等其他材料的准备。

为了能够在满足客户需求的同时降低库存成本，配送中心可以采用的主要采购方式包括订货点采购、JIT 采购、VMI 采购等。

（二）货物接运

做好货物接运作业，可以防止将运输过程中发生的货物损害和各种差错带入配送中心，减少或避免经济损失，为后续货物验收和储存创造良好的条件。货物接运人员应熟悉交通运输部门及供应商的制度和要求，根据不同的接运方式处理接运中的各种问题。常见的接运方式有四种：到车站、码头接货，到货主单位提取货物，托运单位送货到库和专用线接车。

在接运过程中，可能会出现错误运输、混装、漏装等问题，其中有的是承运人造成的，有的是供应商造成的。除了不可抗力或货物本身的性质造成的错误外，当发生其他错误或损失时，配送中心可以根据接运错误的记录向相应责任人提出赔偿。

（三）货物验收

货物验收是货物进入配送中心的关键环节，主要任务是确保将完好无损的货物接收至配送中心，方便后续工作的开展。同时，供需双方需要面对面检查交接，以便明确责任。

为了准确及时地验收货物，首先需要明确验收标准。在实际进货操作中，货物验收通常需满足以下标准：① 采购合同或订购单中所规定的条件；② 采购谈判时所展示的合格样品；③ 采购合同中的货物规格或图解；④ 货物的国家标准或国际标准等。

为了将完好无损的货物接收到配送中心，对货物的检查至少应包括四个方面：① 检查货物的品牌、条码、商品规格等与登记记录是否相符；② 清点货物数量，可以采取抽查清点或逐一清点；③ 检查货物质量，如产品有效期和产品是否破损、变质等；④ 检查货物外包装是否挤压、破裂、受潮、有污渍等。

收货前的验收和核查是一项复杂且细致的工作，为了确保进货准确性，工作人员需仔细进行核对。目前常用的核对方法有两种：三核对（核对货物条码、件数和包装）和全核对（按单核对）。

货物验收过程中常见的问题包括证件不齐、数量短缺、质量不符、货物延迟交付、价格不一致、入库前货物损坏或短缺、装运不正确等。当发现这些问题时应及时解决，以避免损失。

（四）货物分类

货物分类是指根据货物的性质、规格、储存条件等因素，系统地将货物进行分类，以提高配送业务的效率。对货物进行分类的目的是使复杂的交货操作简单而有规律。通常，货物分类时应遵循以下原则：① 根据自身需要，按照统一标准由大类至小类进行区分；② 货物分类应明确且相互排斥，不能相互交叉；③ 分类应具有普遍性，能够涵盖参与分类的所有货物；④ 分类应具有稳定性，一经确认不得随意修改，避免管理混乱；⑤ 分类应具有可扩展性，能够便于补充新货物。

货物常见的分类方式见表 11-3。

表 11-3　货物分类方式

分类方式	举　　例
按照货物特性	冷藏货物、串味货物等
按照货物使用目的、方法和程序	需流通加工货物、原材料货物等
按照货物形态	柱形货物、托盘货物等
按照交易行业	日用品、食品、服装等
按照会计账目	价值高低
按照货物信息	相同目的地、相同供应商等

（五）货物编码

货物编码是指将货物按其分类内容进行有序排列后，使用简单的文字、符号或数字来代替表示货物的名称、类别和其他相关信息。物流中心采购货物后，货物大部分已经有了货物编码和条码。然而，为了进行物流管理和库存控制，配送中心会结合自己的物流操作信息系统，统一分配货物编码和物流条码，以便于储位管理系统的运作，并能够掌握货物的动向。

清晰有效的货物编码有利于配送中心顺利开展后续工作，保持较高的配送水平。货物编码的基本原则包括以下八个方面。① 唯一性原则：使每一个编码仅可代表一种货物；② 完整性原则：使每一种货物的编码能清楚完整地代表货物内容；③ 可扩展性原则：为未来货物的扩展及货物规格的增加预留号码编列；④ 简洁性原则：应将货物编码化繁为简，便于货物活动处理；⑤ 稳定性原则：编码应保持稳定，不轻易变更；⑥ 统一性原则：编码位数要统一且有一贯性；⑦ 易记性原则：应选择易于记忆或具有一定联想性的文字、符号或数字；⑧ 分类展开性原则：货物复杂导致分类编码体系庞大，分类后还能够再加以细分。

在配送中心，常用的货物编码方法有以下七种。

1. 数字顺序编码法

数字顺序编码法由数字 1 开始按照自然数列顺序进行号码编排，常用于配送中心种类少、批量大的货物编码，属于延展式的方法，见表 11-4。

表 11-4　数字顺序编码法

编　　码	货物名称
1	可口可乐（2 L）
2	可口可乐（1 L）
3	可口可乐（500 mL）
4	可口可乐（罐装）
5	百事可乐（2 L）
...	……

2. 数字分段法

数字分段法是基于数字顺序编码法，将数字分段，每一段数字代表一类货物的共同特性，见表 11-5。

表 11-5　数字分段法

编　　码	货物名称
1	可口可乐（2 L）
2	可口可乐（1 L）
3	可口可乐（500 mL）
4	可口可乐（罐装）
5 ～ 8	可乐预留编码
9	沐浴露（400 mL）
10	沐浴露（200 mL）
11 ～ 15	沐浴露预留编码
...	……

3. 分组编码法

分组编码法是按照货物的特性分成多个数字组，每一组数字的位数多少要视实际需要而定。分组编码法使用较为普遍，见表 11-6。

表 11-6　分组编码法

货物特性	类型	形状	材质 / 成分	大小
编　码	06	3	004	8
编码含义	饮料	罐装	乌龙茶	500 mL

4. 实际意义编码法

实际意义编码法在进行编码时，用部分或全部编码代表货物的重量、尺寸、保存期限、储位或其他特性。该种方法的特点是通过货物编码即可了解货物的信息，见表 11-7。

表 11-7　实际意义编码法

编　码	编码含义
TT750 30 BA3	TT　表示管状（Tube Type）
	750 30　表示 750 mm × 30 mm，代表货品尺寸
	B　表示货品是黑色（Black）
	A　表示 A 储区
	3　表示 3 号货架

5. 后数位编码法

后数位编码法指用编码末位的数字，对同类货物做进一步细分，也就是通过编码的层次关系表示货物信息，见表 11-8。

表 11-8　后数位编码法

编　码	货物名称
320	饮料
330	食品
331	休闲食品
331-1	箱装休闲食品
331-11	薯片
331-12	果冻

6. 暗示编码法

暗示编码法指用数字与文字的组合进行编码，编码本身暗示货物的内容，这种方法的优点是容易记忆，并具有一定的信息保密性，见表 11-9。

表 11-9　暗示编码法

编号：BY010 YG03

货物信息	材料名称	大小	颜色与型式	制造商
货物编码	BY	010	YG	03
编码含义	脚踏车（Bicycle）	10"	黄色（Yellow） 女孩型（Girl's）	供应商名称

7. 物流条码

物流条码是供应链中用于识别物流领域特定实物的特殊编码。它是整个供应链过程中的共享数据，包括制造商、分销行业、运输行业、消费者和其他环节。

（六）货物储存

储存是进货作业的延续，储存过程一方面要确保货物的质量，另一方面要确保储存空间的充分利用。

储位分配策略是一种用于确定货物在存储区域中存储位置的方法或原则。一个好的储位分配方法既能保证储存空间的充分利用，又能够减少货物进出仓库时的移动距离，提高作业效率。配送中心的储位分配策略包括定位储存、随机储存和分类分区储存。

在配送中心，货物储存方式主要有地面堆存和货架储存两种方式。在货物的储存过程中，作业人员需要进行一些保养和维护工作，以便及时发现和处理货物质量的变化，从而确保配送中心其他环节的正常运行。在配送中心，货物保养和维护的基本措施主要包括以下内容：① 加强货物的分区分类管理；② 合理安排储存的场所；③ 妥善进行码垛、苫垫和密封；④ 加强货物的日常检查和维护保养；⑤ 做好季节性的预防防护工作；⑥ 保证仓库的清洁卫生；⑦ 合理控制和调节仓库温湿度；⑧ 严格执行货物的盘点和检查。

二、订单处理作业管理

从接到客户订单开始至准备着手拣货之间的作业阶段称为订单处理。订单处理作业的良好运作是保证客户满意度和企业盈利能力的重要因素之一，订单处理的作业流程具体如下。

（一）接收订单

接收订单是整个订单处理作业流程的首要环节，接收订单的目的是生成订单。

配送中心接受订货的方式分为两种，即传统订货方式和电子订货方式。随着信息技术的进步和电子商务的发展，订货方式已由传统订货逐渐向电子订货转变。其中，传统订货方式具体包括：厂商订货、电话口头订货、供应商巡查、隔日送货、客户自行取货、邮寄订单、传真订货和业务员跑单接单。

以电子传递方式进行填写、输入及传送的订货方式称为电子订货，电子订货将订货信息转换为电子资料形式，再由通信网络传送。电子订货可分为三种方式，即订货簿或货架配合手持终端机（HT）及扫描器、销售时点管理系统（POS）和订货应用系统。

（二）确认订单

供应商接到购货方的订单后，需要对购货方发送的订单资料进行确认，防止发生错误。订单确认主要包括货物数量及送货日期的确认、客户信用的确认、订单形态的确认、订单价格的确认及加工包装的确认等。

1. 确认货物数量及送货日期

主要包含对所订货物名称、数量、送货日期的确认，防止出现信息遗漏、信息错误或不符合供应商要求的情况。当供应商发现要求送货的时间有问题或者出货时间已延迟时，应及时与客户联系说明情况，确认变更的送货时间或订单内容。若使用电子订货方式接单，同样也需要对订货信息进行检查确认。

2. 确认客户信用

为了确认客户是否有能力支付订单账款，供应商应在接收订单后及时核查购货方的财务状况。一般而言，通过核查购货方的应收账款是否已经超过其信用额度来确认。

3. 确认订单形态

订单形态包括一般交易订单、现销式交易订单、间接交易订单、合约式交易订单、寄库式交易订单五种类型。对于不同类型的订单形态应该有不同的处理方式，见表 11-10。

表 11-10 不同订单形态及其处理方式

序号	种类	订 单 形 态	处 理 方 式
1	一般交易订单	接单后按照正常的作业流程拣货、出货、配送、收款的一般订单	接单后，将订单信息输入订货信息系统，按照正常的订单处理流程处理，之后完成拣货、出货、配送、收款等作业
2	现销式交易订单	供应商与客户直接进行交易、给货的交易订单，如当业务员到客户处进行巡货、推销时所获得的交易订单或是客户直接到配送中心进行取货的交易订单	订单信息输入后，由于其货物已经交至客户处，因此该订单不需再按照拣货、出货、配送等作业流程处理，仅需要将交易资料记录保存，便于后续收取应收账款
3	间接交易订单	购货方向配送中心订货，但该交易订单由供应商直接配送给客户	配送中心收到订单后，会将客户的发货信息发送给供应商进行发货。特别需要注意的是，客户的发货单是供应商自制或委托的，因此有必要仔细核实和确认发货信息
4	合约式交易订单	与客户签订配送合同的交易订单，例如签订某一时期内定时配送某数量的货物的合同	当到合同规定的送货日期时，需要将订单的信息输入系统进行处理，以便后续进行发货和交货；或是在合同签订后，在系统中输入合同内容的订购信息，并设置每批的送货时间，系统将自动生成需要在约定交付日期之前交付的订单信息
5	寄库式交易订单	购货方因货物降价、促销等因素而提前订购货物，未来某一时期需要时再要求出货的交易订单	当购货方要求配送寄库商品时，系统应首先核查该购货方是否确实有此项寄库货品。核查无误后，对该项货物进行出货配送，并注意及时扣除对应的寄库量。值得注意的是，该项货物的交易价格仍是依据当时购货方订购的单价计算的

4. 确认订单价格

不同的客户（批发商、零售商）以及不同的订单批量有着不同的出售价格，因此系统在输入价格时应进行价格检查。如果输入的价格不匹配（例如输入错误或销售人员为接收订单而降价等），系统应将该订单锁定以供主管审查。

5. 确认加工包装

信息系统需要具体确认和记录客户订购的货物是否有特殊的包装、分装或粘贴标签等要求以及与赠品相关的包装等。

（三）设定订单编号

确认订单内容后，需要设置订单编号。每个订单必须有一个单独且唯一的订单号码，该订单号通常由控制单位或成本单位确定，它可以是配送中心的序列号，也可以根据某种编号方法设置。例如，它可以基于用户区域编号或根据用户订单日期来制定。订单编号不仅方便了成本计算，而且有助于指导一系列物流活动，如拣选和采购等。所有作业指导书和进度报告都应附有此编号。

（四）建立客户档案

建立客户档案是指将客户状况详细记录并对客户档案实施管理，不但有益于当次交易的顺利进行，而且有益于以后合作机会的增加。客户档案表内容见表 11-11。

表 11-11　客户档案表内容

客户姓名、代号、等级形态
客户信用度
客户销售付款及折扣率的条件
开发或负责此客户的业务员
客户配送区域
客户收账地址
客户点配送路径顺序
客户点适合的车辆形态
客户点的下货特性
客户配送要求
过期订单处理指示

（五）查询存货

根据客户订单信息查询配送中心的库存并分配库存是订单处理作业中与实物相关的

活动。

库存查询也称为预拣货，是查询现有库存以确认其是否符合客户订单要求的过程。订单处理人员在查询库存时，需要输入客户订购货物的名称和编码，通过订单处理系统查询库存的相关信息，并显示货物是否缺货。

如果没有显示缺货，则继续下一步工作；如果显示缺货，应提供货物信息以及缺货货物是否已购买但尚未入库等信息，以便于接收人员和客户之间就是否订购替代货物或允许延迟交付进行协调。

此外，为了有计划地安排货物出库，订单处理人员需要预先掌握每个订单或每批货物可能需要的拣货时间，以便有计划地布置发货流程。

在掌握了每个订单或一批订单可能的拣货时间后，有必要合理安排发货时间和提货顺序。其中，出库时间通常应根据客户要求、拣货标准时间和内部工作量确定，可以根据仓储货位的条件和存储货物的位置来确定拣货顺序。

三、拣货与补货作业管理

分拣作业是配送中心作业的核心环节。从实际操作过程来看，分拣作业是以拣货信息为指导，通过行走和搬运进行拣取，再根据某种方式对货物进行分类和集中的过程。拣货过程具体包含以下环节。

（一）确认拣货信息

拣货信息的主要作用是指示拣货作业的进行，支持整个拣货系统，其信息来自客户订单。

拣货信息的形式包括订单凭证、拣货清单等纸质单据，以及拣货标签、电子标签和其他可以通过系统自动传输的数据信息。

（二）选择拣货方法

配送中心每次拣货所考虑的重点因素不同，因此其拣货方法的描述角度也不同。按作业方式分类，主要分为按单拣选、批量拣选和复合拣选三种形式。

1. 按单拣选

按单拣选指一次拣选一张订单。拣选人员或工具在各个存储点进行巡回，从存储点取出每个订单所需的货物，完成分拣配货过程。这种方法类似于人们在果园里采摘果实，因此被形象地称为摘果式拣选方式。其拣选特点为：① 一单一拣，每个客户的拣选不受彼此约束；② 对于紧急需求，可以采取集中、快速的拣选方式；③ 拣选完一个货单，货物便已准备就绪，因此无需临时存放；④ 具有灵活性，对机械化没有严格要求；⑤ 客户数量不受工艺的限制，可在很大范围内波动。

但当货物品种过多时，会导致拣货人员拣货行走路线过长，拣货路径重复费时，拣取效率低。

在应用摘果式拣选时，通常要求各个类型的货物（货物位置）都对应一个电子标签。控制计算机系统可以根据货物的位置和订单数据发出出货指令，并使货架上的电子显示标签亮起。操作员可以根据电子标签上显示的数量及时、准确地完成货物分拣。

2. 批量拣选

批量拣选是指把多张订单集合成一批，按品种汇总数量，然后根据客户订单分类进行处理的拣货操作。这种作业方法类似于农民播种，一次取出几亩地所需的种子然后巡回播撒，所以又被形象地称为播种式拣选方式。其拣选特点为：缩短拣取商品时人员的行走时间，增加单位时间的拣货量。但由于批量拣选需要等订单达到一定数量时才能够做一次拣选作业，因此订单处理的前置时间较长。

使用播种式分拣系统时，每个电子标签存储位置代表一张订单（一个客户）。操作员首先扫描条形码，将有关待分拣货物的信息输入到系统中。所需位置的电子标签将亮起并显示该位置待分拣的货物数量。拣货人员或设备巡回于各个客户的分货位置，并根据显示的数量进行分货。

按单拣选和批量拣选的优缺点对比见表 11-12。

表 11-12　按单拣选和批量拣选对比

对比内容	按　单　拣　选	批　量　拣　选
优　点	作业方法简单，不易出错； 订货前置时间短，互不约束； 作业弹性大，安排灵活； 无需二次分类，及时送货	合计后拣货，效率高； 避免盘亏，具有规模效益
缺　点	品种多时，路径增加，效率降低； 分拣货物必须配合货架货位号	二次分拣复杂度增加； 拣选全部完成才能发货
适用情况	多品种、小批量订单	少品种、大批量订单； 订单重复定购率较高

3. 复合拣选

（1）按单拣选＋批量拣选

将订单汇总，然后将订单上的货物全部拣选出来，并将其放置在客户订单分拣区，然后按照客户订单进行拣选。这种方法适用于货物品种较少、客户订单较多的情况。

（2）按单拣选＋批量拣选一次完成

将订单汇总一次，形成一次汇总单，借助无线扫描设备，在播种式拣选的同时完成摘果式拣选，类似于将两种方式合二为一。这种方法适用于货物品种较多、客户订单较多的情况。

（三）选择拣货路径

配送中心在拣货前需要合理规划拣货路径。一般来说，拣货路径与拣货单位和拣货方式直接相关。

拣货单位是指货物在拣货过程中的基本单位，通常有三种类型：单品、箱和托盘。一般来说，拣货的最小单位体积和重量是单品，其次是箱，然后是托盘。

拣货模式是指某个存储单元按照某个拣货单位拣货的方式。由于货物的存储单位也是单品、箱或托盘，因此不同的存储单位和拣货单元可以形成各种拣货模式。一般来说，在处理订单时，配送中心会根据相同的拣货模式对货物进行分类，并使用相同的拣货路径。在实际应用中，常见的拣货路径包括无序拣货路径和有序拣货路径两种。

无序拣货路径是指拣货员自行根据拣货列表决定存储区内每个通道的拣货顺序。这种拣货路径适用于拣货品种单一、数量大的货物。否则，拣货人员将花费大量时间寻找货物，这将加增拣货人员的行走路程，降低拣货效率。

有序拣货路径是指根据拣货清单上显示的存储位置编号的大小顺序或从存储区域入口到出口的顺序来确定拣货路径。按照这条路径，拣货人员可以在一个方向上循环行走全程，并一次拣选出所有货物。这种拣货路径的优点是可以缩短拣货人员的拣货时间和行走路程，减少人员疲劳和拣货误差，从而提高拣货效率。

无论使用何种拣货路径，重要的是考虑如何快速、准确、高效地进行拣货。同时，还需要考虑如何以更低的成本、更方便的方法进行操作。

（四）行走和搬运

行走和搬运是简化作业的必要活动，主要有人工作业、半自动化作业和全自动化作业三种方式。

人工作业是指拣货人员使用人工推车等辅助工具将货物拣运至指定地点。人工作业是一种相对传统的作业方式，在拣货过程中，货物的搬运由人借助一些简单的工具完成，而行走则由人完成。人工作业方式可分为两种：按单人工作业和贴标人工作业。

半自动化作业是指拣选人员使用半自动化机械作为辅助工具，将待拣选的货物提取并运送到指定地点。这是一种常见的作业方式，在拣货过程中，货物的搬运由半自动化机械完成，而行走则由人或半自动化机械来完成。根据人与设备的交互方式，半自动化作业可分为人至物作业和物至人作业两种。

全自动化作业是指自动分拣设备在不需要人工干预的情况下完成分拣操作的作业方式。这种作业方式分拣量大，分拣效率高，准确率高，适用于一些大型配送中心。一般来说，配送中心的全自动化作业是由自动化仓储系统和自动分拣系统协同完成的。

（五）补货作业

补货作业是指在拣货操作中，当拣货区的库存水平低于设定的最低库存水平时，工人将货物从存储区运输到拣货区的过程。补货的目的是为拣货提供货源，可以说补货是为了支持拣货。补货方式主要有整箱补货、整托盘补货、货架上层至下层补货三种。

补货作业的时机取决于拣货区内货物的库存是否满足要求，也就是说，何时补货取决于拣货区内的库存水平。如果在拣货过程中才发现拣货区库存不足，需要补货，将会影响整体的拣货作业效率。一般来说，补货时机有三种：批次补货、定时补货和随机补货。

四、流通加工作业管理

流通和加工是两个不同的类别。加工是指改变货物的形状和性质以形成另一种货物的活动；流通是改变货物时空状态的过程。流通加工属于加工的范畴，是加工的一种。它是生产和加工在流通领域的延伸，也可以被视为流通领域在功能方面的扩展。也就是说，物流领域的流通加工是为了方便流通、运输、储存、销售、使用以及货物的充分利用和综合利用而进行的加工活动。流通加工和生产加工的对比见表 11–13。

表 11–13　流通加工和生产加工对比

对比内容	流通加工	生产加工
加工对象	进入流通过程的货物	原材料、零配件或半成品
加工程度	大多是简单加工	复杂加工
加工价值	完善使用价值	创造价值及使用价值
加工责任人	组织者是从事流通工作的人员	生产工人
加工目的	为流通创造条件	为实现利润创造条件

（一）流通加工类型

流通加工主要通过改变加工对象的形态来实现桥梁和纽带的作用。因此，流通加工是一种特殊的物流活动。

流通加工是指根据客户的需求或交付要求，对配送货物进行包装、分割、计量、分拣、组装、贴标签、捆扎、堆垛等简单作业。流通加工是货物进入流通领域后进行的加工活动，即在货物从生产者流向消费者的过程中，为了促进销售，确保货物质量，实现高物流效率，使货物发生物理和化学变化的活动。

流通加工是物流活动的重要环节之一，其主要功能包括：① 集中进行流通加工，能够采用专门的机械和设备，提高加工质量和效率，提升设备利用率。同时，通过对剩余原材料的综合利用，提升原材料利用率。② 通过流通加工作业实现货物的初级加工，克服生产者和消费者之间的距离，更好地满足消费者需求，方便客户使用。③ 充分利用各种运输方式的最高效率，提高经济效益。

根据加工技术、加工方法与加工目的的不同，流通加工过程可分为以下五种类型。

1. 为适应多样化需要的流通加工

为了实现高效和大规模生产，生产部门经常无法生产充分满足客户要求的货物。因此，为了满足客户对货物多样化的需求，同时也为了确保高效的大规模生产，可以对生产出的标准化货物进行多元化重组和加工。例如，平板玻璃按需要规格的开片加工；木材被转化为枕木、木板、方木和其他加工材料。

2. 为保护货物所进行的流通加工

在物流运作过程中，为了保护货物的使用价值，延长货物的生产和使用寿命，以防止在运输、储存、装卸搬运、包装和其他过程中损坏货物，可以采用稳固、加装、保鲜、冷冻等方法。例如，水产品、肉蛋类的保鲜、冷冻加工，丝绸、麻、棉织物的防虫、防霉加工等。

3. 为促进销售的流通加工

流通加工也可以起到促进销售的作用。例如，将大包装或散装商品包装和加工成适合于独立销售的小包装货物；将蔬菜和肉类清洗干净并切成小块以满足消费者的要求等。

4. 为提高物流效率、降低物流损失的流通加工

一些货物因其自身形态问题而使物流操作变得困难，并且货物在运输、装卸过程中极易受损，因此需要适当的流通加工环节进行弥补，使物流的各个环节易于操作，提高物流效率，减少物流损失。例如，将造纸用的木材研磨成木屑的流通加工过程可以大大提高运输车辆的装载效率；在消费区组装和加工自行车可以提高运输效率，减少损失；石油气的液化处理将难以运输的气态物质转化为易于运输的液态物质，也能够提升物流效率。

5. 为实施配送进行的流通加工

配送中心采取这种形式的流通加工来实现配送活动，满足客户需求。例如，混凝土搅拌车可以根据客户的要求，将沙子、水泥、石子、水等各种材料按比例装入可旋转的罐中。在配送过程中，汽车边搅拌边行驶，到达施工现场后，混凝土已经搅拌均匀，即可直接投入使用。

（二）流通加工合理化

流通加工合理化是指实现流通加工的优化配置，避免各种不合理的流通加工形式，使流通加工有价值。不合理的流通加工形式主要有：流通加工地点设置不合理，流通加工方式选择不当，流通加工的作用不显著和流通加工的成本过高。

为了避免出现各种不合理的现象，企业需要决定是否设立流通加工环节、在哪里设立、选择什么类型的加工、使用什么技术设备等问题。具体而言，企业可以从四个方面实现流通加工的合理化。

1. 流通加工与配送相结合

这是将流通加工设置在配送点，一方面根据配送需要进行加工，另一方面将加工好的货物直接投入到拣货操作中，可以大大提高配送服务水平。

2. 流通加工与合理运输相结合

流通加工能有效衔接干线运输和支线运输，促进两种运输形式的合理化。

3. 流通加工与合理商流相结合

通过加工有效促进销售，使商流合理化，也是流通加工合理化的考虑方向之一。

4. 流通加工与节约相结合

流通加工合理化的最终判断取决于它是否能同时实现社会效益和企业效益，以及它是否达到了最佳效益。

五、装卸搬运作业管理

（一）熟悉装卸搬运设备

装卸搬运是指在同一地理范围内改变物体的储存、支承状态和空间位置的活动。其中，改变物体储存和支承状态的活动称为装卸，改变物体空间位置的活动称为搬运，两者合称为装卸运输。在实际操作中，装卸和搬运是不可分割的，两者相伴发生。

配送中心常用的装卸搬运设施设备主要包括：装卸间、托盘、叉车、装卸平台、输送机、起重机、汽车尾板、可移动式楔块等。在为配送中心选择装卸设备时，应以经济合理为总体要求，遵循适应货物、适应作业、提高效率三个原则。

（二）了解装卸搬运作业

在装卸搬运过程中，为了完成装载、移动和卸载操作，装载和卸载次数之和与移动次数之比应为 2 ∶ 1。装卸的劳动强度越高，消耗的时间就越长。因此，在装卸搬运作业中，有必要使货物处于良好的搬运状态，并选择恰当的装卸方法，以最大限度地降低劳动强度。

配送中心通常根据货物、设备和组织等条件选择合适的装卸搬运处理方法。配送中心装卸搬运作业的主要方法有单件作业法、集装箱作业法和散装作业法，其中，散装作业法主要包括气力输送法、重力作业法、倾翻作业法和机械作业法。此外，托盘化作业在配送中心越来越常见，因此托盘的装载和紧固也是装卸搬运作业中的重要操作。

（三）设计装卸搬运系统

设计装卸搬运系统的具体过程为：货物分类、布置动线、确定装卸搬运方法、设计装卸搬运方案。

货物是装卸搬运的对象，是选择装卸搬运方法时影响最大的因素。在实际应用时，货物分类通常基于货物的实际最小单位（如瓶、罐、盒等）或易于搬运处理的单位（如箱、捆等）。

动线是指货物移动过程的运动路线。常见的动线布置类型有 I 型动线、L 型动线和 U 型动线三种。

1. I 型动线

I 型动线布局如图 11–2 所示。根据作业顺序，货物从入库至出库的流动路线为 I 型。

I 型动线的布局特点是：能够应对货物进出库高峰同时发生的情况，适用于收发货频率高、存储时间短、使用不同类型车辆进行进货和出货的配送中心。

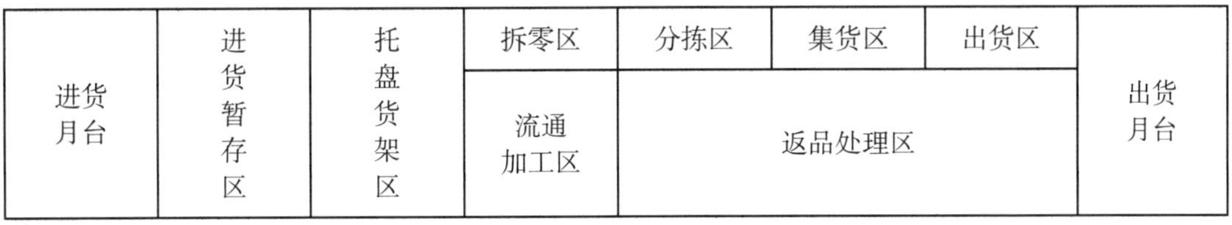

图 11-2　I 型动线布局图

2. L 型动线

L 型动线布局如图 11-3 所示。根据作业顺序，货物从入库至出库的流动路线为 L 型。

L 型动线的布局特点是：适合于进货、出货数量相当庞大的配送中心，适合越库作业的进行，便于装卸货月台的利用。

图 11-3　L 型动线布局图

3. U 型动线

U 型动线布局如图 11-4 所示。根据作业顺序，货物从入库至出库的流动路线为 U 型。

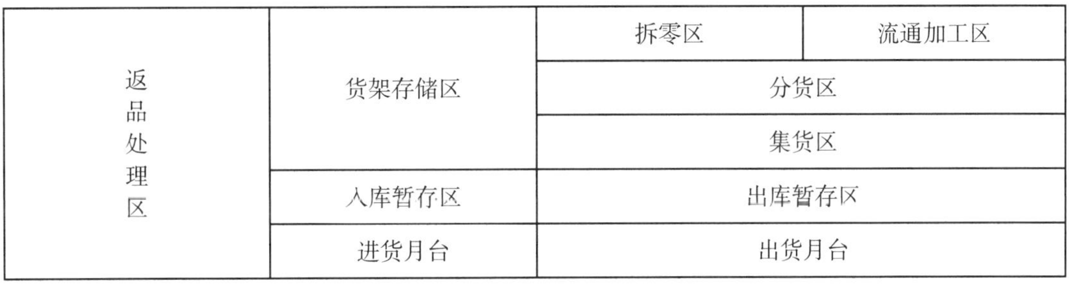

图 11-4　U 型动线布局图

U 型动线的布局特点是：适用于货物流动具有强烈的货物 ABC 分类特征的配送中心，即部分货物具有高频率出入库活动，能够应对进出货高峰同时发生的情况。

装卸搬运方案的设计应以搬运活性理论为依据，在设计时，应主要根据货物的分类和动线布局情况选择合适的装卸搬运设备及设备之间的组合方式。

（四）装卸搬运合理化

装卸搬运合理化是指遵守一定的合理化原则，进行装卸搬运作业。根据装卸搬运活性理论和其他的一些物流作业经验，总结出装卸搬运合理化的基本原则，主要包括：装卸搬运次数最少，装卸搬运移动距离最短，装卸搬运作业衔接流畅，装卸搬运机械化，装卸搬运成组化，装卸搬运省力化和装卸搬运系统化。

六、出库作业管理

货物出库作业管理是配送中心根据出库凭证，将所需货物运送至客户手中所进行的各项业务管理。货物出库作业的开始标志着货物保管养护业务的结束。

合理安排和组织出库作业需要按照出库作业的基本业务流程进行，并满足以下基本要求：按程序作业；坚持货物"先进先出"的原则；货物必须及时准确地运出，确保出库任务一次性完成，防止出现错误；出库货物能够符合运输要求。

货物出库业务主要包括两方面的工作。

（一）货物方面

必须有规定的货物凭证，如领料单或提货单；所领货物的品种、规格、型号、数量等项目以及提货方式必须清晰准确。

（二）配送中心管理方面

必须核实提货凭证的正确性，根据所列货物的品种、规格、型号、数量等项目准备货物，并确保货物能够及时、准确、完好地进行配送。

七、配送中心成本与绩效管理

（一）配送中心成本

配送成本是指采购、仓储、拣货、流通加工、配送、送货等过程中发生的各种费用的总和。它是货物配送过程中消耗的各种劳动的货币表现形式。

配送成本的高低直接影响配送中心的利润。因此，如何以最低的配送成本在正确的时间将正确的货物送到正确的地点是配送中心面临的一个重要问题。一般来说，配送成本具体包括配送运输费用、分拣费用、配装费用及流通加工费用等。

1. 配送运输费用

配送运输费用主要包括在配送运输过程中发生的车辆费用和营运间接费用。直接费用包括员工工资、员工福利费、车辆燃料费、车辆轮胎费、车辆修理费、车辆大修费、车辆折旧费、车船使用税费、行车事故损失费及其他相关费用。间接费用涉及管理人员的工资和福利费，配送运输部门为组织运输生产活动所产生的管理费用及业务费用，配送运输部门使用固定资产的折旧费、修理费及其他相关费用。

2. 分拣费用

分拣费用主要包括在配送分拣过程中发生的分拣人工费用及分拣设备费用。直接费用主要包括员工工资、员工福利费、设备修理费、设备折旧费及其他相关费用。间接费用是指配送分拣管理部门人员为管理和组织分拣生产，需要由分拣成本负担的各项管理费用和业务费用。

3. 配装费用

配装费用主要包括配装环节发生的材料费用、人工费用等。直接费用主要包括员工工资、员工福利费、设备材料费、辅助材料费及其他相关费用。间接费用指配装管理部门为管理和组织配装生产所发生的各项费用，包括需要由配装成本负担的各项管理费用和业务费用。

4. 流通加工费用

流通加工费用主要包括货物在流通加工环节所产生的设备使用费用、折旧费、材料费和人工搬运费用及其他相关费用。

（二）配送中心绩效评价的原则

配送中心的绩效评价包括九项基本原则：① 评价指标应是能够定量的；② 评价指标内容易于理解；③ 评价指标有利于扬长避短；④ 评价结果应是完全公开的；⑤ 评价指标能够得到众人共识；⑥ 评价指标应是全方位、多方面的；⑦ 绩效评价需要注意抓住关键环节；⑧ 绩效评价能够提升经济效益；⑨ 绩效评价能够增进相互信任。

（三）配送中心绩效评价指标

配送中心绩效评价是指配送中心采用特定的指标体系，按照一定的程序，对其在一定经营期间的经营效益做出客观、公正和准确的综合判断。

进行绩效评价可以使配送中心准确评估、判断其实际经营水平，提高其运营能力及管理水平，从而提升配送中心的整体效益。

配送中心绩效评价指标主要包括以下几个方面。

1. 进出货作业绩效评价指标

在进出货作业方面，主要考虑进出货作业人员的工作量安排和时间耗用是否合理、站台使用的效率是否合理及设备使用的效率高低等。进出货作业的效率化评价指标主要包括站台使用率、站台高峰率、每人每小时处理进货量、每人每小时处理出货量、进货时间率、出货时间率、每台进出货设备装卸量及每小时装卸量，计算公式如下：

$$站台使用率=\frac{进出货车次装卸停留总时间}{站台泊位数\times 工作天数\times 每天工作时间}\times 100\% \quad (1)$$

该指标用于考核站台使用情况，判断当前站台数量是否影响进出货作业效率。

$$站台高峰率 = \frac{高峰时期车次}{站台泊位数} \times 100\% \quad (2)$$

该指标用于考核进出货高峰时期的站台使用情况。

$$每人每小时处理进货量 = \frac{进货量}{进货人员数 \times 每日进货时间 \times 工作天数} \quad (3)$$

$$每人每小时处理出货量 = \frac{出货量}{出货人员数 \times 每日出货时间 \times 工作天数} \quad (4)$$

以上两个指标用于考核进出货工作人员的分配情况及作业效率。

$$进货时间率 = \frac{每日进货时间}{每日工作时间} \times 100\% \quad (5)$$

$$出货时间率 = \frac{每日出货时间}{每日工作时间} \times 100\% \quad (6)$$

以上两个指标用于考核进出货时间是否合理。若每人每小时处理进出货量高，同时进出货时间率也高，则说明进出货工作人员工作内容较为繁重，应考虑增加进出货工作人员。若每人每小时处理进出货量高，但进出货时间率较低，则说明进出货时间可能同时集中在某一时间段，应考虑分散进出货作业时间或平衡各时段进出货工作人员数量。

$$每台进出货设备装卸量 = \frac{出货量 + 进货量}{装卸设备数} \quad (7)$$

$$每台进出货设备每小时装卸量 = \frac{出货量 + 进货量}{装卸设备数 \times 每日进出货时数 \times 工作天数} \quad (8)$$

以上两个指标用于考核每台进出货设备的工作量和工作效率，若两个指标数值较低，则说明设备利用率较差，应考虑开拓业务或出租设备。

2. 储存作业绩效评价指标

储存作业的评价指标包括储位容积使用率、单位面积保管量、平均每品项所占储位数、库存周转率、库存管理费率以及呆废货品率，计算公式如下：

$$储位容积使用率 = \frac{存货总体积}{储位总容积} \times 100\% \quad (1)$$

$$单位面积保管量=\frac{平均库存量}{可用保管面积} \tag{2}$$

$$平均每品项所占储位数=\frac{货架储位数}{总品项数} \tag{3}$$

通过储存空间利用率相关指标，考核配送中心仓库空间的使用情况是否充分。

$$库存周转率=\frac{出货量}{平均库存量}\times 100\%=\frac{营业额}{平均库存金额}\times 100\% \tag{4}$$

该指标用于考核配送中心的货物库存量和其经营绩效。库存周转率越高，说明配送工作中占用的库存越少，资金利用率越高。

$$库存管理费率=\frac{库存管理费用}{库存费用总量}\times 100\% \tag{5}$$

该指标用于考核配送中心单位存货的库存管理费用。库存管理费用包括仓库租金、仓库管理费用（出入库验收、盘点等人事费用，警卫费用，仓库照明费用，温控温调费用，设施设备器具的维修费用等）、保险费用、损耗费用（变质、破损、盘损等费用）、货物淘汰费用和资金费用。

$$呆废货品率=\frac{呆废货品件数}{平均库存量}\times 100\%=\frac{呆废货品金额}{平均库存金额}\times 100\% \tag{6}$$

该指标用于考核配送中心单位货物损耗情况及相关资金积压情况。

3. 盘点作业绩效评价指标

盘点作业的评价指标包括盘点数量误差率、盘点品项误差率、批量每件盘差货物的金额，计算公式如下：

$$盘点数量误差率=\frac{盘点误差量}{盘点总量}\times 100\%=\frac{实际库存数-账面库存数}{盘点总量}\times 100\% \tag{1}$$

$$盘点品项误差率=\frac{盘点误差品项数}{盘点实际品项数}\times 100\% \tag{2}$$

这两个指标用于考核配送中心的盘点作业情况。当盘点数量误差率较高，而盘点品项误差率较低时，应考虑货物存储区域是否合理；当盘点数量误差率较低，而盘点品项误差率较高时，将为后续的货物更新、修改工作带来较大麻烦，应着重加强管理。

$$批量每件盘差商品的金额=\frac{盘点误差金额}{盘点误差量} \quad (3)$$

该指标用于考核配送中心的货物管理情况。当该指标较高时，应考虑配送中心是否严格实行了货物重点管理，即 ABC 分类管理。

4. 订单处理作业绩效评价指标

订单处理作业的评价指标包括日均受理订单数、每订单平均订货数量、平均订单价值、订单延迟率、紧急订单响应率、缺货率、出货短缺率、客户取消订单率和客户投诉率，计算公式如下：

$$日均受理订单数=\frac{订单总量}{工作天数} \quad (1)$$

$$每订单平均订货数量=\frac{出货量}{订单数量} \quad (2)$$

$$平均订单价值=\frac{营业额}{订单数量} \quad (3)$$

以上指标用于掌握配送中心每天订单的变化情况，并据此制定业务开发与客户管理计划。

$$订单延迟率=\frac{延迟交货订单数}{订单数量}\times 100\% \quad (4)$$

该指标用于考核配送中心的客户重点管理情况，该指标值越低，说明客户服务水平越高。

$$紧急订单响应率=\frac{未超过\ 12\ 小时的出货订单}{订单数量}\times 100\% \quad (5)$$

该指标用于考核配送中心快速处理订单的能力，该指标值越高，说明配送中心应急能力越强。

$$缺货率=\frac{接单缺货量}{出货量}\times 100\% \quad (6)$$

该指标用于反馈配送中心库存控制决策是否恰当，该指标值越低，说明库存控制能力越强，配送中心也可据此指标决定是否调整当前的订货点与订货量。

$$出货短缺率=\frac{出货短缺量}{出货量}\times 100\% \quad (7)$$

该指标用于考核配送中心出货作业的精确度，该指标值越低，说明出库作业准确率越高。

$$客户取消订单率 = \frac{客户取消订单数}{订单数量} \times 100\% \quad (8)$$

$$客户投诉率 = \frac{客户投诉次数}{订单数量} \times 100\% \quad (9)$$

这两个指标用于考核配送中心的客户服务满意度，如这两个指标值较低，则应及时分析自身原因并制定整改措施。

5. 拣货作业绩效评价指标

拣货作业的评价指标包括人均每小时拣货品项数、批量拣货时间、每张订单投入拣货成本、误投率，计算公式如下：

$$人均每小时拣货品项数 = \frac{订单总笔数}{拣货人员数 \times 每日拣货时数 \times 工作天数} \quad (1)$$

该指标用于考核配送中心的拣货作业效率，可据此值发现管理方式及作业流程与方式上存在的问题。

$$批量拣货时间 = \frac{每日拣货时数 \times 工作天数}{拣货分批次数} \quad (2)$$

该指标用于衡量配送中心的平均拣货效率，可据此值制定分批策略，以便处理紧急订单或临时订单。

$$每张订单投入拣货成本 = \frac{拣货投入成本}{订单数量} \quad (3)$$

该指标用于衡量配送中心的拣货成本，若该指标值较高，则应合理控制拣货成本，保养拣货设备以降低其折旧成本。

$$误投率 = \frac{拣取错误笔数}{订单总笔数} \times 100\% \quad (4)$$

该指标用于衡量配送中心的拣货作业质量，若该指标值较高，则应关注拣货方式是否合理并加强对拣货工作人员的培训。

6. 配送作业绩效评价指标

配送作业的评价指标包括人均配送量、平均每辆车的配送量、空驶率、平均每车次配送吨公里数、外雇车比例、配送成本比率、每车次配送成本、配送延迟率，计算公式如下：

$$人均配送量 = \frac{出货量}{配送人员数} \tag{1}$$

该指标用于反馈配送中心送货人员的工作量，若该指标值较高，则表明配送中心出货量大，但送货人员短缺，应调整送货人员数量，合理分配工作任务。

$$平均每辆车的配送量 = \frac{配送总件数}{自有车数量 + 外雇车数量} \tag{2}$$

该指标用于考核配送中心送货车辆的使用情况，若该指标值较低，则表明车辆载货量不足或存在空驶现象，应及时规划、调整送货量。

$$空驶率 = \frac{空车行驶时间}{配送总距离} \tag{3}$$

该指标用于考核配送中心送货车辆的空驶现象，若该指标值较低，则应及时关注车辆回程顺载工作。

$$平均每车次配送吨公里数 = \frac{配送总距离 \times 配送总重量}{配送总车次} \tag{4}$$

该指标用于考核配送中心送货车辆利用率，若该指标值较低，则应合理调配车辆，避免车辆忙闲不均。

$$外雇车比例 = \frac{外雇车数量}{自有车数量 + 外雇车数量} \tag{5}$$

该指标用于衡量配送中心外雇车的数量是否合理。

$$配送成本比率 = \frac{自有车配送成本 + 外雇车配送成本}{配送总费用} \times 100\% \tag{6}$$

$$每车次配送成本 = \frac{自有车配送成本 + 外雇车配送成本}{配送总车次} \tag{7}$$

这两个指标用于考核配送中心的送货成本，若这两个指标值较高，则应考虑采取共同配送策略降低送货成本。

$$\text{配送延迟率} = \frac{\text{配送延迟车次}}{\text{配送总车次}} \times 100\% \tag{8}$$

该指标用于考核配送中心的送货服务水平，若该指标值较高，则应关注车辆检修、实时路况监控等方面的问题。

7. 采购作业绩效评价指标

采购作业的评价指标包括进货数量误差率和进货次品率，计算公式如下：

$$\text{进货数量误差率} = \frac{\text{进货误差率}}{\text{进货量}} \times 100\% \tag{1}$$

$$\text{进货次品率} = \frac{\text{进货不合格品数量}}{\text{进货量}} \times 100\% \tag{2}$$

以上指标用于考核配送中心的采购水平，若以上指标值较高，则应关注供应商选择与评价过程。

8. 经营管理综合绩效评价指标

经营管理的评价指标包括配送中心坪效、人员作业能力、一线员工比率、固定资产周转率、产出与投入平衡率，计算公式如下：

$$\text{配送中心坪效} = \frac{\text{营业额}}{\text{建筑物总建筑面积}} \tag{1}$$

该指标用于考核配送中心单位面积的营业收入。该指标需与行业平均水平或竞争对手相比较，如高于行业平均水平，则说明配送中心经营状况较好。

$$\text{人员作业能力} = \frac{\text{营业额}}{\text{配送中心总人数}} \tag{2}$$

该指标用于考核配送中心工作人员的作业能力，该指标值越高，说明人员作业能力越强，能够有效利用物流机械设备。

$$\text{一线员工比率} = \frac{\text{一线作业人数}}{\text{配送中心总人数} - \text{一线作业人数}} \times 100\% \tag{3}$$

该指标用于考核配送中心作业人员和管理人员的比例是否恰当，若该指标值较低，说明一线作业人员较少，而管理人员较多，应考虑缩减管理人员的数量。

$$\text{固定资产周转率} = \frac{\text{产值}}{\text{固定资产总额}} \times 100\% \tag{4}$$

该指标用于考核配送中心固定资产的运营情况，若该指标值较低，说明配送中心投入的资产回收较慢，应考虑增加业务量，提升产值。

$$产出与投入平衡率=\frac{出货量}{进货量}\times 100\% \tag{5}$$

该指标用于考核配送中心是否能够维持较低库存量。实现低库存的关键是做好销售预测。

实训任务

配送中心绩效评价

实训操作

根据校企合作的物流企业或本地区某一物流企业的配送中心现状和企业经营战略等资料，分别从配送中心进出货作业、储存与盘点作业、订单处理作业、拣货作业、配送作业、采购作业和经营管理方面，对该企业的配送中心进行绩效评价。评价过程中选择相应评价指标，并说明各指标的作用、计算公式，以及该指标值偏高（或偏低）时说明的问题及改进的措施。

实训目的

使学生能运用配送中心绩效评价相关知识对企业配送中心的运营状况进行评价，并提出相应建议。培养学生的调研能力、分析能力、团队合作精神及了解、适应社会的能力。

实训要求

1. 每 5 ～ 8 人组成一个小组，获取所需资料；
2. 从实训布置当天起，一周内完成；
3. 小组成员进行汇报总结，并撰写实训报告。

巩固练习

一、单选题

1. 在衔接各种物流运作环节的过程中，具体采集、分析和传输运营过程中所产生的实时信息，属于配送中心的（　　）。

A. 装卸搬运功能　　B. 流通加工功能

C. 组配功能　　D. 信息处理功能

2. 订单处理的第一步是（　　）。

A. 生成订单　　B. 库存准备

C. 接收订单　　D. 确认订单

3. 行走和搬运是简化作业的必要活动，主要的作业方式不包括（　　）。

A. 人工作业　　B. 库存准备

C. 半自动化作业　　D. 全自动化作业

4. 以下货物按照货物形态分类的是（　　）。

A. 柱形货物、托盘货物　　B. 冷藏货物、串味货物

C. 需流通加工货物、原材料货物　　D. 日用品、食品、服装

5. 基于数字顺序编码法，将数字分段，每一段数字代表一类货物的共同特性叫作（　　）。

A. 暗示编码法　　B. 数字分段法

C. 后数位编码法　　D. 分组编码法

6. 库存周转率属于（　　）环节的绩效评价指标。

A. 进出货作业　　B. 订单处理作业

C. 配送作业　　D. 储存作业

二、多选题

1. 配送中心的功能包括（　　）。

A. 组配功能　　B. 分拣功能

C. 集散功能　　D. 流通加工功能

2. 进货作业计划的具体内容包括（　　）。

A. 储位准备　　B. 设备器材的准备

C. 作业人员的配置　　D. 其他材料的准备

3. 货物编码的原则有（　　）。

A. 唯一性原则　　B. 可扩展性原则

C. 易记性原则　　D. 不可扩展性原则

4. 常见的动线布置类型有（　　）。

A. I 型动线　　B. L 型动线

C. U 型动线　　D. Z 型动线

5. 以下属于电子订货方式的有（　　）。

A. 销售时点信息系统订货　　B. 订货簿配合终端机订货

C. 订货应用系统订货　　D. 电话订货

6. 以下属于配送作业绩效评价指标的有（　　）。

A. 配送中心坪效　　B. 外雇车比例

C. 空驶率　　　　D. 订单延迟率

三、简答题

1. 简述配送中心的功能。
2. 拣货作业方式有哪几种？这几种方式各有什么特点？
3. 流通加工过程可分为哪几种类型？
4. 配送中心绩效评价主要包括哪些指标？

参考文献

[1] 郑克俊，仓储与配送管理［M］.4 版 . 北京：科学出版社，2018.
[2] 李海民，薛刚 . 物流配送实务［M］.3 版 . 北京：北京理工大学出版社，2019.
[3] 沈从文 . 配送作业管理［M］.4 版 . 北京：高等教育出版社，2021.
[4] 刘雅丽，解翠杰 . 仓储与配送管理［M］. 北京：高等教育出版社，2021.
[5] 叶伟媛 . 仓储与配送管理［M］. 大连：东北财经大学出版社，2018.
[6] 张晓焱，张建华 . 配送中心运营管理［M］. 北京：航空工业出版社，2011.
[7] 朱占峰 . 物流作业实务［M］. 武汉：武汉理工大学出版社，2008.
[8] 王丰 . 现代物流配送管理［M］. 北京：首都经济贸易大学出版社，2008.
[9] 徐天亮 . 运输与配送［M］. 北京：中国物资出版社，2002.
[10] 张庆 . 物流管理［M］. 北京：科学出版社，2006.